ELISABETH LANGE

ÄLTERWERDEN IST NICHTS FÜR FEIGLINGE

Die Autorin
Elisabeth Lange, 53, studierte Ernährungswissenschaften und war jahrelang Redakteurin bei einer großen Frauenzeitschrift. Seit mehr als fünfzehn Jahren schreibt sie sehr erfolgreiche Ratgeber zu Ernährungs- und Gesundheitsthemen, jetzt packt sie das Thema an, das ihr selbst immer mehr auf den Nägeln brennt: Älterwerden. Sie lebt in Hamburg.

Über dieses Buch
Was wäre, wenn ein Pharmaunternehmen endlich eine Pille gegen das Älterwerden hergestellt hätte und uns vom Gesundheitsministerium bestätigt würde, je früher wir diese Pille nähmen, desto besser würde sie uns vor dem Niedergang schützen. Wir würden doch sofort ein Glas Wasser holen und sie hinunterstürzen, oder?
Es gibt diese Therapie, hier ist sie:
Elisabeth Lange nimmt sich den ganzen Menschen vor und klärt, was beim Altern wirklich passiert (weniger, als man denkt). Sie zeigt, welche Veränderungen von Körper und Geist, Aussehen, Fitness und Psyche wir tatsächlich selbst beeinflussen können, und beschreibt klar und unterhaltsam, was für jeden einzelnen möglich ist. In allen Bereichen berichtet Lange über den aktuellen Kenntnisstand von Naturwissenschaftlern und Medizinern. Sie sucht Vorbilder und kreative Lösungen und entwickelt sehr vielschichtig die besten individuellen Strategien.

ELISABETH LANGE

ÄLTERWERDEN IST NICHTS FÜR FEIGLINGE

Jung, schön und gesund bleiben – alles, was man wissen muß.

Kabel by Piper

ISBN-13: 978-3-8225-0668-4
ISBN-10: 3-8225-0668-0
2. Auflage 2005
Originalausgabe

Umschlaggestaltung: Büro Jorge Schmidt, München
Umschlagabbildung: Ebba Dangschat, Berlin
Gesamtherstellung: Kösel, Krugzell
Printed in Germany

www.kabel-verlag.de

INHALT

WARUM ALTERN VORERST UNVERMEIDBAR BLEIBT

So früh am Morgen ist außer den beiden noch fast niemand unterwegs in Madison, Wisconsin, einer Stadt, von der Kenner sagen, sie sei der beste Platz zum Leben, den es in den USA gibt. Richard Weindruch hängt beim Gehen seinen Gedanken nach, während Ally, ihre schwarze Nase tief am Boden, an der Leine zieht und das Tempo bestimmt. Ab und an wendet die kleine Hündin ihr fuchsähnliches Gesicht dem Mann zu, so als wollte sie sich vergewissern, daß er noch da ist, dann rennt sie wieder los, einer unsichtbaren Duftspur nach.

Vom Jungbrunnen haben Menschen immer schon geträumt

Der Mittfünfziger am anderen Ende der Leine folgt ebenfalls einer Fährte. Der Mediziner fahndet seit fast 30 Jahren nach einer einzigen Erkenntnis: Weindruch will wissen, was den Menschen im Innersten zusammenhält, will verstehen, was ihn altern läßt.

Warum müssen wir, kaum daß wir erwachsen sind, dem Zahn der Zeit Tribut zollen? Diese Frage hat man sich vor fünfhundert Jahren genauso gestellt wie heute. Im Jahr 1546 vollendete der Renaissancemaler Lukas Cranach das Bild »Jungbrunnen«. Mit feiner Ironie bannte er den Traum seiner Zeitgenossen von ewiger Jugend auf die Leinwand. Das Gemälde zeigt ein großes rechteckiges Wasserbecken, einen Pool würde man heute sagen, zu dem einige Stufen hinunterführen. Von links kommen die Alten. Gebrechlich werden sie in Karren gefahren und auf Tragen gebracht. Nackt steigen sie ins Wasser, baden darin und verjüngen sich dabei.

Auf der rechten Seite entsteigen sie dem Bad jung und schön, mit glatter Haut und vollem Haar. Wie gesagt, ein Traum. Auf Cranachs Bild nehmen nur Frauen die Chance wahr, heute sprängen Männer sicher gleich mit in den Verjüngungspool.

Das Prinzip Hoffnung

Welche Bevölkerungsgruppe wächst am schnellsten? Die Hundertjährigen

Als Jeanne Calment 1997 in einem Pflegeheim in Südfrankreich starb, war sie 122 Jahre alt, das langlebigste menschliche Wesen, dessen Geburtstag je in staatlichen Akten verläßlich dokumentiert wurde.

Falls wir den Voraussagen von Biologen und Demographen glauben, wird uns ihre lange Lebensspanne in dreißig, vierzig Jahren nicht mehr ungewöhnlich scheinen. Heute schafft es nur einer von 10000 Bürgern der Industriestaaten, über hundert Jahre alt zu werden. Doch der Trend zu einer immer höheren Lebenserwartung wird sich in den nächsten Jahrzehnten fortsetzen. Hundertjährige sind die Bevölkerungsgruppe, die am schnellsten wächst, ihre Zahl verdoppelt sich alle zehn Jahre. Demographen vermuten sogar, daß der Anstieg der Lebenserwartung noch höher ausfällt, als die offiziellen Prognosen vermuten lassen: Im Jahr 2050 können neugeborene Mädchen vielleicht damit rechnen, ein Durchschnittsalter von 90 Jahren zu erreichen. Das würde für viele bedeuten, sie würden weit über 100 Jahre leben. Der Grund für diese stetige Entwicklung liegt vor allem in der verringerten Sterblichkeit im hohen Alter. Sie beruht vermutlich auf Wohlstand, Bildung, verbesserter Ernährung, humaneren Arbeitsbedingungen und dem Zuwachs an medizinischen Kenntnissen.

Was nützen einem statistische Zahlen, wenn man doch eigentlich nur eins wissen möchte: Wie viele Jahre habe **ich** noch?

Wer neugierig genug ist, klickt sich durch ein gutes Dutzend

Online-Tests. Dort wird abgefragt, wie alt Mutter und Vater geworden sind, wie viele Kilometer man täglich zu Fuß geht, was man gern ißt und vieles mehr. Mal sind es zehn Fragen, die der Neugierige beantworten muß, mal dreißig. Das Fragespiel um Leben und Tod läßt einen nicht so schnell los. Gesteht einem der eine Test nur noch wenige Lebensjahre zu, klickt man sich schnell weiter zum nächsten, der ein besseres Ergebnis ausspuckt. Bei gleich ehrlichen Antworten unterscheiden sich die Vorhersagen um bis zu 40 Jahre. Seine Altersversorgung sollte man auf solche Prophezeiungen hin jedenfalls nicht planen.

Deutschland hat keine Präventionskultur. Kein Wunder, daß Ärzte sich nicht damit auskennen

Der seit Jahrzehnten fortgesetzte Anstieg der Lebenserwartung beruht nicht auf Anti-Aging-Tricks, er ist einfach die Folge verbesserter Lebensbedingungen. Die Bildung ist dabei der wichtigste Faktor. Nicht wer reich ist, lebt länger, sondern wer darin versiert ist, sich Wissen anzueignen, für das eigene Wohlbefinden zu sorgen und Gefahren frühzeitig abzuwenden. Alterung geschieht in einem Prozeß mit tausend Facetten, die so vielfältig sind wie wir selbst. Deshalb bringen Massenkonzepte wenig. Das Ziel ist, wie US-Altersforscher es mit dem Vergnügen an der Absurdität formulieren, »to die healthy«, also »gesund zu sterben«. Jenseits der Pointe beleuchtet diese Formulierung den Wunsch vieler Menschen, nicht etwa länger leben zu wollen, sondern möglichst viel Lebenskraft, ohne langes Siechtum, bis zum Tod zu erhalten. Es gilt, aus der eigenen Anlage das Beste herauszuholen.

Der Staat hilft dabei kaum. Möglich ist Vorsorge heute nur unter eigener Regie – nach der Devise »Schütze sich, wer kann«. Das bestätigt auch die im Juli 2005 erschienene Präventionsstudie der Felix Burda Stiftung, an der mehr als vierzig führende Gesundheitsexperten in Deutschland mitgewirkt haben. Dort heißt es: »In der täglichen medizinischen Praxis besitzt Prävention bisher einen geringen Stellenwert. Ärzte, insbesondere Hausärzte, machen Patienten oft nicht auf vorhandene Vorsorgeangebote aufmerksam und motivieren sie kaum zur Teilnahme. Ein Hauptgrund ist, daß sie selbst kaum in Prävention ausgebildet wurden und daß es hier bisher auch keine verbindliche Verpflichtung zur ärztlichen Weiterbildung gibt. Weitere Gründe sind die ungenügende Vergütung präventiver Leistungen und die Vielfalt unkoordiniert ablaufender Einzelprogramme, über die sich der Arzt nur schwer einen Überblick verschaffen kann.«

Tausend Versuche, den Dämon Zeit zu zähmen

Altern: Folge von Krankheiten oder das Ticken einer inneren Uhr?

Trotz ihrer verlängerten Jugendphase durch ein ausführliches Studium altern auch Wissenschaftler. Tausende von ihnen zerbrechen sich über unsere Vergänglichkeit den Kopf – niemals ganz ohne eigene Betroffenheit. Natürlich hoffen Spitzenforscher auf lukrative Patente, Nobelpreise und Aktienpakete. Doch wie bei keinem anderen Forschungsgebiet winkt dem, der den Stein der Weisen findet, auch der Erhalt seiner eigenen Jugend. Man sieht sie förmlich vor sich, relaxte Amerikaner, streng blickende Inder, unermüdliche Chinesen, grübelnde Araber, lachende Afrikaner und bemühte Europäer, wie sie, allesamt in weißen Kitteln, vor ihren Petrischalen und an ihren Analysegeräten und Mikroskopen hocken und hoffen, das große Geheimnis zu lüften. Könnten sie den Menschen so einfach beeinflussen wie eine Taufliege, seine Gene so leicht verändern wie die von Würmern oder Mäusen, wären 200 Jahre Lebenserwartung bald in Sicht.

Bereits einmal, im frühen 20. Jahrhundert, ist es den Weißkitteln gelungen, unsere Lebenserwartung dramatisch zu verlängern. Damals bekämpften Ärzte Kindersterblichkeit und Infektionskrankheiten so erfolgreich, daß zum ersten Mal in der Geschichte alle Jungen und Mädchen eine Chance bekamen, sicher und gesund heranzuwachsen. Die statistische Lebenserwartung stieg, weil nur noch wenige Kinder starben.

Heute arbeiten Forscher daran, die zweite Lebenshälfte zu verlängern. Deshalb beschäftigt sie zum ersten Mal die Frage, was Alterung überhaupt ist. Jeder erkennt einen alten Menschen, wenn er ihn sieht. Doch weiß niemand, ob das, was er erblickt, die Folge von Krankheiten ist oder von einer inneren Uhr bestimmt wird. Fragt man einen rüstigen Achtzig- oder Neunzigjährigen danach, wie es sich anfühlt, so alt zu sein, bekommt man vielleicht die Antwort: Ich fühle mich innerlich noch immer jung, nur ein bißchen schwächer als früher, so als wäre ich krank, als wäre irgendwas nicht in Ordnung mit mir. – Viel mehr können auch Experten nicht sagen. Anders als beim Cholesterin- oder Blutzuckerspiegel gibt es für Alterung keinen Laborwert, keinen einzigen unbestechlichen Anhaltspunkt, der die Zahl der Jahre anzeigt.

Graue Haare, steife Knochen – ausgelöst wird alles im Inneren unserer Zellen

Hungerleider und Gastrokritiker

Altert der Körper, tut er es an hundert Ecken gleichzeitig. Denn der Ursprung von grauen Haaren, Falten, schlechten Augen und steifen Knochen liegt im Inneren unserer Zellen. Die biologische Maschinerie, die dort unser Leben in Gang hält, erzeugt als unvermeidlichen Nebeneffekt schädliche Stoffe. Der größte Teil davon wird auf wunderbare Weise täglich wieder beseitigt. Schäden, die vom giftigen Abfall des Stoffwechsels angerichtet werden, flickt der Körper über Nacht. Doch immer bleibt ein kleiner Rest übrig, der den Reparaturteams entgeht. Es sind winzige Fehler, unbedeutend aufs Ganze gesehen, dennoch treiben sie den Prozeß des Alterns jeden Tag ein bißchen weiter voran.

Richard Weindruch, der Mann mit dem Hund, setzt an der Universität von Wisconsin alle Kenntnisse der Molekularbiologie ein, um herauszufinden, warum Tiere und wahrscheinlich auch Menschen länger und gesünder leben, wenn sie weniger essen. Daß es so ist, darüber gibt es keinen Streit. Forscher haben es seit 60 Jahren immer wieder bewiesen, an Würmern, Mäusen, Ratten, Fischen, Fliegen und Spinnen. Alle leben rund ein Drittel länger, wenn man ihnen ein Drittel der eigentlich benötigten Kalorien vorenthält, sie aber mit allen nötigen Nährstoffen versorgt.

Das schreckt Genußmenschen: Leute, die mit Vergnügen hungern

Jahrzehntelang schritt Weindruchs Arbeitsgebiet im stillen voran. Jetzt, in Zeiten von »Global Aging«, erschreckt es deutsche Genußmenschen bis ins Mark. Auch der in die Jahre gekommene Gastrokritiker einer großen deutschen Wochenzeitung konnte nicht umhin, davon zu hören. Seinen Schock bekämpfte er mit einer verzweifelt klingenden Glosse über einen Club in Amerika, dessen Angehörige freiwillig 20 bis 40 Prozent weniger essen, um gesund zu bleiben und möglichst 140 Jahre alt zu werden. Natürlich treibt die Vorstellung, daß es Leute gibt, die Hungern zum Hobby ernannt haben, einem rundlichen älteren Herrn, der sein Dasein dem guten und reichlichen Essen sowie der Beschreibung von gelungenen Restaurantmahlzeiten gewidmet hat, den kalten Schweiß auf die Stirn. Schließlich muß er sich fragen, ob er sein Leben der falschen Idee geweiht hat. Wollte er nicht möglichst viele Menschen mit opulentem Essen glücklich machen? Hat er mit seinem appetitanregenden Geplauder statt dessen vielleicht zu ihrem frühen Ableben beigetragen?

Im Ernst, was nutzt Forschung, die untersucht, was Mäusen geschieht, die lebenslang darben, wo wir es doch nicht einmal schaffen, unsere Pfunde stabil zu halten, wenn wir älter werden? Rund 80 Prozent der Deutschen sind überzeugt, sie ernährten sich gesund und ausgewogen. Trotzdem wachsen die Speckrollen jedes Jahr, egal, was wir anstellen, um einigermaßen in Form zu bleiben. Ein Drittel weniger zu essen, das scheint jedenfalls unmöglich. Und man möchte den keineswegs ausgemergelten Professor Weindruch fragen, wie er es denn hinkriegt, in solche ausgesprochen übersichtlichen Mahlzeiten alle lebenswichtigen Nährstoffe einzubauen. Astrid Büscher, eine Hamburger Ernährungsexpertin, die sich auf die Berechnung der Nährwerte von Rezepten in Zeitschriften und Büchern spezialisiert hat, gibt diesem Unterfangen denn auch kaum eine Chance und meint, eine ausreichende Versorgung mit allen vierzig lebenswichtigen Nährstoffen gelänge bei so wenig Kalorien nur mit Hilfe von Nahrungsergänzungsmitteln.

Die genetische Diät

Richard Weindruch rät denn auch niemandem zum Hungern. Als Forscher geht es ihm um den Mechanismus dahinter. Er will wissen, was im Inneren des Körpers anders läuft, wenn wenig Nahrung da ist, und was man tun müßte, um die Vorteile knapper Rationen ohne leidiges Magenknurren zu nutzen. Für eine Weile glaubte er, alles in den Zellen der Versuchstiere liefe einfach etwas langsamer ab, wenn sie weniger fressen. Später zeigten seine Untersuchungen, daß sich bei weniger Kalorien auch weniger oxidativer Müll anhäuft. Inzwischen stoßen Forscher auf immer mehr Gene, die an der Lebenserwartung der Versuchstiere auf die eine oder andere Weise beteiligt sind. Heute scheint klar: Der Hunger, seit Anbeginn ständiger Begleiter von Mensch und Tier, sorgt dafür, daß wir mit leerem Magen länger leben.

Ewig hungern – ein hoher Preis fürs gesunde Altwerden

Weil die Laborarbeit so langwierig und mühsam ist, unterhalten sich Genetiker gern damit, ihren Neuentdeckungen amüsante Namen zu geben. Deshalb gibt es zum Beispiel Fliegenmutanten, die es in der Liebe zu nichts bringen und deshalb »fruitless«, also »Fruchtlos«, heißen, und andere, die sich auch sonst dusselig anstellen und deshalb von ihren Entdeckern »Schwammkopf« getauft wurden.

Ein Traum für viele: von jeder Kalorie nur die Hälfte zu speichern

Eine Gruppe von amerikanischen und deutschen Forschern fand eine Genveränderung, die Taufliegen doppelt so lange leben läßt wie gewöhnlich. Sie tauften sie auf den Namen »INDY«. Dahinter steckt die Abkürzung für »I'm not dead yet«, also: Noch bin ich nicht tot. Dieses Zitat stammt aus Monty Pythons satirischem Film von der Suche nach dem Heiligen Gral. Das Gen INDY macht sich vor allem in den Zellen und Organen nützlich, die beim Verwerten von Kalorien und ihrer Speicherung eine Rolle spielen. Fliegen mit INDY-Defekt leben bei bester Gesundheit viel länger, weil das, was sie fressen, nur zur Hälfte in Energie umgewandelt wird. Das Gen verordnet ihnen also eine FDH-Diät bei voller Verpflegung. Millionen Menschen gäben alles dafür, ebenso wie diese Fliegenmutanten bei wohlgefülltem Teller auf halbe Ration gehen zu können. Doch damit wird es wohl vorerst nichts werden.

In Pasadena, am für bahnbrechende Forschung berühmten »Caltech«, dem California Institute of Technology, beugt sich der legendäre Molekularbiologe Seymour Benzer mit weit über 80 Jahren noch regelmäßig über seine Glasgefäße und betrachtet seine Lieblinge. Im Glas schwirren Tausende seiner wenige Millimeter großen Taufliegen-Mutanten. Ihnen hat er zusammen mit Kollegen schon Anfang der siebziger Jahre des letzten Jahrhunderts das Geheimnis der inneren Uhr, ohne die kein Lebewesen auskommt, abgelauscht. Zu einer Zeit, als viele seiner Kollegen noch nicht einmal von der Existenz von Genen überzeugt waren, fand sein Team bereits heraus, wo der Zeitsinn, also die innere Uhr, dieser Miniaturfliegen verankert war. Heute will der Nobelpreiskandidat Benzer herausfinden, welche Gene uns altern lassen – und wie man sie vielleicht austricksen könnte. Benzer folgt der gleichen Fährte wie der 30 Jahre jüngere Richard Weindruch. Er sucht tief im Inneren des Erbguts nach den Ursprüngen der Jugend.

Eine Fliege liebt er besonders. Er hat sie auf den schönen Namen Methuselah getauft, denn sie lebt dank einer zufälligen Veränderung in ihrem Erbgut rund ein Drittel länger als andere Taufliegen. Warum? Weil ihr schlechtes Essen, Hitze und Schadstoffe weniger ausmachen als ihren kurzlebigen Genossen. Wären wir Taufliegen, müßten wir nicht einmal unbedingt hungern. Um überdurchschnittlich alt zu werden, würde es reichen, um hefehaltiges Futter einen großen Bogen zu machen. Und wir Menschen? Wir setzen vielleicht auf Sirtuine. Noch nie davon gehört? Neben Biostoffen aus Äpfeln und Zwiebeln zählt auch das Resveratrol aus dem Rotwein zu dieser Stoffgruppe. Sirtuine sollen helfen, ein Gen namens SIR 2 anzuschalten, das lebensverlängernd wirken soll. Die Weintrinker unter den Genetikern haben sich auf diese Entdeckung hin natürlich gleich ein Viertel Roten genehmigt. Vielleicht war das etwas voreilig. Denn die Effekte sind bisher nur an Hefezellen erwiesen, und Richard Weindruch meint, die Alterung des Menschen könnte ziemlich anders verlaufen als die eines Hefepilzes.

Stoffe im Rotwein sollen ein lebensverlängerndes Gen anschalten

Sind es überhaupt Erbfaktoren, die uns vorgeben, ab wann unser Leben zu bröckeln beginnt? Dafür spricht, daß alle Wesen einer Art annähernd die gleiche Lebensspanne erwarten können. Schildkröten und Störe werden 150, Hunde dagegen leben auch bei bester Pflege nicht länger als 20 Jahre. Krähen fliegen noch mit 110 Jahren herum, Wale leben 100 Jahre, Esel ebenfalls, wenn man sie läßt. Mäuse sind mit dreieinhalb Jahren schon uralt. Taufliegen, die Lieblingsinsekten der Genforscher, beenden ihr Leben im Schnitt nach nur 40 Tagen.

Langlebigkeit – kann man die essen?

Gene sind einflußreich, aber sie regieren unser Leben keineswegs totalitär. Erst wenn wir die vielfältigen Wechselwirkungen zwischen Genen und Einzelwesen irgendwann einmal vollkommen durchschauen, können wir wirksame Mittel entwickeln, die den Prozeß der Alterung aufhalten.

Was passiert, wenn menschlichen Zellen ein Vitalstoff fehlt?

Doch so lange mag der 1928 geborene Biochemiker Bruce N. Ames nicht warten. Der weißhaarige Herr im Tweedjackett mit Fliege will Altern durch Nahrungszusätze aufhalten. Er zitiert Hippokrates, den antiken Begründer der Medizin, gern so: »Laß deine Medikamente im Reagenzglas, wenn du den Patienten durch Nahrungsmittel heilen kannst.« Wäre er nicht ein so berühmter Gelehrter, hielte man ihn deswegen für einen Traumtänzer. Ames arbeitete als junger Forscher ebenso wie Seymore Benzer am legendären Caltech. Jahrelang forschte der lebenslustige Querdenker Ames am National Institute of Health, der amerikanischen Gesundheitsbehörde. Danach lehrte er 30 Jahre als Professor in Berkeley und gründete schließlich ein eigenes Institut in der Nähe der Universität. Je mehr er selber in die Jahre kam, desto stärker interessierte sich der renommierte Krebsforscher für die Hintergründe der Alterung.

Er wußte seit langem, daß Krebs in den Bevölkerungsgruppen am häufigsten auftritt, in denen die Nahrung am wenigsten schützende Nährstoffe enthält. Deshalb prüfte er nach und nach alle Vitamine und Mineralstoffe auf ihre Wirkungen. Sein Team kultivierte im Labor menschliche Körperzellen und schaute nach, was passiert, wenn ihnen im Nährmedium ein Vitalstoff fehlt. Bei Mangel erschienen Schäden im Erbgut, die denen von Strahlenopfern glichen. Stränge des Erbmoleküls DNA zerbrachen, wichtige Proteine oxidierten, und die Mitochondrien, die winzigen Kraftwerke im Inneren der Zellen, erlahmten.

Ames hält, ebenso wie viele andere Forscher, den Verfall der Mitochondrien für eine der Hauptursachen von Alterung. Die Organellen, von denen jede Zelle einige hundert besitzt, sind die wohl wichtigsten Akteure im biologischen Spiel um Tod und Leben. Einerseits produzieren sie alle Energie, die eine Zelle zum Leben braucht, und andererseits entscheiden sie über ihr Ende. Denn ohne gut funktionierende Mitochondrien kann die Zelle ihre eigene Betriebsanleitung nicht lesen. Dann geht sie zugrunde, bevor eine neue sie ersetzen kann. Trifft es dabei im Lauf der Zeit immer mehr Sinneszellen im Ohr, kommt es zur Schwerhörigkeit, sind es Zellen in der Haarwurzel, fällt das Haar aus. All die kleinen und großen Veränderungen, die sich mit dem Älterwerden einstellen, verdanken wir wahrscheinlich angeschlagenen Mitochondrien.

Im Jahr 2001 überlegten Ames und sein junges Team, wie man die Miniaturkraftwerke in Schwung halten könnte. Heraus kam eine Diät, die sie an Ratten ausprobierten. Sie enthielt zwei Zellnährstoffe, die, man glaubt es kaum, hierzulande als Nahrungsergänzungsmittel in jeder Apotheke rezeptfrei erhältlich sind. Nach einigen Wochen mit dem Futterzusatz sahen alte Tiere frischer aus, sie bewegten sich mehr, ihre Laborwerte wurden denen junger Tiere ähnlicher. Auch bei standardisierten Gedächtnistests schnitten die alten Versuchstiere viel besser ab. Auf die Frage, was diese runderneuerten Laborratten von normal ernährten alten Tieren unterschied, erlaubte sich Professor Ames einen Jux. Er antwortete: »Well, they did the macarena«, zu deutsch »Na ja, sie tanzten Macarena«. Mit diesem Spruch wurde er rund um die Welt zitiert.

Kann man Altern durch Nahrungszusätze aufhalten?

Viele seiner Forscherkollegen können jedoch über die tanzenden Ratten nicht wirklich lachen. Sie zweifeln daran, daß einfache Nährstoffe helfen könnten, das Alter aufzuhalten. Inzwischen ist es still geworden um Ames und seine Entdeckung. Zwar sind grundlegende Prozesse bei allen Säugetieren ähnlich, doch die notwendigen klinischen Versuche, die zeigen könnten, ob seine Idee auch beim Menschen wirkt, kosten viel Geld. Schließlich müssen erst einmal verbesserte Analysemethoden entwickelt werden, um Altersschäden in Menschen überhaupt messen zu können.

Von Menschen und Fliegen

Auch Richard Weindruch setzt nicht nur auf Maßhalten beim Essen. Er hat eine Reihe von Nährstoffen daraufhin getestet, ob sie helfen könnten, Alterungsprozesse aufzuhalten. Einige davon schienen ihm immerhin so nützlich, daß er sie in seine eigene Diät einbaute. Welche es sind, will er nicht verraten. Äpfel, Zwiebeln, ein Glas Rotwein, ein paar Nahrungsergänzungsmittel, sollte ein langes Leben auf so simple Weise zu erreichen sein?

Noch in der Testphase: Nährstoffe gegen menschliche Alterungsprozesse

Im Jahr 2002 fütterte ein Team um Seymore Benzer beim Studium von Nervenerkrankungen ein paar Tausend Fliegen mit einer Substanz namens PBA. Dabei stellten sie zufällig fest, daß die Tiere um die Hälfte länger lebten als andere, sich dabei höchst vergnügt weiter vermehrten und gesunde Nachkommen in die Welt setzten. Es war das erste Mal, daß Forscher durch die Gabe einer einzigen Substanz Leben verlängern konnten. Nun sind Fliegen keine Menschen, unsere Zellen teilen sich häufiger, unsere Gene reagieren vielfältiger auf die Umwelt. Aber interessant bleibt die Tatsache, daß unsere Darmflora bei reichlicher Versorgung mit Ballaststoffen einen ganz ähnlichen Stoff produziert, der die Schleimhäute im Verdauungstrakt vor Krebs schützt. Und PBA, der Stoff, den Benzer seinen Fliegen gab, wird heute als Antikrebsmittel in klinischen Versuchen getestet.

Unsere Gene entscheiden ganz individuell, von welchen Nährstoffen wir viel und von welchen wir wenig brauchen, welche Lebensmittel dem einen bekommen und dem anderen nicht. Zukünftige Ernährungsberater werden sich deshalb vielleicht erst die Genexpression ihres Klienten ansehen, bevor sie ihm empfehlen, was er einkaufen soll. Das trüge doppelt Früchte. Wissenschaftlich fundierte, auf die eigene Person zugeschnittene Ratschläge würden nicht nur effizienter helfen, sie wirkten auch motivierender als abgedroschene allgemeingültige Appelle.

Bruce Ames, nach einem Rezept für ein langes Leben gefragt, rät knapp: »Nicht rauchen und viel Gemüse essen.« Glaubt man Richard Weindruch, ißt man sich besser immer nur halb satt, nicht zuletzt, weil fast alle Hochbetagten lebenslang schlank waren. Er selbst wirft jeden Tag ein, zwei Pfund Obst und Gemüse in seinen Mixer und zerkleinert alles zu einem »Smoothie«, ein praktischer und gesunder Drink für den vielbeschäftigten Professor. Daß man mit solchen Tips 200 Jahre alt werden könnte, nimmt niemand an. Aber daß Essen eine zentrale Rolle spielt, wenn es darum geht, älter zu werden, das glauben heute auch Mediziner, die vor zwei Jahrzehnten noch dachten, der Einfluß von Lebensmitteln höre bei der Gallenschonkost auf. Trotzdem sieht Uwe Wenzel, der am Lehrstuhl für Ernährungsphysiologie der Technischen Universität München das Verhalten von Zellen bei der Alterung untersucht, keine große Chance für den modernen Methusalem: »Im Leben einer Zelle stehen nur zwei Wege zur Auswahl: Entweder sie stirbt am Ende ihrer vorgesehenen Lebenszeit, oder sie macht eine Veränderung durch und wird unsterblich. Aber das bedeutet Krebs.« Das sieht ganz nach einer Zwickmühle aus, aus der kein Mensch herauskommt.

Trotz Vitaminen und Spurenelementen – keine Chance für einen modernen Methusalem?

Gewonnene Zeit

Die Erforschung grundlegender Alterungsprozesse steckt noch in den Kinderschuhen. Das liegt nicht nur daran, daß das Projekt naturgemäß ziemlich zeitraubend ist, sondern auch an der bescheidenen finanziellen Ausstattung. Für Krankheiten, die im Alter vermehrt auftauchen, wie etwa Krebs, Herzschwäche und Alzheimer-Demenz steht weltweit eine ungeheure Menge Geld zur Verfügung. Im Bereich der Lebenswissenschaften jedoch wurde bisher geknausert.

Doch jetzt hat die Europäische Kommission einen Millionenbetrag herausgerückt, damit das »alte Europa« den kniffeligen Rätseln um Leben und Sterben auf die Spur kommt. Das Projekt wird seit Anfang 2005 von Heinz Osiewacz an der Universität Frankfurt koordiniert. Elf Teams aus sieben europäischen Ländern arbeiten zusammen, um herauszufinden, wie Mitochondrien Alterungsprozesse beeinflussen. Für Biologen wie Osiewacz ist das Phänomen Alterung bisher noch wie eine große schwarze Kiste, in die ein Haufen neugieriger Forscher ein paar Löcher gebohrt haben und jetzt mit ihren Taschenlampen hineinleuchten. Was sehen sie? Lauter molekularbiologische Einzelteile, von denen noch niemand genau weiß, wie sie zusammengehören.

Deshalb ist die Wahrscheinlichkeit klein, daß uns die Wissenschaft in naher Zukunft ein verjüngendes Vollbad einläßt. Also suchen wir wohl besser nach traditionellen Möglichkeiten, den biologischen Abrieb hinauszuzögern. Ein langes Leben ist nur schön, wenn es gelingt, gesund und leistungsfähig zu bleiben. Nur selten decken sich staatliche Interessen so perfekt mit privaten Wünschen wie in diesem Fall: Der Staat möchte fitte Bürger, damit die Krankenkassen nicht bankrott gehen. Und wir? Wir möchten, solange es eben geht, einen jugendlichen und leistungsfähigen Körper, damit uns die gewonnene Zeit nicht als etwas erscheint, das uns zermürbt, sondern als etwas, das uns bereichert und vollendet.

GEHIRN – ALTE ESEL UND JUNGE DEPPEN

Was werden wir tun, wenn es um uns herum dunkel wird, wenn im Kino der Erinnerungen die Lichter ausgehen, wenn das Gedächtnis nur noch bleiche Bilder auf die Leinwand wirft? Von allen Alterungsprozessen ist der des Gehirns für die meisten von uns der beängstigendste. Dem möglichen Niedergang des eigenen Denkens entgegenzusehen, das ist wahrhaftig nichts für Feiglinge. Falls wir uns auf diese Vorstellung gründlich einlassen und dabei vor Angst ins Schlottern geraten, könnte dies jedoch bereits der allererste Schritt zur Vorsorge sein.

Das Fiasko beginnt früher, als wir denken: Der Körper baut schon mit 20 Jahren ab

Aber der Schrecken läßt sich noch steigern: Studien zeigen, daß jeder zweite 85jährige unter irgendeiner Form von Demenz leidet. Schöne Aussichten: Wir können immer älter werden, doch den Verstand setzen wir dabei aufs Spiel. Na ja, vielleicht ist ein bißchen gaga zu sein ja auch ganz nett, wenn man über achtzig ist. Und ohnehin möchte man die Frage »Weißt du noch?« manchmal mit einem definitiven »Keine Ahnung!« beantworten. Alles fein. Doch das Fiasko beginnt bereits früher, als wir denken. Forscher der Universität Michigan in den USA untersuchten das Vokabular, das Wissen und die Fähigkeit, Neues zu lernen sowie Informationen zu verarbeiten, in einer Gruppe von Leuten, deren Alter von 20 bis 90 Jahren reichte. Sie fanden heraus, daß der Abbau der Fertigkeiten bereits mit 20 Jahren beginnt und mit jedem Jahr im Erwachsenenalter immer weiter fortschreitet.

Nervenzellen unter sich

Wer sich jetzt noch nicht gruselt, dem sei gesagt, daß die Anstrengungen von Hunderten von Forschungsteams in aller Welt zwar Tausende neuer Details über das menschliche Gehirn zum Vorschein gebracht haben, aber daß bis heute kein Experte das biologische Puzzle der Demenz richtig zusammensetzen kann.

Zwanzig Milliarden Nervenzellen hat unser Gehirn. Sie kommunizieren wie das Internet

Das Gehirn besteht aus mehr als zwanzig Milliarden Nervenzellen. Es sind die fadenförmigen, feinverzweigten Fortsätze dieser Zellart, die uns Denken und Fühlen, Handeln und Planen ermöglichen. Jede Zelle streckt ihre Ausläufer aus, um sich in flexibel verzweigten Netzen mit bis zu zehntausend Artgenossinnen zu verbinden. Alle »sprechen« über Kontaktstellen, sogenannte Synapsen, miteinander, etwa so wie im Internet, wo Millionen von Teilnehmern sich gegenseitig benachrichtigen. Nehmen wir also einmal an, wir gehen über die Straße und sehen plötzlich einen Hund. Was passiert dann im Inneren des Kopfs?

Kaum ist der Reiz vom Sehnerv zum Sitz der sachlichen Intelligenz in den höheren Zentren des Gehirns vorgedrungen, äußern die zuständigen Zellen, was sie erkennen, zum Beispiel: ein vierbeiniges Tier mit grauem Fell. Der Eindruck läuft weiter ins Limbische System, dort kommen die Gefühle dazu und bewerten den Anblick vielleicht so: keine Angst, ungefährlich, nettes Vieh, macht Spaß, es zu streicheln. Wer Hunde liebt, dem erzeugen vielleicht noch tiefer gelegene Hirnregionen eine Portion Mitgefühl, weil das Tier Schwanz und Ohren hängen läßt und traurig guckt. Falls das Gehirn den Hund jedoch als gefährlich bewertet, funken Nervenbahnen Signale an zwei Zentren. Das Gefühl der Angst schaltet tief im Inneren des Gehirns ein Streßgen an, das über mehrere Stufen dafür sorgt, daß aus der Nebennierenrinde das Streßhormon Cortisol freigesetzt wird. Der zweite Alarmruf geht an den Hirnstamm. Dort aktiviert er Gene, die über die Ausschüttung der Botenstoffe

Adrenalin und Noradrenalin Herz und Kreislauf in Schwung bringen. Und wozu das Ganze? Damit wir notfalls mit dem Hund kämpfen oder vor ihm wegrennen können.

Nur wenn Signale in Gedankenschnelle durch die nanoskopisch feinen Ausläufer der Nervenzellen eilen können, weil die Schaltstellen in der richtigen Millisekunde Botenstoffe losschicken, funktioniert das Gehirn perfekt. Die Fragen, warum diese genialen Strukturen eines Tages zu wirren Proteinhaufen verklumpen und zugrunde gehen, warum der eine an Alzheimer erkrankt, der andere an Parkinson und der nächste vielleicht in seinen späten Jahren unter einer Gefäßdemenz leidet, sind noch immer unbeantwortet. Klar ist nur, daß die Gene schuld sind und gleichzeitig der Lebensstil, also irgendwie beide miteinander. Weil bis jetzt noch niemand sagen kann, was dahintersteckt, gibt es keine Heilung.

Gute Gehirnfunktion: eine Frage von Millisekunden

Schon heute kennt praktisch jeder einen alten Menschen, der mit abwesenden, leeren Augen dasitzt, weil er nicht mehr weiß, was gestern war. Wir brauchen unsere Erinnerungen. Niemand kann glücklich sein ohne den Blick zurück – im Zorn oder mit Vergnügen, das ist egal. Was wir erlebt haben, hat uns zu dem gemacht, was wir geworden sind, hat unser Hirn und unsere Identität geformt. Und wer, zum Teufel, soll später mal nach uns schauen, wenn jeder zweite aus unserer alten Clique nicht mehr weiß, wie er heißt, und alle Jungen mit Wichtigerem beschäftigt sind!

Spätestens jetzt hat jeder genug von düsteren Betrachtungen. Am besten wechseln wir das Thema und machen uns erst wieder Gedanken darüber, wenn die Sache aktuell wird. Falls es dann noch möglich ist. Oder wir nutzen die Betroffenheit, die unsere grauen Zellen gerade erst aus ihrem gemütlichen Dämmerzustand gerissen hat, um die Weichen unserer Gewohnheiten neu zu stellen und möglichst viele der kostbaren Nervenzellen vor Schaden zu bewahren. Das ist nämlich möglich.

Die Faulheit der Seele

Glücklicherweise hat unser überaus gelehriges Gehirn im Lauf der Menschheitsgeschichte die Fähigkeit erlangt, über sich selbst nachzudenken. Deshalb besitzen wir die Freiheit, gewohntes Verhalten zu verändern. Aber wir tun es nicht gern. Lieber bewegen wir uns in erprobten Bahnen in einer vertrauten Umgebung. Wir fahrn, fahrn, fahrn/auf der Autobahn/fahrn, fahrn, fahrn ... Oft scheint es so, als rollten wir – ganz wie im monotonen Refrain des 80er-Jahre-Songs von der Gruppe Kraftwerk – auf einer vorgezeichneten Schnellstraße des Lebens dahin.

Es ist die Alltagsroutine, die beim Älterwerden wie ein Zeitraffer wirkt

Doch warum gerät die Fahrt dann immer schneller? Als Kind schien die Reise ungleich langsamer, schöner, voller erfüllter Augenblicke und Nachmittage ohne Ende. Ab etwa dem dreißigsten Geburtstag legt das Leben an Geschwindigkeit zu wie ein Sportwagen, der bergab immer weiter beschleunigt, weil die Bremsen versagen. Die Zeit scheint um so rascher abzulaufen, je älter wir werden. Wilhelm Busch brachte es auf den Punkt und dichtete: »Eins, zwei, drei im Sauseschritt, läuft die Zeit, wir laufen mit.« Hinter dem Phänomen steckt nicht etwa Einsteins Relativitätstheorie oder sonst etwas Kompliziertes von Zeit und Raum. Es ist einfach die Routine, die auf jeden einzelnen wie ein Zeitbeschleuniger wirkt. Alles, was wir so gut geübt haben, daß es ohne großes Nachdenken abläuft, also was, wie es oft heißt, nur noch übers Rückenmark läuft, wird vom Gehirn aus der Erinnerung herausgeschnitten. Wer weiß schon ein paar Stunden später, mit welchem Fuß er in der Frühe zuerst aus dem Bett gestiegen ist, wie er die Zähne geputzt hat und wie die Straße auf dem Weg zur Arbeit an diesem speziellen Morgen aussah? Die Gedanken waren meilenweit entfernt, der Autopilot im Kopf hatte derweil die Arbeit übernommen. Sehr praktisch, wenn man sich nicht auf das konzentrieren muß, was man gerade tut. Wir haben es eben gern bequem.

Meister des Cocooning, des beschaulichen Rückzugs ins Vertraute, bauen ihr Leben wie eine mittelalterliche Burg. Wenn draußen Ärger droht, ziehen sie die Zugbrücke herauf und verkriechen sich vor der Welt. Ebenso beliebt und ein Klassiker des modernen Lebensstils ist ein Dasein wie in Alfred Hitchcocks »Fenster zum Hof« gezeigt: Den ganzen Film über verläßt der wunderbare James Stewart wegen eines gebrochenen Beins sein Zimmer nicht, und es kommen nur drei Menschen zu Besuch: seine Liebste, sein Freund und seine Krankenschwester. Anstelle des Fensters zum Hof, vor dem Hitchcock in den Wohnungen gegenüber anrührende Dramen und sogar einen Mord geschehen läßt, begnügen sich moderne Menschen mit dem Blick auf den Bildschirm des Fernsehgeräts. Dabei dämmert der Denkapparat meist vor sich hin, weil er längst erkannt hat, daß auch blutrünstige Fernsehkrimis keine echte Gefahr bedeuten. Die Nervenzellen lassen sich mit Geplapper, Musik und kakelbunten Bildern berieseln, Sirenengesänge der Faulheit übertönen die Leere.

Vor dem Geplapper des Fernsehers dämmert der Denkapparat vor sich hin

Was wäre, wenn ein freundliches Pharmaunternehmen endlich eine Pille gegen Alzheimer und alle anderen Formen von Demenz hergestellt hätte, ein fürsorglicher Beamter der Gesundheitsbehörde sie uns vorbeibrächte und erklärte, je früher wir diese Pille nähmen, desto besser würde sie uns vor dem Niedergang der grauen Zellen schützen. Wir würden doch sofort ein Glas Wasser holen und sie hinunterstürzen, oder?

Es gibt diese Therapie, hier ist sie. Fangen wir gleich damit an, je früher, desto besser. Aber es ist keine komfortable Pille. Es ist das, was eigentlich keiner recht will: Herausforderungen, ein stetiger Wandel des Lebens, echte Action. Wer sich auf diese Behandlung einläßt, muß immer neue Fähigkeiten entwickeln, seine Sinne schärfen und unermüdlich auf die Welt um ihn herum eingehen. Nur wer sein Gehirn vielseitig und intensiv nutzt, macht es fit für den lebenslangen Einsatz. »Gebrauchsabhängige Plastizität« nennen es Hirnforscher, wenn das erwachsene Gehirn auf Veränderungen des Lebensstils mit Umbauprozessen reagiert. Schon ein unwesentlicher Wechsel des Umfelds wie etwa ein Umzug vom Erdgeschoß in den dritten Stock eines Hauses verändert alltägliche Arbeitsabläufe und gewohnte Verhaltensweisen, das Gehirn reagiert darauf mit neuen Verbindungen zwischen den Nervenzellen und sichtbaren Veränderungen. Es war eine Sensation, als Forscher das feststellten. Denn jahrzehntelang galt die eherne Auffassung, daß sich neue Nervenzellen nur bei kleinen Kindern etwa bis zum Alter von ein bis drei Jahren entwickeln. Was bis dahin nicht passiert war, schien verloren.

Das Gehirn braucht volle Action, um auch im Alter aktiv zu bleiben

Daß man noch viel erreichen kann, auch wenn es einem erst spät einfällt, etwas Neues zu lernen, zeigten Forscher an der Universität Alabama. Sie luden gesunde Leute ab fünfundsechzig zu einem zehnteiligen Workshop ein. Gut ausgebildete Lehrer trainierten das Gedächtnis der Teilnehmer, ihre Fähigkeit zu argumentieren und neue Inhalte zu verarbeiten. Die Alten lernten gut, aber womit niemand gerechnet hatte: Ihre Erfolge waren noch zwei Jahre nach Ende des Workshops nachweisbar, obwohl die Teilnehmer das Gelernte in ihrem Alltag kaum nutzen konnten. Trainieren und Lernen läßt also lebenslänglich neue Nervenverbindungen sprießen und regt sie zu neuen Vernetzungen an. Wiederholungen verstärken die Verbindungen zwischen den Zellen, neue Herausforderungen schaffen frische Verknüpfungen. Einige Forscher glauben sogar, aktive Hirne wären immun gegen Alzheimer.

Erregung gegen Routine

Jedenfalls bremst geistige Anregung den Abbau, das bestätigen Experten vieler Fachrichtungen. Doch womöglich verhindert körperliche Bewegung den Niedergang der grauen Zellen noch besser.

Aufschlußreich sind Studien der Universität Kalifornien in Irvine. Dort hatten Forscher bereits bei mehreren Tierarten beobachtet, daß die Umgebung die Hirnfunktionen beeinflußt. So wuchsen nach Verletzungen nur dann neue Nervenzellen, wenn die Tiere in einer abwechslungsreichen, sie körperlich fordernden Umgebung lebten. In langweiligen Käfigen dagegen heilten die Defekte nicht, im Gegenteil, vorhandene Fähigkeiten schwanden dahin. Als die Forscher genauer hinsahen, entdeckten sie, daß im Blut von Ratten, denen man ein ausgiebiges Fitnesstraining verordnet hatte, ein Stoff deutlich anstieg: BDNF (brain-derived neurotrophic factor), ein im Gehirn gebildeter Wachstumsfaktor. Er schützt Nervenzellen vor frühzeitigem Zerfall und unterstützt ihre Anpassungsfähigkeit. Auch mehrere Wochen nach dem Ende des Trainings blieb der Level dieser nützlichen Substanz hoch.

Forscher glauben, scharfes Denken verhindert sogar Alzheimer

Was schließen Hirnforscher aus diesem Experiment? Ausgiebige Bewegung, also Sport, wirkt wie ein Jungbrunnen auf den Kopf. Rennen und Spielen fördert die Auffassungsgabe, verhindert Schäden und schiebt Reparaturmechanismen an – jedenfalls bei Ratten und anderen Tieren. Forscher zweifeln kaum daran, daß auch menschliche Hirne davon profitieren, wenn ihre Besitzer sich vom Bürostuhl und vom Sofa wegbewegen. Sowohl die bisher als unvermeidlich betrachteten Alterungsprozesse als auch das Risiko degenerativer Nervenerkrankungen wie etwa Alzheimer können wahrscheinlich um Jahrzehnte aufgeschoben werden, wenn die Muskeln den Kopf regelmäßig zu Hilfe rufen, um komplexe Bewegungsabläufe zu ordnen. Denn dabei werden große Rechnerkapazitäten abgefordert. Kaum etwas bringt die grauen Zellen mehr auf Trab als das Koordinieren einer neu erlernten Bewegung. Je tiefer die Forscher in die Zusammenhänge hineinleuchten, desto deutlicher treten die Effekte zutage. So zeigten bis dahin gelangweilte Ratten bereits nach drei Wochen Training Besserungen, die bis tief ins Erbgut reichten. Gene, die beim Lernen helfen und für die Reparatur der Nervenzellen zuständig sind, sprangen an. Solche, die behilflich sind, wenn Streß zu bewältigen ist, wurden ebenso aktiviert wie der Teil des Erbguts, der die Verbindungspunkte der Nerven untereinander, die Synapsen, überwacht.

»Rattenversuche!« knurrt da ein müder Heimkehrer aus dem Büro, der gerade erst auf dem Sofa die Füße hochgelegt hat. »Rattenversuche sind ja wohl kaum auf den Menschen zu übertragen. In meinem Gehirn«, bemerkt er noch, bevor er sich ein Glas Wein eingießt und seine Lieblings-CD mit der Fernbedienung anklickt, »gibt es diesen komischen Faktor sicher nicht. Bevor ich mich in irgendeinem Fitness-Studio abquäle, will ich erst mal sehen, was die Forscher weiter rauskriegen.«

Von der Evolution nicht vorgesehen: daß der Mensch nur noch zum Kühlschrank trottet

Der Typ mit dem Weinglas kommt einem so bekannt vor, weil er in jedem von uns steckt. Doch was hindert uns nun wirklich, den Hintern aus dem Sessel zu hieven? Unsere Faulheit! Sie ist das Energiesparprogramm der Evolution, erfunden zu Zeiten, als Menschen sich noch für jede einzelne Kalorie richtig abquälen mußten. Das Gehirn, mit einem Konsum von 20 bis 30 Prozent des Energieumsatzes, kam den Körper schon damals teuer zu stehen, weil er die graue Masse ernähren mußte. Wie sollte die Evolution auch nur ahnen, daß wir uns die Betriebskosten des Großrechners in unserem Kopf heute locker leisten können, weil wir uns jeden Handgriff von Maschinen abnehmen lassen und auf der Suche nach Nahrung höchstens noch bis zum Kühlschrank trotten. Schließlich konnten unsere Vorfahren vor zwanzigtausend Jahren nur selten auf der faulen Haut liegen, wenn sie regelmäßig etwas zu essen haben wollten oder wenn ein Raubtier ihnen auf den Fersen war.

Die Wahrscheinlichkeit ist groß, daß Gewohnheit und Faulheit die größten Feinde eines wachen Geistes sind. Jahrzehntelange Stubenhocker setzen kein Gehirnschmalz an, von dem sie in späteren Zeiten zehren könnten. Vielleicht motiviert uns aber die Angst vor dem geistigen Verfall dazu, die erprobten Pfade zu verlassen, bevor es zu spät ist. Unser Hirn ist für Anstrengungen entwickelt worden, Nichtstun war immer der Ausnahmezustand. Fragt sich nur, ob Homo sapiens alte Verhaltensmuster wie etwa Phlegma, Routine und Angst vor Veränderungen ablegen kann, wenn sie – wie jetzt – in einer rapide älter werdenden High-Tech-Gesellschaft hinderlich geworden sind. Sicher können wir auf Ruhephasen und Rückzugsmöglichkeiten nicht ganz verzichten, das wäre zu stressig. Aber weniger wäre mehr. Glücklicherweise gibt es andere Bedürfnisse, die dem Hang zum Nichtstun entgegenstehen. Göttliche Neugierde, Abenteuerlust, Ungeduld und der Spieltrieb zum Beispiel.

Zuckerbrot und Peitsche

Wenn eine Kleinstadtschule mehrere Forschungspreise einheimst – das kann kein Zufall sein

Junge Forscher eines Gymnasiums in Sachsen-Anhalt holten sich innerhalb von zwei Jahren im Rahmen von »Jugend forscht« zwei große Preise, einen europäischen und einen bei der Weltmeisterschaft in den USA. Wie kommt es, fragt man sich, daß an dieser Kleinstadtschule mitten im bundesdeutschen Bildungsalltag so plötzlich strahlende Lichter der Gelehrsamkeit aufgehen? Der Schulleiter ist entzückt, aber auch verwundert. Denn an finanzieller Förderung kann es nicht liegen. Ein revolutionäres pädagogisches Konzept wird auch nicht verfolgt. Es sei denn dieses: Die Schule führt ein strenges Regiment und fordert von ihren Schülern ein vorbildliches Verhalten. Dafür bietet sie Belohnungen en masse: Lesungen von Schriftstellern, Theater- und Musikgruppen und Lehrer, die engagiert genug sind, um mit ihren Schülern auch am Nachmittag zu werkeln und immer neue Projekte auszutüfteln. Hexerei ist es also nicht, die aus ganz normalen Schülern prämierte Jungforscher macht. Das Prinzip heißt »Fordern und Fördern«, und es ist durchaus nicht neu; es wurde von Lehrmeistern des 19. Jahrhunderts im Duktus ihrer Zeit »Zuckerbrot und Peitsche« genannt.

Seine Kräfte immer aufs neue herauszufordern macht glücklicher, als sich zu schonen

Gefordert werden, sich Herausforderungen stellen, Risiken eingehen, nach Belohnungen streben, das trifft den Lebensnerv nicht nur bei Jugendlichen, sondern auch bei Menschen im späteren Erwachsenenalter. Der eine Teil des Gehirns will Bequemlichkeit, der andere will Abenteuer. Unsere Gesellschaft braucht taffe Typen, wenn sie mit der Herausforderung einer veränderten Altersstruktur zurechtkommen soll. Also gründen wir vielleicht eine neue Partei, sie könnte »Für Kreativität und Widerstand« heißen. Oder holen wir gute Leute zusammen, die mit uns in unserem Dorf oder unserem Stadtteil einen Fernsehsender betreiben, der seine Zuschauer wirklich entzückt. Oder schaffen wir eine Bürgerinitiative für mehr Kulturangebote in deutschen Schulen. Oder ein Innovationszentrum, das dafür sorgt, daß alle ringsherum, die einen Job brauchen, auch einen bekommen. Wir würden damit scheitern? Macht nichts, wir würden daran wachsen. Es gibt tausend Chancen für die lustvolle Pflege der grauen Zellen – jenseits von Kreuzworträtseln und albernem Gehirnjogging.

Heute sucht jeder nach Tricks, die alles leichter machen sollen. Doch wer seine physischen und mentalen Kräfte immer aufs neue herausfordert, wird glücklicher als der, der sie schont. No risk, no fun! Ohne Risiko keine Lebensfreude, ohne Herausforderung kein Lebensmut. Strengen wir uns also an, alles, was wir tun, jeden Tag ein winziges bißchen besser zu machen. Wenn es mühsam wird, wenn die Festplatte im Hirn vor Anstrengung quietscht, denken wir einfach an die netten neuen Nervenverbindungen, die jeder Lernprozeß im Kopf schafft. Und wenn es einen richtig foltert, etwas Neues zu erlernen, und einem die Schwierigkeiten unüberwindlich scheinen, dann, gerade dann wachsen vielleicht ein paar neue Zellverbindungen, die das Problem beim nächsten Versuch mühelos lösen.

Äh, alles dings oder so...

Eines Tages passiert es fast jedem. Meist an einem schlechten Tag wie dem, als eine unbeteiligte Beamtenstimme am Telefon fragte: »Geburtsdatum?« Die Zahlenkombination, die man sonst im Schlaf murmeln würde, ist plötzlich weg. Gelöscht. Die fremde Stimme hakt nach: »Ihr Geburtsdatum bitte!« Was tun? Erst mal Zeit gewinnen und so tun, als hätte man akustische Verständigungsprobleme. Man kann schließlich niemandem sagen, daß man sich nicht mehr an sein eigenes Geburtsdatum erinnert. Und fragen kann man auch keinen. Wie würde es klingen, wenn man sich bei einem der Familienmitglieder erkundigte: »Sag mal, weißt du noch, wann ich geboren bin?« Also gilt es, Zeit zu gewinnen. Wenn ich in Ruhe überlege, fällt es mir wieder ein. Bestimmt! Der lästige Frager wird erst mal mit einer Entschuldigung abgehängt.

Nicht zum Lachen: wenn einem plötzlich das eigene Geburtsdatum nicht mehr einfällt

Versagt der Kopf so plötzlich und offensichtlich den alltäglichen Dienst, trifft uns das wie ein Schlag, der in den Ohren pocht und auf den Wangen prickelt. Fängt es so an? Ist das Alzheimer, erstes Stadium? Nein, ist es nicht. Alzheimer beginnt fast immer mit schleichenden Veränderungen der Persönlichkeit, nicht mit plötzlichen Aussetzern, die sind eher Streßfolgen. Aber wenn kleine nervige Ausfälle und plötzliche Blackouts sich häufen, wenn man immer öfter sagen muß: »Wo war ich noch stehengeblieben?«, dann reicht es nicht mehr, sich über die eigenen Fehlleistungen kaputtzulachen und sie in die Kategorie »mein peinlichstes Erlebnis« abzulegen. Dann muß man den Denkapparat entlasten und gegen Dauerstörungen durch Streßhormone abschotten. Überschwemmen Fluten von Anforderungen das Hirn und hindern es an seiner Arbeit, sollte man diesem Treiben Einhalt gebieten. Dann wird es Zeit, das Leben aufzuräumen. Das ist nämlich durchaus möglich, auch wenn der moderne Mensch die tausendfachen Einflüsse oft nicht mehr ohne Hilfe nach »wichtig« und »unwichtig« sortieren kann. Manchmal hilft da schon ein Freund, der einem den Kopf zurechtrückt.

Ein erwachsener Mensch, der sein Leben selbst bestimmt, kann jede Herausforderung annehmen, ohne zu Schaden zu kommen. Er sagt einfach Stop, wenn ihm etwas an die Substanz geht. Doch was ist, wenn die inneren Kräfte aus der Balance geraten und die Seele streikt?

Streß macht alt

Die unsichtbare Seele – gesteuert von der Chemie des Stoffwechsels?

Zum traditionellen Bild von der Seele gehört, daß sie als geistiges Phänomen einen Gegensatz zum Körperlichen bildet. Neurobiologen sehen das anders. Sie sagen: Was wir fühlen, wie wir empfinden und letztlich vielleicht sogar wie wir entscheiden, das wird von der Chemie des Stoffwechsels bestimmt. Nerven versenden Botenstoffe, Hormone huschen durch den Körper, beide reagieren auf körperliche und auf psychische Ereignisse. Ein andauernder Dialog zwischen Genen und Umwelt, zwischen innen und außen bestimmt also unser Lebensgefühl. Deutlich wird dieser Effekt, wenn wir uns zum Beispiel erschrecken. Dann überschwemmt innerhalb einer Millisekunde das Streßhormon Adrenalin den ganzen Körper. Wir bemerken die Wirkung des Hormons erst, wenn uns das Herz zum Hals hinaus klopft. Sobald die vermeintliche Gefahr gebannt ist, glätten angstlösende morphiumähnliche Botenstoffe (Endorphine) und beruhigende valiumähnliche Substanzen die Wogen wieder und entspannen uns. Dutzende von Botenstoffen schwirren auf Nerven- und Blutbahnen zwischen Gehirn und Körper hin und her. Ihr »Cocktail« macht uns aufgeregt, glücklich oder ruhig und ausgeglichen. Ist er durch Störungen ungünstig zusammengesetzt, fühlen wir uns wie gelähmt, Stimmungstiefs und grundlose Ängste vermiesen uns dann das Leben.

Fühlt sich ein Mensch so niedergeschlagen und elend, daß er am liebsten gar nicht mehr am Leben teilnehmen würde, liegt heutzutage schnell eine Erklärung auf der Hand: Streß! Er ist an allem schuld. Doch was versteckt sich hinter diesem Modewort? Ist viel Arbeit gleich Streß? Nein, Arbeit kann ein echtes Vergnügen sein, tiefe Erfüllung geben. Macht die Familie Streß? Eigentlich sollte gerade sie Sinn und Geborgenheit bieten. Streßt uns der Alltag?

Experten sind sich einig: Echter, also zerstörerischer Streß beginnt, wenn ein Mensch mit den Anforderungen seiner Umwelt nicht mehr zurechtkommt! Manchmal blockieren frühe Erfahrungen, Selbstzweifel, Ängste oder ein Stau in den verschlungenen Nervenpfaden des Gehirns die Bewältigung des Alltags – auch wenn der Betroffene über längere Zeit nichts davon bemerkt. Depression ist der Begriff, den Ärzte und Psychotherapeuten für diesen Entkräftungszustand der Seele geprägt haben. Sie schätzen, daß etwa fünf Prozent der Deutschen darunter leiden. Das gequälte Gemüt kann sich hinter einer Vielzahl von Masken verstecken. Hinter Alkoholsucht, uferloser Fitnessbegeisterung und gnadenlosem Perfektionsdrang. Männer kaschieren ihre seelischen Probleme gern mit eiserner Arbeit. Frauen verfallen in die Rolle der rastlosen Übermutter oder in das sogenannte Sissi-Syndrom. Es bekam seinen Namen nach der schönen österreichischen Kaiserin Elisabeth, die im 19. Jahrhundert ihre Seelennöte durch hektische Aktivität bekämpfte. Mit eisernem Willen versuchen diese Frauen ihr abgehobenes Schönheitsideal durchzusetzen. Dabei wird der Körper durch strenge Diäten, exzessive Fitnesskurse und ausufernde Schönheitsrituale drangsaliert.

Was steckt hinter dem Modewort Streß? Er kann doch nicht an allem schuld sein

Nicht selten sind es hochgesteckte Ziele und die überbordende Sehnsucht nach Lob, die den Gestreßten wie einen Hamster im Rad rennen und am zerstörerischen Lebensstil festhalten lassen. Oder er hat das Gefühl, einem übermächtigen System ausgeliefert zu sein. Wer sich hilflos fühlt und glaubt, er habe die Zügel seines

Lebens nicht mehr selbst in der Hand, braucht den Beistand von Fachleuten, um neue eigene Wege zu finden. Hilfe benötigen auch alle, die sich für die Familie aufreiben, die zwischen den Pflichten für Kinder und greise Angehörige hin- und hergerissen werden oder alle Kräfte in einem sozialen Beruf verzehren. Denn einseitiges Geben ist gefährlich! Es gilt zu lernen, seine Kräfte einzuteilen und sich gegen allzu große Ansprüche abzugrenzen. Wer bis zur Erschöpfung arbeitet und selbst in der Freizeit keine Beschaulichkeit kennt, benötigt mit Sicherheit die Unterstützung eines gut ausgebildeten und zugelassenen Therapeuten für den Weg zu Ruhe und Erholung. Sonst nehmen die grauen Zellen Schaden.

Wer bis zur Erschöpfung arbeitet, sucht Lob. Und erntet alternde Gehirnzellen

Je mehr Druck ein Mensch in seinem Alltag erlebt und je länger diese Belastung andauert, desto verletzlicher wird das Gehirn, desto mehr freie Radikale bildet es. Studien zufolge erschienen die Zellen von Menschen mit dem höchsten Streßniveau etwa zehn Jahre älter als die von Vergleichspersonen mit wenig Streß. Auch die subjektive Wahrnehmung der eigenen Belastung spielt eine Rolle. Bei jenen, die sich am stärksten belastet fühlten, stellten die Wissenschaftler im Vergleich zu wenig Gestreßten mit ähnlichen Anforderungen eine zusätzliche biologische Alterung fest. Forscher gehen deshalb davon aus, daß eine Dauerberieselung mit Streßhormonen Nervenzellen blitzschnell altern läßt. Diese Entwicklung scheint allerdings umkehrbar zu sein. Wer sich bei einem fachkundigen Psychotherapeuten Hilfe holt, kann oft schon nach kurzer Zeit die schädliche Wirkung der Streßhormone stoppen, sein Leben wieder in den Griff kriegen und – vor allem – glücklich werden. Medikamente allein sind dagegen wenig aussichtsreich.

Was essen graue Zellen?

Fast jeder, der die Dreißig überschritten hat, legt Wert darauf, sein Gehirn täglich mit allem zu versorgen, was es braucht. Schweinebraten, das ist mal klar, braucht es nicht. Mousse au Chocolat auch nicht. Oder doch? Gerade war doch ein Artikel über die heilsamen Eigenschaften von Schokolade in der Zeitung zu lesen. Und Camembert? Darüber weiß man noch nichts. Aber Curry soll gut sein. Und Brokkoli natürlich. Joghurt sowieso.

Wer lange klug bleiben will, ißt fetten Fisch

Eine köstliche Mahlzeit, die Armen, Beinen und Bauch guttut, nützt natürlich auch dem Kopf. Schließlich versorgt das Blut alle Teile des Körpers mit Nährstoffen. Das perfekte Futter für ein brillant funktionierendes Gehirn konnten Forscher bisher nicht finden, obwohl die Nervenzellen von einigen Stoffen ganz besonders viel benötigen.

Unser Gehirnschmalz, also der Teil der Hirnzellen, der aus Fett besteht, enthält etwa ein Drittel Omega-3-Fettsäuren. Fast jeder hat schon einmal von ihnen gehört, denn sie stecken dahinter, wenn es heißt, daß Fischöl so gesund sein soll. Ursprünglich stammen diese Fettbestandteile aus Algen, die in kalten Gewässern leben. Lachse, Makrelen, Heringe und Thunfische fressen sich gesund daran. Und wir wiederum essen diese Fische, wenn wir klug sind und es lange bleiben wollen. Denn diese Fettbestandteile sorgen für Schnelligkeit beim Denken und verhindern schleichende Entzündungen, die den Denkapparat ruinieren könnten.

Beanspruchen starke Gefühle die Nerven, steigt der Bedarf an Vitaminen. Streßhormone erhöhen vor allem den Bedarf an B-Vitaminen, denn diese helfen, Nervenbotenstoffe zu bilden. Vergeht einem vor lauter Streß der Appetit oder findet man keine Zeit, frisches grünes Gemüse zu kochen, tut man gut daran, die Notzeiten mit B-Vitaminen als Pille zu überbrücken. Doch Früchte und Gemüse sind auf Dauer unentbehrlich. Sie helfen dabei, Demenzerkrankungen vorzubeugen, weil graue Zellen nicht nur durch krankhafte Prozesse altern, sondern auch, weil mit den Jahren ihre Schutzmechanismen versagen. Oxidativer Streß – so sagen Neurobiologen – spielt bei allen Erkrankungen des Gehirns eine Rolle. Gestritten wird lediglich darüber, ob er Ursache oder Folge der Erkrankung ist. Wie auch immer, Antioxidantien aus pflanzlichen Lebensmitteln können helfen.

Zukunftsmusik: Das Genprofil zeigt unsere Ernährungsbedürfnisse

Was dem eigenen Gehirn jedoch beim Essen wirklich nützt, ist schwer einzuschätzen, weil Menschen bis in die Tiefe ihrer Zellen Einzelwesen sind. Wie Goethe bereits wußte: Eines schickt sich nicht für alle. Je älter wir werden, desto mehr Einfluß nehmen die Gene darauf, wie der einzelne auf sein tägliches Essen reagiert. So behalten einige glückliche Genießer blitzsaubere Arterien, obwohl sie täglich ein Viertelpfund Butter verputzen. Weniger begünstigte müssen mit Genen zurechtkommen, die auf solche Fettlebe finster reagieren. Kommen bei ihnen viele gesättigte Fettsäuren auf den Teller, steigt das »schlechte« LDL-Cholesterin im Blut an. Die Folge: Gefäßverkalkung, die mit der Zeit den klaren Kopf vernebelt.

Der Anfang ist bereits gemacht, aber es wird noch etwas dauern, bis jedes medizinische Labor in der Lage ist, an einer einfachen Blutprobe festzustellen, was die Gene des einzelnen an Eigenheiten bereithalten und wie deswegen sein persönlicher Speiseplan aussehen muß. Dann könnte manches, was heute noch unter dem Begriff »Alter« und »Verschleiß« läuft, als Mangel oder Überfluß an Nahrungsbestandteilen entlarvt werden. Doch Vitamine, Mineralstoffe und andere »gesunde« Pillen in Megadosen zu schlucken, ohne zu wissen, was das eigene Hirn wirklich braucht, das ist keine gute Idee.

Was nützt es, den Geist fit zu halten?

Freundliche Appelle, gesund zu essen, seine Seele vor Überforderung zu schützen und sich geistig sowie körperlich fit zu halten, erscheinen jenen, die gerade aus einem geliebten, gutbezahlten Job in den Vorruhestand abgedrängt wurden, als gnadenloser Scherz. Uns braucht keiner mehr, sagen topfitte Mädels und Jungs mit weißen Schläfen, die in ihrem Arbeitsfeld gut und gerne noch einmal die Welt aus den Angeln heben könnten. Die über Fünfzigjährigen müßten weg, damit die Jungen einen Job bekommen können, hat man ihnen erklärt. Ein schöner Dank nach Jahrzehnten von Engagement. Dabei zeigte sich mehr als einmal, daß der Abgang von ein paar ergrauten Schlauköpfen eine Firma ruinieren und alle Arbeitsplätze gefährden kann. Nach dem Abschied von der Erfahrung weht oft der kalte Hauch der Ahnungslosigkeit durch die Flure. Kunden bleiben weg, Reklamationsraten steigen himmelwärts.

Nur wenige Unternehmen wissen, was sie an alten Hasen haben, weil tiefgründiges Know-how selten genau formuliert und aufgeschrieben wird. Die wirklich lohnenden Tricks und Kniffe sind vielleicht niemals auch nur ausgesprochen worden, oft genug ruhen sie ausschließlich in den Gehirnwindungen ausgebuffter Oldies. Mit Lehrbüchern, digitalen Daten oder Akten läßt sich die Kompetenz der Lebensklugen nicht weitergeben, auch nicht in Powerpoint-Präsentationen ausdrucken. Profis, die in einer Krise schnell und intuitiv richtig handeln, sind kostbar, und unter jungen Mitarbeitern findet man sie selten. Eher unter alten Fähen und Füchsen, die über viele Jahre Erkenntnisse gesammelt, Kontakte gepflegt und aus Niederlagen gelernt haben. Dank ihrer feingeschliffenen Machertugenden wissen sie, wann es gilt zuzupacken und wann es besser ist loszulassen. Der voreilige Rauswurf altgedienter Mitarbeiter, denen man nicht die Gelegenheit gibt, ihr Wissen über einen längeren Zeitraum an den Nachfolger weiterzugeben, zwingt Newcomer,

Lebenslange Erfahrung ist nicht in digitalen Daten zu erfassen ohne Hilfe und Einarbeitung mit Aufgaben zurechtzukommen, an denen sie oft genug scheitern.

Werden gut ausgebildete, aber unerfahrene Experten mit vielschichtigen Aufgaben allein gelassen, kann das ganze Volkswirtschaften ruinieren. Die Wirtschaftskoryphäe Jeffrey Sachs von der Columbia University, Berater des UN-Generalsekretärs Kofi Annan und laut »Time Magazine« einer der hundert einflußreichsten Menschen der Welt, kann eine solche Geschichte erzählen.

Ganze Staaten wurden ruiniert, weil Beratungsexperten jung und unerfahren waren

Sachs ist wohl der berühmteste unter den sogenannten »fliegenden Doktoren«, die mit ihren Teams in der halben Welt herumjetten, um todkranke Volkswirtschaften zu heilen. Von 1986 bis 1990 beriet der Wirtschaftsprofessor die bolivianische Regierung. Mit seiner Hilfe fiel die Inflationsrate von 40000 Prozent auf zehn Prozent. Er half die Schulden Boliviens zu reduzieren und wurde daraufhin prompt auch von den Regierungen Argentiniens, Brasiliens und Venezuelas zu Hilfe gerufen. Weniger erfolgreich verlief jedoch die Beratung in der ehemaligen Sowjetunion. Dorthin hatte Sachs, weil er selbst es zeitlich nicht einrichten konnte, eine Riege junger intelligenter Universitätsabsolventen geschickt, die viel Lehrbuchwissen, aber praktisch keine Erfahrung mitbrachten. Die selbstbewußten Jungexperten setzten in den vom Staatskommunismus geplagten Ländern Veränderungen durch, die geradewegs in die Katastrophe führten. Ihre theorieschwangeren Reformprogramme wurden später für den wirtschaftlichen Zusammenbruch Anfang der 90er Jahre verantwortlich gemacht. Und diese Geschichte ist kein Einzelfall.

Forscher vom Institut für Arbeitsphysiologie an der Universität Dortmund studierten in komplizierten Untersuchungen die Denkvorgänge im Hirn älterer Menschen. Dabei wurden sie positiv überrascht: Im Vergleich mit Jüngeren denken Alte anders – und manchmal sogar schneller. Der Grund: Ältere Menschen sind besser in der Lage, aus ihren Flops zu lernen. Nach einer falschen Entscheidung zögern sie bei der nächsten Aufgabe ein wenig länger und machen deshalb am Ende weniger Fehler als jüngere Probanden. Daß Reaktionszeiten im Alter länger werden, ist nichts Neues, die lange Leitung älterer Mitarbeiter wird oft genug als Argument gegen ihre Einstellung benutzt. Dabei ist der Effekt viel geringer als gemeinhin angenommen. Denn die Verzögerung entsteht vor allem in dem Zeitraum zwischen Erkenntnis und Entscheidung. Hirnstromdaten deuten darauf hin, daß dies kein Defizit ist, sondern eine Strategie der Erfahrenen. Haben sie erkannt, worum es geht, klopfen sie erst einmal alle denkbaren Chancen und Risiken ab, bevor sie reagieren. Sie sind einfach vorsichtiger als junge Menschen.

Und noch ein Vorurteil konnten die Arbeitsforscher ausräumen: Ältere Menschen ermüden im Job nicht schneller als junge. Sind sie also am Ende in jeder Hinsicht die Fitteren? Eine Schwäche darf man nicht verschweigen: Ältere lassen sich eher ablenken. Sie blenden unwichtige Informationen schlechter aus. Dieses Phänomen läßt sich aber auch ganz anders deuten: Der Blick für das große Ganze schärft sich, und doch erhalten sich alte Cracks dabei den Blick fürs Detail.

Oldies ermüden im Job nicht schneller als Junge, meinen die Arbeitsforscher

Unschlagbare Teams

Unsere Bevölkerung schrumpft, weil die Hälfte der Jungen keine Lust mehr hat, Kinder aufzuziehen. Das macht Wirtschaftsexperten Sorge. Sie fürchten, daß unser Wohlstand schwindet, wenn die Gesellschaft älter wird. Die Experten erwarten, daß die Produktivität sinkt und Innovation und technischer Fortschritt von einer alternden Bevölkerung nicht genügend vorangetrieben werden. Ausbildung findet immer noch vor allem in jungen Jahren statt, und das Gelernte veraltet mit der Zeit. Zudem, so die Argumentation, sei die Innovationsfähigkeit in einer jungen, wachsenden Bevölkerung höher, weil Forschung vor allem von jungen Menschen vorangebracht wird. Eine schöne Aussicht: Wir werden alt und deshalb leider auch arm. Aber stimmen solche Einschätzungen?

In entwickelten Volkswirtschaften ist Wissen eine der wichtigsten Ressourcen. Hier sind die Alten im Vorteil, denn sie haben im Lauf der Jahre Expertise angehäuft. Doch allein können sie den Innovationsschub, der uns den Wohlstand der nächsten Jahrzehnte sichern würde, nicht bewirken. Ganz ohne Zweifel gibt es unter den Älteren Betonköpfe, die auf der Bremse stehen, weil sie sich blind auf jahrzehntealte Erfahrungen verlassen, nach dem Motto: Das brauchen wir gar nicht erst zu versuchen, das ging schon vor zehn Jahren in die Binsen. Die Welt hat sich jedoch inzwischen verändert, und ein Dreh gelingt, der früher einmal versagte. Schließlich schaffen neue Technologien und gesellschaftliche Veränderungen neue Randbedingungen, die mit der unverbrauchten Idee eines Jungen genutzt werden können. Wir brauchen junge Menschen, die gern bereit sind, Risiken auf sich zu nehmen und Neuerungen voranzutreiben.

Im Idealfall kann der Newcomer vom Wissen der Alten profitieren

Der Altersstarrsinn, er lebe hoch, hoch, hoch. Aber gibt es ihn überhaupt? Ja, er kommt vor. Manchmal ist es ein Charakterfehler. Aber öfter ist er ein Zeichen für eine Erkrankung, womöglich sogar für eine Form von Demenz. Die Vermutung, schon gesunde Vierziger oder Fünfziger seien unbeweglicher als Dreißigjährige, ist ein Vorurteil, das Neurologen in die Welt gesetzt haben und das wir jetzt schnell wieder ausrotten sollten. Das erwachsene Gehirn sei unveränderbar, dachten Fachleute jahrzehntelang und prägten damit ganze Unternehmenskulturen. Doch längst besteht kein Zweifel mehr daran, daß Leistungssteigerung und Selbstreparatur des Gehirns bis ins hohe Alter möglich sind. Es sind die Personalexperten der Unternehmen, die umdenken müssen, damit ältere Mitarbeiter die Chance bekommen, jede neue Entwicklung mitzumachen.

Übernimmt ein Junger einen Job, heißt es vorher oft: Keine

Bange, der Alte hat sich nicht totgemacht, der hatte immer einen leeren Schreibtisch. Doch dem neuen Mitarbeiter stellt sich die Lage ganz anders dar. Er erstickt in Fluten von Anforderungen, die er kaum überblickt, weil er nicht weiß, was wichtig ist. Vor lauter Krisen, Meetings und E-Mails kommt er kaum dazu, die Berge abzuarbeiten. Stünde ihm der erfahrene Vorgänger noch zur Seite, wäre von Streß keine Rede. Dann könnte der Newcomer geradezu beiläufig abgucken, wie man die Klippen umschifft.

Trotzdem empfinden junge Arbeitnehmer die Zusammenarbeit mit einem älteren Vorgesetzten oft wie eine böse Reise zurück in die Kindheit. Sie fühlen sich eingeengt oder bevormundet und merken oft gar nicht, wie sie selbst wirken. Weil sie Erfahrung als rückwärtsgerichtet und wertlos verachten, schlagen sie bei den Älteren tiefe Seelenwunden. Keiner fragt sich, woran es liegt, wenn Grauhaarige mauern und ihre Kenntnisse nicht teilen mögen. Junge Menschen verhalten sich älteren Mitbürgern gegenüber gelegentlich wie US-Amerikaner, die ihr Land nie verlassen haben und auf einen Europäer treffen. Während Amis gern fragen, ob es dort, wo man herkommt, auch Jeans und Kühlschränke gibt, erkundigen sich Junge, ob es im Land der Alten noch Sex gäbe, und wundern sich, daß nicht alle Volksmusik hören. Erbitterte Feindschaften entstehen, wenn Anfänger offiziell losgeschickt werden, um die Alten zu ersetzen, und der Firma entsteht vielleicht erheblicher Schaden.

Die schnellen Innovationen von heute brauchen beides: junge Ideen und altes Wissen

Ein Unternehmen, das Innovationen will und Erfolg auf der ganzen Linie, muß Teams grunden, in denen alle Altersgruppen an einem Strang ziehen. Inzwischen öffnen sich Unternehmen für diese Potentiale, das stellen jedenfalls Unternehmensberater fest. In einigen Firmen bilden sich »Wissens-Tandems« oder »Wissens-Teams« von Älteren und Jüngeren. Der Trend wendet sich. Es lohnt also wieder, die grauen Zellen fit zu halten, damit man später als gerissener Oldie aus den hochfliegenden Ideen der Jungen handfeste Erfolge machen kann.

HAUT – SONNENSCHEIN UND LACHFALTEN

Die Haut eines Kindes ist pfirsichzart und sanft glänzend wie feingewobene Seide, und so hat jeder von uns einmal ausgesehen. Mit der Zeit ändert sich das. Nur wenige Menschen schenken sich selbst so viel Aufmerksamkeit, daß sie das mikrometerweise Absinken des Gewebes und die ersten haarfeinen Linien sofort entdecken. Doch eines Tages ist es soweit. Eine dreißigjährige Frau sieht plötzlich erste Stirnfalten, weil ein Sonnenstrahl auf ihr Gesicht vor dem Spiegel fällt. Und ein Mann um die Vierzig entdeckt auf den Fotos, die Urlaubsfreunde ihm gemailt haben, wie runzelig seine Haut um die Augen geworden ist. Den Anblick im Spiegel kann man verdrängen, das Foto löschen. Die Falten bleiben.

Wie Herz und Nieren altern, sieht höchstens der Chirurg. Was der Haut passiert, sieht man im Spiegel

Die Haut, das größte Organ des Körpers, macht wie keine andere Körperstruktur den inneren Prozeß der Alterung augenfällig. Wie sich Herz und Nieren verändern oder das Innere der Gelenke, das sieht kein Mensch, außer vielleicht einmal der Chirurg. Doch jeder Nachbar in der U-Bahn kann die Jahre in unserem Gesicht ablesen. Manchem scheint es wie eine infame Indiskretion, daß der Körper so viel vom Wohl und Wehe des Lebens im täglichen Mienenspiel verrät. Stop, möchte man rufen. Halt, aufhören! Ich will keine schrumpelige Haut, dieses Gesicht guckt mir so fremd entgegen. Gibt es keine Möglichkeiten, den biologischen Vorgang anzuhalten oder wenigstens um einige Jahre hinauszuzögern? Läßt sich das Ausmaß womöglich doch begrenzen? Ja, sagen

Forscher neuerdings, es geht, aber man braucht Geduld, es ist ein Langzeitprojekt.

Unsere Körperhülle, die uns vor Verletzungen schützt, für uns schwitzt und friert, altert wie jedes andere Gewebe nach den Gesetzen der inneren Uhr, die in den Genen eines jeden Menschen verankert ist. Bei einigen Menschen tickt die Uhr schneller, bei anderen langsamer, bei jedem etwas anders. Doch was uns so ärgerlich ins Auge fällt, hat selten genetische Ursachen. Es sind die Strapazen, die von außen kommen, der Abrieb des Alltags und der Umwelt, der die tiefsten Kerben in dem zartfühlenden Organ hinterläßt. Mindestens siebzig zu dreißig schätzen Hautfachleute das Verhältnis von innerem und äußerem Einfluß. Siebzig Prozent gehen auf das Konto der Lebensweise, nur etwa ein Drittel oder gar ein Viertel der Veränderungen ist uns von den Genen unausweichlich vorbestimmt. Wo sich die Falten einmal zeigen werden, das bestimmen die Muskelbewegungen und die Erbanlagen, aber wann sie kommen und wie tief sie werden, darüber hat jeder einzelne eine Menge mitzureden.

Wenn Radikale auf Zellen schießen

Darüber sind sich die Forscher einig: Die Feinde unserer Hautzellen heißen freie Radikale

Freie Radikale zum Beispiel aus der Gruppe der aggressiven Sauerstoffmoleküle, die, darüber besteht bei Forschern kein Zweifel, Hauptverursacher von Hautalterung sind, jagen durch den Körper jedes Menschen. Wir alle produzieren sie zigtausendfach, wenn wir atmen, essen, verdauen oder draußen spazierengehen. Sie können jede Zelle zerstören, sogar den genetischen Code im Inneren, der die Bauanleitung für neue Hautzellen liefert. Sauerstoffradikale entstehen, wenn Sauerstoffmoleküle – zum Beispiel bei der Energiegewinnung innerhalb der Zelle oder durch energiereiche Strahlen der Sonne – ein Elektron verlieren. Durch den Verlust instabil, versuchen sie anderen Molekülen das fehlende Elektron zu »rauben«. Dabei kommt die Zelle zu Schaden, falls nicht Stoffe bereitstehen, die das notwendige Elektron »freiwillig« abgeben. Es sind vielstufige Kaskaden von körpereigenen Schutzenzymen und die sogenannten Antioxidantien, die dem Körper diesen lebenswichtigen Dienst leisten. Verteidigen jedoch zu wenige dieser Helfer eine Zelle, siegen die Radikale.

Das Gerüst der Haut besteht aus den Eiweißstoffen Kollagen, Elastin und kohlenhydratreichen, wasserbindenden Füllstoffen. Kollagen bildet ein Netz aus langen, elastischen Fasern, die geschmeidig aneinander vorbeigleiten, um dem Körper die notwendige Bewegungsfreiheit zu erlauben. Scharf geladene Sauerstoffmoleküle zerfetzen die Faserstrukturen, aus denen die Haut zu 75 Prozent besteht, wenn sie mit hoher Energie hineinfahren. Unter ihren Angriffen verliert das zartgesponnene Stützgewebe seine Elastizität. Es verfilzt wie ein Wollpullover in aggressiver Seifenlauge, wird steif und unflexibel. Cross-linking, also kreuzweise Vernetzung, nennen Experten den unliebsamen Vorgang. Jede Attacke auf das Kollagen ruft überdies Botenstoffe hervor, die im Inneren der Zellen winzige Entzündungsherde aufflackern lassen. Entzündungen, vom Körper ursprünglich als Einstiegshilfe zur Heilung von Gewebeschäden gedacht, zerstören die Haut, wenn freie Radikale den Entzündungsvorgang immer wieder anschieben. Wird der Brand nach einiger Zeit von den Hilfstruppen des Körpers doch gelöscht, bleibt immer eine mikroskopisch kleine Narbe zurück. So sieht die Geburt einer Falte aus.

Cross-Linking nennen Hautexperten den Vorgang, der das Stützgewebe filzen läßt wie einen Wollpullover

Irgendwann läßt helles Licht keinen Zweifel mehr daran, daß ein Gesicht keine Zwanzig mehr ist. Ab dreißig nisten in den Augenwinkeln kleine Knitterfalten, die beim Lachen tiefer werden. Ein steiler Kniff gräbt sich in ihre Stirn, weil nachdenkliche Menschen oft und gern die Augenbrauen zusammenziehen. Und entlang der Kinnlinie sitzt die Haut spätestens ab vierzig lockerer als früher. Die meisten Frauen zwischen zwanzig und achtzig, inzwischen auch ein Großteil der Männer, benutzen kosmetische Pflegeartikel und hoffen auf die versprochene glättende Wirkung. Ja, doch, manchmal scheinen Cremes und Tinkturen wie durch Magie zu wirken. Allerdings vor allem, weil sie die wunde Seele trösten. Viele der Mixturen aus Wasser, Fett, Emulgatoren und Duftstoffen lassen zwar die oberen Schichten aufquellen, fetten sie ein und kühlen ein bißchen, so daß sich die Haut besser anfühlt. Gegen das Auftreten von Falten schützen sie aber nicht, zurückbilden können sie tiefe Kniffe und Furchen schon gar nicht. Selbst körpereigene Stützsubstanzen wie etwa Kollagen oder Elastin bringen nichts, wenn sie mit einer Creme aufgetragen werden, weil diese Moleküle es aufgrund ihrer Größe und chemischen Struktur nicht schaffen, die Hautbarriere zu durchdringen. Die »meßbare Glättung« verschwindet oft nach dem Auftragen ebenso schnell, wie sie gekommen ist. Nur die Preise grenzen ans Wunderbare: 10 Milliliter Anti-Faltencreme können weit mehr als 100 Euro kosten. Für ein Töpfchen aus dem Drogeriemarkt zahlt man nur zwei oder drei Euro – oft mit dem gleichen Ergebnis: Für ein, zwei Stunden fühlt sich die Haut gut an.

Kosmetik hilft – vor allem, weil sie die wunde Seele tröstet

Hautverbesserung verspricht heute fast jede Kosmetikserie. Doch wer glaubt einer Industrie, die seit mehr als hundert Jahren berüchtigt ist für Schönfärberei und Übertreibungen? Unsere Zutaten sind so kostbar, heißt es oft, wenn man fragt, warum kleine Töpfchen so großes Geld kosten. Eine unbewiesene und unwahrscheinliche Behauptung, denn die meisten Zutaten stammen von Zulieferern wie etwa DuPont, die weltweit operieren und allen Kosmetikherstellern die gleiche Qualität verkaufen. Aber diese superteuren Luxuscremes für einige hundert Euro, die müßten doch wenigstens wirken, denkt man.

Gerade die Vermarkter der teuersten Cremes machen große Versprechungen und investieren wenig in die Forschung. Sie erzeugen beim Kunden die Vorstellung: Was so extrem viel Geld kostet, muß doch auch wirken. Mehrere Hersteller haben damit Erfolg und prahlen, ihre sei die weltweit begehrteste Feuchtigkeitscreme. Tatsächlich richtet sich die verzweifelte Hoffnung vieler Frauen, ihre Falten wieder loszuwerden, auf die teuren Tiegelchen. Denn die Produzenten werben mit beruhigenden Versprechungen, und die dankbaren Kundinnen lassen sich bereitwillig Geschichten erzählen. Meist klingen die Stories etwa so:

Ein begabter Forscher erfand die Mixtur vor vielen Jahren, um seine eigene, durch einen Unfall geschädigte Haut zu behandeln. Er wandte sich vergeblich an Hautexperten. Niemand konnte helfen, bis er sich selbst eine Creme anrührte. Schließlich fand er sie: die Crème aller Crèmes. Sie verlieh seiner lädierten narbigen Haut neuen Schmelz. Ist ja klar, daß jede Käuferin denkt: »Wenn diese Creme so intensiv wirkt, wird sie meine paar kleinen Knitterfalten ja mit Leichtigkeit zum Verschwinden bringen.«

Teure Kosmetika prahlen mit kostbaren Zutaten

Wer die Zutatenliste der superteuren Cremes mit Verstand liest, findet das Übliche: Mineralöl, Vaseline, Verdickungsmittel, Pflanzenöl, Glycerin, Mineralstoffe, Vitamine, die eine oder andere Algensorte und Konservierungsmittel. Falls jetzt jemand ins Zweifeln kommt, wird ihm vertrauensvoll versichert, daß spezielle Herstellungsverfahren die einfachen Grundzutaten der Creme in ein hochwirksames Elixier transformieren. Man könnte sich an Asterix und den Zaubertrank des Miraculix erinnert fühlen, wenn nicht so viel Geld und so viele Hoffnungen im Spiel wären. Je nach Temperament lachen oder schimpfen Hautexperten über solche Stories, denn bisher gibt es keine wissenschaftliche Studie, die irgendeine spezielle Wirkung solcher Luxuscremes gezeigt hätte.

Das plötzliche Verschwinden von Falten erwarten inzwischen ohnehin nur noch naive Kosmetikfans von einer Creme. Dabei galt bis vor kurzem unter Insidern die Einsicht, daß Cremes überhaupt nicht wirken *dürften*, sonst wären sie ja Salben, unterständen dem Arzneimittelgesetz und könnten nur in Apotheken verkauft werden. Doch die Zeiten ändern sich. Die Versprechungen der besseren Kosmetikhersteller klingen etwas leiser, die Botschaften werden realistischer. Juristen feilschen dabei um jede Formulierung. Zu verdanken haben wir diese Veränderung den Bürokraten der Europäischen Union. Sie fordern, ein Produkt müsse die Versprechungen, die die Werbung macht, auch einlösen können. Früher reichte es, die nebulösen Verheißungen an einem der Wirkstoffe aufzuhängen und zu belegen, daß dieser Stoff im Labor Effekte zeigt. Ob davon jedoch in einer Creme genug enthalten war, um echte Wirkungen zu erzielen, oder ob der Stoff auf der Haut überhaupt etwas ausrichten konnte, das stand in den Sternen. Nun verlangen die europäische Behörde und ihre jeweiligen nationalen Organe den Nachweis, daß die jeweilige Creme ihr Werbeversprechen hält. Das gelingt weiß Gott nicht immer, aber immer öfter.

Die EU verlangt den Nachweis, daß die Cremes die Versprechen der Werbung halten

Franz Stäb, der aufgrund seiner vielfältigen Outdoor-Aktivitäten als Hobby-Landwirt keineswegs faltenfreie Chef der Forschungsabteilung für Hautalterung beim einheimischen Kosmetikriesen Beiersdorf, ärgert sich über das Vorurteil, Kosmetik dürfe nicht wirken. »Natürlich behandeln wir mit Kosmetika keine Krankheiten«, sagt der Biologe. »Hautalterung ist kein krankhafter Prozeß, der mit Medikamenten behandelt werden muß. Um durch Pflegeprodukte Schäden an der Haut zu verhindern, wäre jedoch – abhängig von Dosierung und Verwendungszweck – die Verwendung arzneilicher Wirkstoffe gesetzlich nicht ausgeschlossen.«

Erbmoleküle in Pink und Rosa

In die Labors großer Pflegemittelhersteller wie L'Oréal, Beiersdorf und Henkel haben längst die Schlüsseltechnologien der Molekularbiologie Einzug gehalten. Sie helfen, immer tiefer in die mikroskopisch feinen Schichten der Haut hineinzuschauen. Ebenso wie die

Pharmaindustrie setzen auch Runzelforscher bei der Suche nach neuen Wirkstoffen auf Biochips. Diese Hightech-Laborhelfer bestehen aus Glasträgern oder Nylonfiltern, auf die ein Roboter mehrere hundert oder tausend Proben gleichzeitig auftragen kann. Um herauszufinden, welche Gene auf einen Hautwirkstoff reagieren, plaziert man die DNA der tausend wichtigsten Erbmoleküle für die Haut auf den Chip und färbt sie ein. Laserstrahlen und Computerprogramme helfen bei der schnellen Auswertung der zigtausend Proben. Es fasziniert auch Laien zu sehen, wie sich digitale Mosaike aus rosa-, lila- und pinkfarbenen Farbfeldern auf dem Computerbildschirm auftun, je nachdem, welche Substanz die Laboranten auf die Erbmoleküle losgelassen haben.

Ausgesprochen hübsch und geradezu appetitlich wirken sogenannte Hautmodelle auf den ersten Blick. In wabenähnlich eingeteilten Plexibehältern schwimmen in zartrosa Nährlösung unscheinbare Partikel, denen man nicht ansieht, daß es sich um lebende Hautzellen handelt. Weil Zellhaufen nichts spüren, kann man sie unbesorgt im Schnellgang altern lassen und ihnen immer neue Substanzen vorsetzen. Je nachdem, mit welchen Stoffen man sie umgibt, zeigen sie dabei die erwünschten Zeichen sich verjüngender Haut, oder sie sterben ab, wenn ihnen die Umgebung zu stressig gerät.

Laserstrahlen und Computerprogramme machen die Wirkung von Erbmolekülen auf die Haut meßbar

Jedes Jahr schicken Zulieferer aus aller Welt mindestens fünfhundert Substanzen ins Rennen um die Gunst der Kosmetikindustrie. Zehn davon finden vielleicht das Interesse eines Herstellers, zwei oder drei werden intensiv im Reagenzglas, an Zellkulturen und am Menschen untersucht. Am Ende dieser aufwendigen Prozedur, vielleicht nach mehreren Jahren Forschung, taucht einer dieser Stoffe in einer heiß beworbenen Anti-Aging-Creme auf. Oft genug aber stehen die Forscher am Ende mit leeren Händen da, weil die untersuchten Wirkstoffe entweder zuwenig tun – oder zuviel und die Haut reizen.

Lieber einen Apfel essen?

Erfahrene Benützer von Antifaltencremes glauben schon deshalb nicht an die Magie der Wirkstoffe, weil sie im Lauf der Jahre zu viele auftauchen und wieder verschwinden sahen. Zu den langjährigen Lieblingen der Cremehersteller gehört Vitamin A, immer wieder als Schönheitsvitamin bezeichnet, weil es im Stoffwechsel der oberen Hautschichten eine Rolle spielt.

Fruchtsäure soll abgestorbene Hautzellen lösen. So geht's auch: täglich einen sauren Apfel essen

Vitamin A ist ein Sammelbegriff für eine ganze Reihe ähnlicher Substanzen, die man als Retinoide bezeichnet. Einige davon verursachen in den oberen Hautschichten intensive Entzündungsprozesse und zwingen die Haut so, neue Zellen zu bilden. Hohe, wirkungsvolle Dosierungen gehören deshalb in die Hand des Arztes. Was geringe Mengen in der reizarmen Zubereitung einer Pflegecreme bewirken, muß erst die langjährige Anwendung zeigen. Auch Fruchtsäuren sind schon lange beliebt, weil sie – milder als Vitamin A – abgestorbene Zellen ablösen und die Haut glatter erscheinen lassen. Doch wahrscheinlich hilft es der Haut langfristig mehr, wenn man, statt zu cremen, täglich einen fruchtsäurereichen Apfel ißt.

Vitamin C gilt als Star unter den Hautverbesserern. Geworben wird zwar schon seit Jahren damit, aber erst vor kurzem gelang es, die wirksame Form des Vitamins in einer Creme haltbar zu machen und die entsprechenden Methoden patentieren zu lassen. Werbetexter loben auch Vitamin E, weil es – wie sie beschönigend sagen – die Zellwände stärkt. Tatsächlich schützt es Körperfette vorm Ranzigwerden. Unsere Haut macht sich jedoch wenig aus dem Vitamin, wenn es von außen aufgetragen wird. Dankbar zeigt sie sich, wenn ihr Besitzer Vitamin-E-reiche Nüsse und Öle konsumiert. Denn dann gelangt das Vitamin von innen an den Ort des Bedarfs, weil die Talgdrüsen es mit ihrem Sekret genau dort absetzen, wo es gebraucht wird. Der Hinweis auf der Cremepackung, hier seien Pflanzenhormone z. B. aus Soja, Hopfen oder Wanzenkraut enthalten, soll vor allem Frauen in den Wechseljahren zum Kauf anregen. Östrogenähnliche pflanzliche Stoffe wirken schon innerhalb des Körpers nur etwa ein Tausendstel so stark wie körpereigenes Östrogen. Daß sie auf der Haut etwas ausrichten können, bezweifeln Fachleute.

Wahrscheinlich machen also in einer Creme nur Stoffe Sinn, die ohnehin in der Haut vorhanden sind und durchs Älterwerden abnehmen. Ein internationaler Renner ist das sogenannte Coenzym Q10, eine vitaminähnliche Substanz, die Ernährungsexperten als Ubiquinon kennen. Sie nimmt tatsächlich am Hautstoffwechsel teil und fängt als Antioxidans Radikale ab. Ähnlich beliebt könnte Kreatin werden, ein körpereigener Energieträger, den Sportler gern schlucken, um ohne Doping möglichst viel Kraft in die Muskeln zu pumpen. In der Haut soll das Kreatin dazu dienen, ermüdete Reparaturtrupps der Haut wieder aufzupäppeln.

Die Forschung der Hautverbesserer hat ein Problem: Es fehlen exakte Langzeitversuche

Auch das Haut und Haar erneuernde Hormon Melatonin schwindet mit zunehmendem Alter aus der Körperhülle. Eine Melatonin-Creme könnte vielleicht einmal die Defizite ausgleichen, weil das Hormon, das in Amerika als Nahrungsergänzungsmittel verkauft wird, wunderbar in die Haut eindringt. Doch falls es klappen sollte, den Wirkstoff in eine Anti-Aging-Mixtur zu verpacken, gäbe es sicher Streit, ob es sich um ein Arzneimittel handelt oder um eine Pflegecreme.

Die Frage, ob Cremes wirklich schöner machen und letztlich helfen, uns die Falten aus dem Gesicht zu radieren, bleibt unbeantwortet. Effekte muß man jedenfalls mit der Lupe suchen. Zwar werden immer mehr wissenschaftliche Arbeiten in anerkannten Fachzeitschriften gedruckt, doch leidet die Forschung der Hautverbesserer unter einem Problem, das sie mit allen Altersforschern teilt: Es fehlen exakte Langzeitversuche. Nur was nach den Goldstandards der Wissenschaft untersucht und darüber hinaus von unabhängigen Forschungsinstituten überprüft wurde, gilt als einigermaßen sicher bewiesen. Gesetzt den Fall, ein genialer Professor rührte heute die erste echte Wundercreme an, die faltige Altershaut innerhalb von – sagen wir – sechs Monaten in die Haut eines Teenagers zurückbeamen könnte und jeder Benutzer sähe den verjüngenden Effekt mit bloßem Auge, würden dennoch viele Jahre, wenn nicht sogar Jahrzehnte vergehen, bis unabhängige kritische Wissenschaftler die glättende Wirkung als erwiesen bestätigen könnten.

Ein Fell wäre schön

Ungebremste Sonnenstrahlen verwandeln glatte Haut in trockenes Pergament

Ohne Zweifel nützlich sind bisher nur Anti-Aging-Cremes, die die Haut vor Lichtschäden schützen. Denn ungebremste Sonnenstrahlen verwandeln helle Haut innerhalb von wenigen Jahren in trockenes Pergament mit Knitterfalten und Altersflecken. Bei jedem Sonnenbad, selbst wenn der Himmel bedeckt ist, produzieren Lichtstrahlen energiegeladene Moleküle, die unsere Körperhülle bedrohen. Hautzellen sterben zwar wie alle Körperzellen nach der ihnen bestimmten Zeit auf natürliche Weise. Doch unter dem Einfluß von Licht und Ozon altern sie früher und gehen vor ihrer Zeit zugrunde. UV-Strahlung läßt jede Haut schneller alt aussehen. Als Beweis wird gern auf das glatte und faltenfreie, weil unbesonnte Hinterteil betagter Menschen hingewiesen. Das Beispiel überzeugt nicht hundertprozentig, weil der Po nicht zu mimischen Falten neigt. Wirklich anschaulich ist dagegen der Anblick älterer Taxifahrer, deren linke Gesichtshälfte und linker Arm am offenen Fahrerfenster tagtäglich der Sonne ausgesetzt sind. Die rechte, im Schatten liegende Seite des Gesichts wirkt jugendlich frisch, während der Fahrer von links betrachtet oft zwanzig Jahre älter aussieht.

Unter Hautforschern berühmt geworden ist auch ein Zwillingspaar aus Dänemark. Im Rahmen einer Bevölkerungsstudie untersuchten Genetiker und Sozialforscher der Universität Odense 2872 Zwillinge, allesamt zwischen 1870 und 1900 geboren. Die Forscher wollten wissen, welchen Einfluß Umwelt und Gene auf Alterungserscheinungen besitzen. Sie illustrierten ihre Arbeit mit einem Foto, das 75jährige Zwillingsschwestern zeigt. Das Gesicht der einen scheint wie das einer Neunzigjährigen, verknittert und von tiefen Falten durchzogen. Das der anderen gleicht dem einer gut erhaltenen Sechzigjährigen. Es ist, bis auf die unvermeidlichen mimischen Falten, glatt und glänzend. Das Geheimnis dahinter: Eine der beiden Frauen hatte auf dem Lande gelebt und – stets der Sonne ausgesetzt – in der Landwirtschaft gearbeitet. Die andere Zwillingsschwester war jung in die Stadt gezogen und hatte sich überwiegend in geschlossenen Räumen aufgehalten.

Ein Sonnenbad in Ehren

Sonnenlicht schädigt die Haut. Deshalb muß jetzt wohl Schluß sein mit der Freude, wenn frühmorgens bei Aufziehen der Gardinen die Sonne vom blitzeblauen Himmel strahlt. Nix mehr mit Sommerspaß am Meer, mit Grillrunden am Strand, mit Schwimmen, Surfen und Segeln. Ausgiebige Sonnenbäder kommen nur noch für Menschen in Frage, denen Falten egal sind. Oder doch nicht?

Ausgiebige Sonnenbäder – nur noch für Menschen, denen Falten egal sind?

Glaubt man dem Bostoner Knochen- und Hormonarzt Michael Holick, ist die Sonne für die Gesundheit des Menschen »ein Geschenk des Himmels«. Licht erzeugt ein weites Spektrum biologischer Effekte. Es veranlaßt den Körper, Botenstoffe auszuschütten, die den Trübsinn winterlicher Dunkelheit vertreiben, verbessert die Durchblutung und stärkt die Immunkräfte, macht fit und fröhlich. Ohne Sonne produziert die Haut kein Vitamin D3, ein lebenswichtiger Stoff, der als Hormon Zellen vor Entartung, also vor Krebs schützt. Sonne kurbelt die Vitamin-Produktion an und vermindert dadurch das Risiko, an Brustkrebs und an Prostatakrebs zu erkranken. Deutlich zeigte sich die lebensfreundliche Wirkung des Himmelskörpers bei einer Untersuchung von fünftausend Frauen aller Altersstufen in den USA. Das Ergebnis: Im Norden sterben mehr Frauen an Brustkrebs als im Süden. Je stärker die Einstrahlung der Sonne war, desto weniger Frauen erkrankten an Krebs. Am geringsten war das Risiko für Frauen, die zum Zeitpunkt der Studie im Süden der USA lebten, die in einer Region mit intensiver Sonnenstrahlung geboren waren oder dort wenigstens zwanzig Jahre lang gelebt hatten. Vitamin-D-Mangel, also der Mangel an Sonnenlicht, darauf deutet vieles hin, steigert das Risiko tödlicher Krebse, schadet den Gefäßen und spielt bei der Entstehung von rheumatoider Arthritis eine Rolle.

Sonne kurbelt die Produktion von Vitaminen und körpereigenen Hormonen an, die vor Krebs schützen

So stürzt uns die Wissenschaft in ein echtes Dilemma: Sonne schützt vor Brust- und Prostatakrebs, zerstört aber die Haut und erzeugt Hautkrebs. Jammerschade, daß wir kein schützendes Fell mehr besitzen wie Affen, Hunde und Katzen, deren Haut bis ins hohe Alter glatt und makellos bleibt und bei denen Hautkrebse selten sind. Dabei sind auch wir haarlosen Zweibeiner keineswegs wehrlos, der Körper besitzt eindrucksvolle Schutzmechanismen. Gibt man der Haut etwas Zeit, bildet sie lichtabweisende Pigmente, die unsere Haut bräunen. Zusätzlich verstärken sich die oberen Hautschichten, aus abgestorbener Haut entsteht die sogenannte Lichtschwiele, die ebenfalls schädliche Strahlen abhält. Je mehr Sonne auf die Haut gelangt, desto mehr Reparaturenzyme stellt der Körper her. So wächst der Schutz langsam mit den Anforderungen der Jahreszeit, er wird stärker, wenn die Tage länger werden und die Sonneneinstrahlung intensiver. Innerhalb von Tagen und Wochen stellt sich der Körper vom dunklen Winter auf die Sonnenbelastung des Sommers um.

Doch scheinen die Schutzmechanismen für den heutigen Lebensstil nicht auszureichen. Hautärzte beobachten schon lange, daß immer mehr junge Menschen mit Strahlungsschäden in ihre Praxis kommen. Unter allen Krebsarten ist Hautkrebs die Erkrankung mit den deutlichsten Steigerungsraten, die Zahl der Fälle hat sich in den vergangenen zwei Jahrzehnten versechsfacht. Norddeutsche leiden häufiger darunter als Süddeutsche, was dafür spricht, daß eingeborene Nordlichter lichtempfindlicher sind. Auch die Lust der Nordeuropäer, wintertags in ferne sonnige Länder zu reisen, trägt zum Risiko bei, weil die durch lange Dunkelheit ungeschützte Haut dem Schock hoher Strahlung ausgesetzt wird.

Im Winter darf es etwas mehr sein – winterliche Lichtbäder braucht die Haut

Sonnenschutzmittel verhindern Schäden nur für eine gewisse Zeit. Billige Produkte könnten sogar zur Gefahr werden, weil sie den Benutzer in trügerischer Sicherheit wiegen. Solche Cremes und Emulsionen verlängern durch UVB-Filter zwar die Zeit, bis sich ein Sonnenbrand zeigt, doch die für Hautalterung und Krebsrisiko verantwortlichen UVA-Strahlen lassen sie oftmals durch, weil UVA-Filter teuer sind. So torpedieren sie die natürlichen Schutzmechanismen der Haut. Sonnenbrand, eigentlich von der Evolution als Frühwarnsignal erdacht, erscheint durch die Filter viel zu spät, um tiefe Hautschäden zu vermeiden. Das Beste, was ein hellhäutiger Nordeuropäer tun kann, um Falten zu verhindern, ist also wahrscheinlich, die südliche Sonne an den ersten Reisetagen voll bekleidet im Schatten zu genießen. Auf alle Fälle macht es Sinn – wie jeder kluge Bewohner sonniger Gefilde weiß –, die strahlungsintensive Mittagssonne zu meiden. Wirksamen Sonnenschutz bieten in der Regel auch Produkte aus der Apotheke.

Inzwischen mixen Kosmetikhersteller auch in gute Anti-Aging-Tagescremes hochwirksame UVA- und UVB-Sonnenfilter. Gängig sind Lichtschutzfaktoren zwischen 8 und 15, die 90 Prozent der Strahlen wegfiltern. Das mag ein erfreulicher Schutz sein, wenn man die Cremes tagtäglich im Hochsommer benutzt, doch in den dunklen Monaten wird diese Pflege hierzulande zum Vitaminkiller. Um vital zu bleiben, braucht der Körper täglich, mindestens aber drei- oder viermal die Woche, eine halbe Stunde Sonne auf der Haut, damit genügend Vitamin D3 produziert wird. Je älter man wird, desto mehr Zeit sollte man sich für winterliche Lichtbäder nehmen, weil es mit steigenden Lebensjahren immer länger dauert, bis das lebenswichtige Vitamin in der Haut entsteht. Was aber nutzt der schönste Spaziergang in der Wintersonne, wenn die Hände in Handschuhen stecken, der Hals in einen Schal eingemummelt ist und das Gesicht, die einzig freie Körperfläche, von einer Creme abgeschottet wird?

Sonnenschäden von innen verhindern

Was den Bakterien in der Wüste zum Überleben hilft, kann auch menschliche Haut schützen

Hoffnung geben dem Sonnenhungrigen Substanzen wie Ectoin. Der neue Kosmetikwirkstoff setzt nämlich an einer ganz neuen Stelle an: Er blockt nicht die UV-Strahlen ab, sondern schützt die Zellen der Haut vor Hitzeschäden. Schließlich ist die Sonne in der Lage, eine lebende Zelle gar zu kochen wie ein Frühstücksei.

Warum ihr das bei Bakterien, die in salzigen Tümpeln in kochendheißen Wüstengegenden leben, nicht gelingt, interessierte Erwin Galinski. Der Professor für Mikrobiologie an der Bonner Universität nahm ein paar dieser Mikroben mit heim, untersuchte sie und stieß schließlich auf eine Substanz, nämlich das Ectoin, die den Einzellern hilft, bei Tagestemperaturen von 60 Grad Celsius und selbst bei brutaler Trockenheit zu überleben. Er entlockte ihnen den Naturstoff als feines weißes Pulver, das sich leicht in Wasser löst und dessen Moleküle winzig genug sind, um in die Haut hineinzuschlüpfen. Dort schützt dieser Stoff empfindliche Proteine und Zellstrukturen durch ein Wasserpolster vor Strahlenschäden und Überhitzung.

Auch ein tiefgelber Naturfarbstoff mit dem unaussprechlichen Namen Alpha-Glycosyl-Rutin bewahrt sonnengepeinigte Haut vor Schäden, indem er sie als pflanzliches Antioxidans vor freien Radikalen schützt und ihre Reparaturmechanismen unterstützt. Den Effekt dieses Stoffs können extrem Sonnenempfindliche und sogar Sonnenallergiker leicht nachprüfen. Wenn die Haut nach dem ersten ausgiebigen Sonnenbad nicht juckt und sich keine Pusteln zeigen, hat die Creme, die man in der Apotheke bekommt, geholfen.

Wenn Stars zum Raffen gehen

Fast jeder glaubt von sich, er sähe mindestens fünf, wenn nicht zehn Jahre jünger aus, als es in Wirklichkeit der Fall ist. Unterstützt wird eine solche Fehleinschätzung von all den wohlgesinnten Leuten, die einem im Zeichen des Jugendkults gern sagen, wie frisch man wirkt, und jeden höflicherweise fünf Jahre jünger schätzen. Deshalb lassen sich die wenigsten von vornherein mit Forever-Young-Parolen stressen.

Zehn Jahre jünger schätzen die meisten Menschen ihr eigenes Aussehen ein

Doch eines Tages ist es soweit, die Schönheit »von innen« reicht nicht mehr. So erging es auch den Mitarbeitern eines Fernsehsenders. Keiner von ihnen wollte auf die Wirkung einer Pflegecreme warten, nachdem er gerade seinen neuen Chef kennengelernt hatte. Der federte, elegant, jung und herzlos, in den Konferenzraum und rief beim Anblick der langjährigen Mitarbeiter zur Begrüßung: »Was ist denn das für ein Faltengebirge!«

Nach einer solchen Diskriminierung studieren nicht nur oberflächliche, eitle Menschen tief betroffen die Linien in ihrem Gesicht. Wer kann ihnen verdenken, daß sie sich nach einer schnellen Lösung durch den Chirurgen sehnen.

Vorbilder tauchen auf allen Fernsehkanälen auf. Und selbst wer die fiese Verknüpfung von sensationslüsternen Medien und Chirurgen ohne Ehrenkodex verabscheut, kennt Beispiele gelungener Schönheitsoperationen. Denn heutzutage legen sich auch seriöse Filmschaffende irgendwann unters Messer. Selbst die, die in der Oberliga des Mediengeschäfts spielen, beugen sich dem Druck von Regisseuren und Produzenten irgendwann und lassen sich »raffen« – wie es im erbarmungslosen Jargon der Branche heißt. Wer sein Gesicht für Geld sehen läßt, hat kaum eine Wahl.

Die medizinische Kosmetikindustrie vermarktet eine Vielzahl von Möglichkeiten, Falten zu reduzieren. Ärzte bieten Schälkuren aller Art und Schärfe an, sie unterspritzen Falten mit unterschiedlichen Substanzen wie etwa eigenem Fett, Kollagen oder synthetischen Materialien. Dazu kann jeder, der von glatter Haut träumt, auf das sogenannte Tissue Engineering hoffen. Mit diesem Verfahren soll es bald gelingen, aus winzigen Mengen von körpereigenen Zellen im Labor genügend viel Ersatzgewebe zu züchten, um eingesunkene Augen und Wangen oder tiefe Furchen aufzufüllen. Bis dahin läßt sich, wer mag, mit gepulsten Lichtblitzen, Laser und Ultraschall behandeln. Die Zahl der Dienstleister, Hersteller und Produkte steigt unentwegt, schließlich handelt es sich in Europa um einen Milliarden-Markt. Ist das Selbstbewußtsein durch die Altersfeindlichkeit der Umgebung erst zermürbt, möchte manche Vierzigjährige und mancher Fünfzigjährige so schnell es eben geht ein um Jahre verjüngtes Gesicht.

Seriöse Ärzte klären auch über unausweichliche Folgen von Schönheitsoperationen auf

Gut informierte Zeitgenossen machen um Fernsehärzte einen Bogen und gehen für eine Lidkorrektur, eine Kinnstraffung oder ein Facelifting zu einem Facharzt für plastische Chirurgie. Den kann man ohne Scheu nach den Stationen seiner mindestens sechsjährigen Zusatzausbildung fragen, muß aber damit rechnen, daß er seinen Patienten unsinnige Hoffnungen austreibt und ihnen Details der blutigen, komplikationsträchtigen Eingriffe beschreibt. Gute Ärzte klären auch über die unausweichlichen lebenslänglichen Folgen ihrer Eingriffe auf und weisen Patienten ab, die bei einem

Psychotherapeuten besser aufgehoben wären – wie etwa die dreimal Geschiedene, die sich den letzten »Ex« aus dem Gesicht schneiden lassen möchte.

Die Schönheitschirurgie, das weiß heute jedes Kind aus dem Fernsehen, hat Hochkonjunktur. Doch kann sie wirklich helfen? Läßt sich Alter wegoperieren?

Hautexperten, die ihr Geld nicht damit verdienen, kosmetische Eingriffe und Klinikaufenthalte zu bewerben, sagen frei heraus, was jedem Laien sofort einleuchtet: daß nämlich ein Facelifting die Haut zwar glattzieht, aber ihren Zustand nicht verbessert. Auch der geschickteste Chirurg bringt Falten und Furchen nur in eine neue Position. Das Problem liegt eben nicht an dem bißchen überschüssiger Haut, sondern an den oxidativen Vorgängen, die tief im Inneren von Haut- und Muskelzellen ablaufen. Was nützt ein Skalpell, wenn geschädigte Zellen ramponiertes Baumaterial nicht mehr loswerden? Die Zellen gealterter Haut quellen über vor Lipofuszin. Dieses fettige gelblich-braune Pigment zeigt sich in Form von Altersflecken unübersehbar auf der Oberfläche der Haut. Innerhalb der Zelle stoppt es den Abbau von oxidierten unbrauchbar gewordenen Eiweißbausteinen. Werden sie nicht entsorgt, verstopfen sie die Hautzellen und legen sie lahm. So entsteht eine verderbliche Spirale aus gelblichen Ablagerungen und gestörtem Abtransport schädlicher Substanzen. Eine Operation, bei der Haut und Muskeln zerschnitten, an andere Stellen plaziert und dort wieder zusammengenäht werden, hilft dem Stoffwechsel keineswegs auf die Sprünge, sondern wirkt wie ein zusätzlicher oxidativer Großangriff. Die Schnippelei macht also für einige Zeit straff, auf längere Sicht beschleunigt sie jedoch die Alterung.

Was bringt ein Skalpell, wenn die Haut bis tief in die Zellen geschädigt ist?

Immerhin kann ein guter Chirurg das Gesicht sichtbar glätten. Ist alles abgeheilt, sind die meisten Falten verschwunden. Doch gibt einem das die Jugend zurück? Ein glattes Gesicht wirkt nicht unbedingt jünger, nur anders und oft befremdlich perfekt. Die US-

Sängerin und Schauspielerin Cher, berühmt für ihre vielen Liftings, sah vor zwanzig Jahren wahrscheinlich erheblich älter aus als heute. Dennoch war sie damals schöner. Heute nennt man sie eine Ikone. Und so sieht sie auch aus: wie ein stark retuschiertes Abbild ihrer selbst.

Qualm macht knittrig

Eine Zwölfjährige denkt bei der ersten Zigarette nicht an ihre Haut. Das kommt zwanzig Jahre später

Die Zigarettenindustrie hat es mit ihrer Werbung auf die einzige Zielgruppe abgesehen, die gerne älter wäre, auf Kinder und Jugendliche. Und sie hat Erfolg. Denn ein Zwölfjähriger, der sich auf dem Schulklo seine erste Zigarette ansteckt, denkt nicht im Traum daran, daß Zigaretten innerhalb weniger Jahre ein »Smoker face« aus seinem strahlend jungen Gesicht machen können, er möchte nur erwachsen wirken. In seinem Alter sind Runzeln einfach kein Thema. Zwanzig Jahre später denkt er anders darüber.

Denn Raucherhaut schimmert gelblich und wirkt früh zerknittert, weil Substanzen aus dem Rauch der Zigarette die Müllabfuhr der Haut lahmlegen. Abfallstoffe wie etwa oxidierte Proteine, die ein gesunder Stoffwechsel blitzschnell in harmlose Bestandteile zerlegt und recycelt, lagern sich beim Raucher im elastischen Bindegewebe ab. Sie bringen die Gesichtshaut zum Erstarren und lassen sie maskenhaft erscheinen. Ein zweiter Grund für die Alterung im Schnellgang: Tabakkonsum regt die Freisetzung des Enzyms Elastase an, das wie eine flinke Schere ins elastische Bindegewebe hineinfährt und es zerschnippelt. Ähnliches können ein paar Gläser Wein, Bier oder Schnaps bewirken, wenn man sie tagtäglich trinkt. Eine Dauerberieselung mit Alkohol macht die Haut papierdünn.

Natürlich liegt der Gedanke nahe, den Schaden, den Rauchen und Trinken in Jahrzehnten anrichten, beim Chirurgen schnell reparieren zu lassen. Doch erfahrene Ärzte weigern sich oft, das

Gesicht eines starken Rauchers zu liften. Seine Operationswunden heilen schlecht. Über siebzig Prozent aller auftretenden Komplikationen betreffen Raucher. Wäre es nicht so qualvoll schwierig, man möchte jedem Operationswilligen raten, mit dem Rauchen auf der Stelle aufzuhören und erst wieder zum Arzt zu gehen, wenn ein Jahr rauchfrei vergangen ist.

Mit Pillen Falten heilen

Der amerikanische Hautarzt Nicholas Perricone verspricht in seinen Büchern Großartiges. Obwohl bisher kein Verlag die Ratgeber ins Deutsche übersetzte, schwappte seine Botschaft bis in deutsche Lifestyle-Magazine und Frauenzeitschriften. Sein millionenfach in Amerika verkaufter Bestseller heißt: »The Wrinkle Cure«, zu deutsch: »Die Heilung der Falten«. Der Titel suggeriert also, daß knittrige Haut krankhaft ist.

Ein US-Mediziner will die Falten heilen wie einen Beinbruch

Im Gewerbe der Beauty-Experten wurden schon immer goldene Berge versprochen. Aber den betörenden Einfall, die Zeichen der Hautalterung heilen zu wollen wie ein gebrochenes Bein, hatte zuvor noch niemand. Doch Perricone meint es ernst. Er behauptet: Falten und schlaffe Haut seien keine unvermeidliche Folge des Älterwerdens, sondern eine Krankheit, die es zu bekämpfen gilt. Der US-Hautexperte empfiehlt, oft gegrillten Lachs und frische Salate zu essen. Außerdem sollen seine Anhänger Kohlenhydrate sparen und deshalb auf Zucker, Kartoffeln und Nudeln komplett verzichten. Perricone will mit diesem Verbot Langzeitschäden der Haut verhindern, die durch einen zu hohen Blutzuckerspiegel entstehen. Zu seiner Heilkur gegen Falten gehören auch Nahrungsergänzungsmittel in großzügiger Dosierung. Darunter die Vitamine A, B-Komplex, C und E sowie die Mineralstoffe Kalzium, Magnesium, Selen, Zink und Chrom. Außerdem rät er zur täglichen

Einnahme von weiteren Nahrungsergänzungsmitteln, die in US-Drogeriemärkten in Großpackungen verkauft werden.

Vielen Menschen graust es vor blutigen Eingriffen und Spritzen mit lähmenden Giften wie Botox. Antioxidantien verheißen ihnen sanfte Heilung von innen heraus. Manches spricht für die Idee. Denn ein Teil der Feinde des jugendlichen Aussehens lauert ja tatsächlich im Inneren des Körpers. Nur mit Hilfe von Vitaminen, bioaktiven Pflanzenstoffen und Spurenelementen hält der Körper die Zerstörung durch Sauerstoffradikale in Schach. Doch wehe dem, der die scharfen Moleküle durch Überdosen von Antioxidantien in Pillenform ausrotten will; er schadet seinem Immunsystem. Denn der Körper produziert, lokal begrenzt, einen Teil der freien Radikale absichtlich, um mit ihnen wie mit Gewehrkugeln auf Eindringlinge wie Viren und Bakterien zu schießen. Ohne Sauerstoffradikale wäre der Körper wehrlos gegen ansteckende Krankheiten. Deshalb besitzen alle lebenden Wesen gut regulierte Mechanismen, um die molekularen Angriffswaffen zu kontrollieren.

Falten glätten durch eine Spritze Lähmungsgift: Nicht jeder kann sich damit anfreunden

Zwar läßt die Vollkommenheit der Systeme mit dem Älterwerden nach, doch warnen Altersforscher davor, Antioxidantien als Extrakte im Überfluß einzunehmen, weil es im Körper nie allein auf die Menge ankommt, sondern auf das Gleichgewicht vieler Komponenten! Irrig ist jedenfalls die Annahme: wenn ein Stoff »gut für etwas« ist, dann ist mehr davon noch besser. Weder ein Vitamin noch irgendeine andere Substanz kann allein für sich unsere Körperhülle vor Falten retten. Am Hautstoffwechsel sind mindestens vierzig Mikronährstoffe beteiligt. Zusätzlich rekrutiert der Körper seine Hilfstruppen gegen den Verschleiß aus Tausenden von Pflanzenbestandteilen, die wir beim Essen zu uns nehmen. Fazit: Man kommt nicht drumherum, sich vernünftig und sehr abwechslungsreich zu ernähren. Mit Pillen und Cremes allein klappt die Sache nicht.

Eine Haut wie Karamel?

Ein neuer Weg, Langzeitschäden der Haut zu verhindern, stammt aus der Diabetesforschung. Falsch behandelte Zuckerkranke sehen oft ziemlich alt aus, weil ihr süßes Blut die Haut verdirbt. Wie das vor sich geht, wissen Forscher erst seit kurzem: Zum einen erzeugt ein hoher Blutzuckerspiegel Fluten von freien Radikalen, mehr als die Schutzenzyme abwehren können. Zum anderen verschmilzt der im Blut schwimmende überschüssige Zucker mit Eiweißstoffen wie etwa dem Kollagen der Haut. Wie so etwas aussieht, kann sich jeder vorstellen, der einmal Karamelbonbons gemacht hat. Erhitzt man Zucker in einem Topf, wird er braun. Kommt eiweißhaltige Sahne dazu, entsteht eine klebrige braune Masse. Ganz ähnlich, aber unendlich langsam läuft die Sache auch im Gewebe des Körpers ab.

An Zuckerkranken sieht man es: Süßes Blut verdirbt die Haut

Wer diesen Vorgang abbremsen möchte, muß zusehen, daß sein Blutzucker möglichst lange möglichst weit unten bleibt. Ganz einfach ist das nicht, denn mit zunehmendem Alter schöpft der Körper den Zucker im Blut immer langsamer ab. Jeder dritte oder vierte über 65 entwickelt dann sogar eine Veranlagung zum Diabetes. Eindämmen kann man Zuckerschäden mit denkbar schlichten Methoden: Langfristig auf die Freßbremse zu treten und die Rettungsringe rund um die Taille frühzeitig in Grenzen zu halten hilft am besten. Vollkornprodukte und Hülsenfrüchte wie etwa Linsen oder Bohnen stabilisieren den Blutzuckerspiegel, weil der Körper die darin enthaltenen Zuckermoleküle nur langsam »loseisen« kann. Kohlenhydratarme Diäten, die unter dem Begriff »Low Carb« Furore machen, bringen dagegen wenig, weil sie gewohnte Grundnahrungsmittel wie etwa Brot und Nudeln verbieten und deshalb auf Dauer kaum durchzuhalten sind. Jeder gute Hausarzt kennt bessere Möglichkeiten, den Blutzucker niedrig zu halten, als gerade den Verzicht auf Nudeln. Vor allem Bewegung hilft.

Wer seine Muskeln ausgiebig spielen läßt, senkt den Blutzucker ohne Askese und sorgt gleichzeitig für eine gute Durchblutung, die den Teint rosig macht und Nährstoffe bis in jede Hautzelle trägt. Wenn es darum geht, »Zuckerschäden« in der Haut zu vermeiden, wirken auch die Ballaststoffe aus Vollkornprodukten und Hülsenfrüchten prompt. Sie verzögern die Aufnahme von Kohlenhydraten, halten so den Blutzuckerspiegel lange stabil und unterstützen zusätzlich wichtige Entgiftungsorgane wie Leber und Darm.

Vor Low-Fat-Diäten wird gewarnt – zu wenig Fett nimmt die Haut übel

Stoffwechselexperten warnen alle, denen ihre Haut lieb ist, vor extremen Low-Fat-Diäten, bei denen weniger als 30 Prozent der Kalorien vom Fett stammen. Meist zählen deren Erfinder nur Fettkalorien und kümmern sich nicht um die Qualität. Doch da gibt es ganz entscheidende Unterschiede. Falsche Fette nimmt die Haut auf Dauer krumm. Gehärtetes Pflanzenöl, Butter und fette Wurst können das Blut bei entsprechender Veranlagung so dickflüssig machen, daß es nicht mehr durch die feinen Blutgefäße der Haut hindurchpaßt. Graue, schlecht durchblutete Haut ist die Folge. Auch um die früher oft als herzschützend propagierten Öle mit extrem hohem Gehalt an mehrfach ungesättigten Fettsäuren wie etwa Distelöl macht man besser einen Bogen. Sie lassen die Haut vorzeitig alt aussehen, weil sie Entzündungsprozesse in den Zellen begünstigen.

Wer seine Haut schützen möchte, sucht sich beim Essen gesunde Fette aus, die von innen »cremen«. Hier machen sich vor allem Nußöle, Leinöl und das Fett von Meeresfischen nützlich. Ideal sind auch Öle, die hauptsächlich aus einfach ungesättigten Fettsäuren bestehen und reich an Antioxidantien sind. Dazu zählen neben kaltgepreßtem Olivenöl auch Raps- und Leinöl. Das Ganze klingt kompliziert, läuft aber auf eine einfache Formel hinaus: mehr Olivenöl, Nüsse, Samen und fettreiche Meeresfische essen, dafür auf fritierte Imbißspezialitäten, fette Fleischwaren und industriell hergestelltes Gebäck verzichten.

Menschen, die sich mit fleckiger oder schlaffer Haut herumplagen oder meinen, sie hätten mehr Falten als ihre Altersgenossen, fehlt es vielleicht an bioaktiven Pflanzenstoffen. Vor allem Flavonoide sind wichtig für eine rosige Haut. Während Vitamin C das Kollagen, also das Gerüst der Haut und der großen Blutgefäße, stabilisiert, stärken Flavonoide die Durchlässigkeit winzig kleiner Blutbahnen, Kapillaren genannt. Sind reichlich Flavonoide im täglichen Essen, werden tiefe Hautschichten besser mit Nährstoffen versorgt. Daß Obst und Gemüse voll sind mit diesen wohlschmeckenden Pflanzensubstanzen, hat sich bereits herumgesprochen. Wirksame Mengen kommen zusätzlich auf den Teller, wenn man regelmäßig mit frischen Zwiebeln und Knoblauch würzt, Zimt, Currypulver und Edelsüß-Paprika eßlöffelweise verwendet oder mit Kurkuma ayurvedische gelbe Akzente setzt.

Wer gesundes Fett ißt, zum Beispiel kaltgepreßte Öle, cremt die Haut von innen ein

Vorbeugen macht glatter als heilen

Auch wenn die Einsicht schmerzt: Weder regenerieren Cremes die Haut innerhalb von Wochen, noch geben eigenartige Diäten dem unelastisch gewordenen Kollagen alter Haut die jugendliche Geschmeidigkeit zurück. Es kann nicht funktionieren, das weiß jeder, der einmal versucht hat, einen verfilzten Wollpulli wieder weich und schmiegsam zu machen. Falten lassen sich bis heute nicht heilen. Aber sie lassen sich verhindern, wenn es gelingt, die Haut von innen heraus vollwertig zu ernähren und möglichst viele Radikale zu stoppen, bevor sie aufs Erbgut schießen.

Ab dreißig ist man für sein Gesicht selbst verantwortlich, aber lohnt sich all die Mühe? Sieht man es der Haut wirklich an, ob man sich vernünftig ernährt und regelmäßig bewegt? Und wenn, wird man auch nur einen Tag jünger geschätzt, weil sich eine Falte weniger im Gesicht zeigt? Fragt man eine Sechzehnjährige, woran sie Alter erkennt, sagt sie spontan: »An den Falten« und setzt nach kurzem Zögern hinzu: »an grauen Haaren«. Das sind die Klischees. Fragt man weiter, folgen Statements wie dieses: »Wie alt jemand ist, das sieht man doch daran, wie die Leute insgesamt so drauf sind, wie sie sich bewegen, ob man mit ihnen lachen kann oder ob sie nur rummeckern.« Die Sechzehnjährige schert also keineswegs alle über einen Kamm, die doppelt oder dreimal so alt sind wie sie selbst. Weil sie selbst jung ist, scheint ihr jugendliches Aussehen nicht so wichtig. Die Optik muß nur bei Gleichaltrigen stimmen. Mit den Älteren konkurriert sie nicht, mit ihnen wünscht sie sich die Begegnung, will mit ihnen lachen und reden. Ob das Gesicht, in das sie dabei sieht, eine Falte mehr oder weniger hat, ist ihr egal. Überhaupt, geht es einem Vierzigjährigen erotisch oder finanziell besser, wenn er von einem Zwanzigjährigen jünger geschätzt wird, als er ist? Sicher nicht. Auch straffe Augenlider helfen wenig, wenn der Chef einen Mitarbeiter von der Gehaltsliste haben will oder der Liebste das Weite sucht.

Falten lassen sich nicht heilen, aber verhindern

Dennoch lohnt die langfristige Investition in jugendliches Aussehen. Schließlich beurteilen wir alle unseren Nächsten nach seinem Äußeren. Im Wettbewerb der Dreißig- bis Siebzigjährigen liegt der vorn, der genug Disziplin und Ausdauer aufbringt, seinen Körper über Jahrzehnte hinweg optisch in Schuß zu halten, einfach weil das eine gesunde, aktive Ausstrahlung erzeugt.

Aber eins ist klar: Wer lange jung wirken möchte, diskutiert nicht jeden Tag mit sich selbst, ob der Nachtisch noch sein muß oder ob das vierte Glas Wein schadet, er schafft sich einfach ein paar gesundheitsfördernde Gewohnheiten an. Geduld heißt die Losung. Keine Knitterfalte verschwindet, wenn man drei Tage lang gesunde Sachen ißt und eine Stunde im Fitness-Studio verbringt. Umgekehrt sehen glatthäutige junge Schönheiten, die sich lieber Donuts und Döner reinziehen als Obst und Gemüse, sich nicht bewegen, keine Nacht ausschlafen und dafür die Müdigkeit mit

Kaffee und Cola bekämpfen, auch bald danach aus. Wer seinen Teint vor Umwelteinflüssen schützt und von innen pflegt, kann mit Sechzig wie Vierzig aussehen.

KRANKHEITEN – ALLES VERSCHLEISS?

Es gibt Menschen, die sehen mit fünfzig jünger aus als mit dreißig. Verschweigen wir, damit kein Neid aufkommt, die echten Namen unserer Beispiele. Nennen wir sie Teddy und Graziela.

Anfang der 80er Jahre konnte man Teddy in teuren Restaurants antreffen. Er schätzte vielgängige Menüs, kannte sich in der Gastronomie aus und schleppte seine Freunde an seinem Geburtstag in ein Restaurant, dessen Spezialität glasierte Ente war. Damals galten gastronomische Erlebnisse dieser Art in seiner Clique als ziemlich angesagt. Doch war Teddy mit seinem kurzgeschnittenen krausen, roten Haar, der weißen Sommersprossenhaut und der moppeligen Figur nicht gerade der gefragteste Männertyp dieser Zeit. Schon wegen seines Aufzugs. Er trug weder das Polohemd mit dem Krokodil und den Kaschmirpullover um die Schulter, noch Öko-Stoffe im Leinenlook, sondern kam in einem klassischen dunklen Anzug mit Weste und weißem Hemd. Teddy sah langweilig aus, aber er strahlte vor Liebenswürdigkeit und faszinierte durch seinen Scharfsinn.

Die Liebe zum Hunger – eine Sache der Gene und der Lebensumstände

Zur selben Zeit lief Graziela mit einem Stapel Bücher unter dem Arm durch die langen Gänge der Hamburger Universität. Jacke, T-Shirt und Jeans hingen ihr locker am schmalen Leib, um die großen Augen lagen bläuliche Schatten. Sie schien immer hungrig, doch niemand sah sie je in der Mensa. Ihre Blicke signalisierten: Das Leben ist mühsam und für Frauen keine Spielerei.

Graziela war in einer unnachgiebig religiösen, freikirchlichen Familie mit vier Geschwistern aufgewachsen. Ihr Abiturzeugnis wies keine schlechtere Note als »gut« auf. Das Geld, das für die Ausbildung zur Verfügung stand, war knapp, deshalb hetzte sie durch ihr Biologiestudium. Nebenher gab sie Schülern Nachhilfeunterricht in naturwissenschaftlichen Fächern. Ihre Sehnsucht danach, eigenes Geld zu verdienen, um ihrer überfürsorglichen Mutter und der Enge ihres Elternhauses endgültig zu entkommen, trieb sie rastlos an. Stand sie einmal still, war sie mit gerunzelter Stirn in ernsthafte Gespräche vertieft. Graziela hatte es damals nicht leicht, und sie nahm alles schwer.

Gewöhnlich beginnen Veränderungen mit einem dramatischen Ereignis. So war es auch ein Jahr später bei Teddy.

Hundert Kilo, ein stressiger Job und ein eiserner Ring um die Brust

Der gerade 30jährige liebte seinen Job als Anwalt in einer großen Kanzlei, seine kurzen Zigarillos, die Einladungen in gute Restaurants und die Reisen. Doch immer öfter fühlte der rund hundert Kilo schwere Westfale, wie sich ein eiserner Ring um seine Brust legte. Vor allem, wenn es in der Kanzlei turbulent zuging und er kaum zum Schlafen kam, rührte sich sein Herz. Eines Tages, während einer beruflichen Besprechung, in der die Meinungen der Verhandlungspartner hart aufeinanderprallten, bemerkte er, wie seine linke Gesichtshälfte und sein Arm gefühllos wurden. Minutenlang saß er still da und ertrug die Angst, die seinen Körper in einer eisigen Klammer hielt. Den Gesprächen konnte er nicht mehr folgen.

Irgendwann kehrte das Gefühl in seinen Arm zurück, seine Lebensgeister erwachten wieder, und er bat einen Kollegen leise um Hilfe. Man brachte ihn zum nächsten Arzt. Wenige Tage später bekam er die Ergebnisse der Untersuchung. »Hyperlipidämie«, sagte der Doktor »und ausgeprägte Hypertonie.« Teddy fragte nicht weiter. Er verließ die Praxis mit der ihm völlig unverständlichen Diagnose und der freundlichen Empfehlung, beim Essen künftig besser aufzupassen. Langsam machte er sich zu Fuß auf den Heimweg. Ins Auto zu steigen, traute er sich nicht. Mit jedem Schritt wurde ihm klarer: »Es muß etwas passieren. Wenn ich so weitermache wie bisher, bin ich bald ein Wrack.«

Jeder kann sein Herz verlieren

Teddy blieb ein paar Tage zu Hause und grübelte, was zu tun sei. Dann meldete er sich beim langjährigen Hausarzt der Familie in der nahen Kleinstadt an, in der er aufgewachsen war. Zu seinem Glück geriet er an einen erfahrenen Mediziner, der keinen Dauerpatienten wollte, sondern versuchte, den jungen Rechtsanwalt zu einer gesünderen Lebensweise zu überreden. Er erklärte ihm ohne Fachchinesisch, in seinem Blut schwimme zuviel Fett und Cholesterin, Stoffe, die ihm auf Dauer die Adern verstopfen würden. Dazu schade der hohe Blutdruck seinen Gefäßen und ramponiere auf längere Sicht sein Herz. Das alles sei besonders gefährlich, weil er noch so jung sei. Er solle fett- und salzarm essen, drängte der Arzt. Teddy war enttäuscht. Er hatte auf eine schnelle, einfache Lösung des Problems gehofft. Mit ein paar Tabletten oder Spritzen müßte man die Chose doch geradebiegen können, dachte er. Er ahnte noch nicht, daß er lebenslänglich gekriegt hatte.

Cholesterin und Fett ramponieren die Gefäße

Wieder ein Jahr später saß Teddy gestreßt, mit schlechten Laborwerten und drei weiteren Kilos über dem Hosenbund beim selben Arzt. Der schüttelte den Kopf und riet: »Machen Sie eine Kur. Dort lernen Sie bei einer Diätassistentin, was Sie essen dürfen.« In der Kurklinik wurde fettarm und miserabel gekocht, absolute Folter für den erklärten Feinschmecker. Die Diätassistentin sprach streng von Kalorien, Fettsäuren und Cholesterin, bis ihm der Kopf schwirrte. Butter, Eier, Leberpastete und Hummer setzte sie auf die Verbotsliste. »Ohne Hummer und Leberpastete«, dachte Teddy,

»läßt sich überleben. Aber was mache ich ohne Butter und ohne mein Frühstücksei?« Er fühlte sich wie einer, der das Opfer abgefeimter Sadisten geworden war. Immerhin nahm er in vier Wochen acht Kilo ab. Kurz nach seiner Heimkehr verliebte er sich in eine herzige Nase und einen runden, muskulösen Po und kümmerte sich nicht mehr um seine Gesundheitsprobleme.

Attentäter aus der Fettzelle

Ohne Hummer und Leberpastete läßt sich überleben

Teddys Stoffwechselkrankheit verstehen Forscher heute besser als vor 25 Jahren. Damals hielten sie fette Bäuche für unschön, aber ungefährlich. Jetzt wissen sie: Mit den überbordenden Fettpolstern rund um die Taille beginnt das ganze Elend.

Siedeln sich im Bauchraum zwischen den Organen zu viele fettgefüllte Zellen an, wirken sie wie bösartige Drüsen. Sie produzieren Hormone und andere Botenstoffe, die den Blutdruck nach oben jagen, Fettaugen im Blut schwimmen lassen und es bonbonsüß machen. Je mehr Fettzellen sich aufblähen, desto mehr Botenstoffe schicken sie ins Blut. Diese Kuriere des Immunsystems reisen dann als Störenfriede durch den Körper, und überall, wo sie hintreffen, lassen sie leise Entzündungen aufflackern. So setzen sie auch das Innere der Arterien in einen Schwelbrand. Betroffen sind die Adern, die alle Organe mit frischem, sauerstoffreichem Blut versorgen. Ist die Entzündung erst in vollem Gange, wird das Blut dickflüssig und fließt langsamer als vorher. Bilden sich dabei Gerinnsel, sind Herzinfarkt oder Schlaganfall die Folge.

Der Körper muß also die schleichenden Entzündungen in den Adern möglichst bald stoppen. Er ruft deshalb Massen von weißen Blutkörperchen herbei. Deren Hauptaufgabe ist es, Krankheitserreger abzutöten. Doch hier wenden sie sich gegen den eigenen Körper. Beim vergeblichen Versuch, das Gewebe zu reparieren, zerstören sie die innere Auskleidung der Adern weiter. Während gesunde Arterien elastisch und muskulös genug sind, um sich dem Blutdruck in jeder Situation anzupassen, vernarben im Körper eines Arteriosklerosekranken die Gefäßwände durch langjährige Entzündungsprozesse. Bindegewebe und Schaumzellen lagern sich innen im Gefäß ab, die Arterien setzen sich zu und verlieren ihre Elastizität. Schließlich können die steif gewordenen Schläuche die Schwankungen des Blutdrucks nicht mehr ausgleichen, der Druck im Inneren steigt und schädigt die Gefäßwände weiter. Ein Teufelskreis.

Doch wann beginnt er? Den Anfang einer Stoffwechselerkrankung bemerken nicht einmal hochsensible Naturen. Fatalerweise leiden Blut, Herz, Nieren und Gefäße jahrzehntelang still und unbemerkt vor sich hin. So erging es auch dem früheren US-Präsidenten Bill Clinton, einer der wenigen Politfiguren, die man als Frau gern ansieht. Im September 2004 operierten ihn New Yorker Ärzte am Herzen. Der 58jährige litt unter einer lebensgefährlichen Arterienverstopfung. Ihm wurden bei einem mehrstündigen Eingriff vier Bypässe gelegt. Clinton war in die Klinik gebracht worden, nachdem er über Herzschmerzen und Atemschwierigkeiten geklagt hatte. Die Verstopfung der Gefäße stellte sich als so massiv heraus, daß er ohne Hilfe wohl sicher einen Herzinfarkt bekommen hätte. Clintons Begeisterung für Fastfood war lange bekannt. Wenige Wochen vor dem Eingriff hatte er noch mit dem Talkmaster Larry King über seinen lockeren Lebenswandel gescherzt und dabei zugegeben, daß er sich in den vergangenen Jahren »etwas leichtsinnig« ernährt habe.

Auch Bill Clinton bemerkte erst spät, was sich in seinen Gefäßen tat

Süßes Blut

Würden sich die bedrohten inneren Systeme frühzeitig mit juckenden Pusteln oder Haarausfall melden, wäre jeder sofort alarmiert und bereit, sein Leben zu verändern. Leider zeigen sich Stoffwechselstörungen erst, wenn bereits Schäden eingetreten sind.

Beängstigend gerät die Entwicklung beim Diabetes, wenn man nichts dagegen tut. Schwimmt zuviel Zucker im Blut, stumpft das Hormon Insulin, das beim Gesunden die Glukose zum Verbrennen in die Zellen schafft, wegen Überlastung ab. Dann leiden die Zellen an Energiemangel, obwohl sich draußen im Blut viel zuviel von dem süßen Kraftstoff anhäuft. Kein Wunder, daß sich die Betroffenen müde und schlapp fühlen, egal, wieviel sie schlafen oder wieviel sie essen.

AGEs, das sind klebrige braune Zellpigmente, die alt machen

So richtig eklig wird die Sache aber erst, wenn man tiefer in die Chemie des Körpers hineinschaut. Sammelt sich nur ein bißchen zuviel Zucker im Gewebe an, beginnt eine fatale Entwicklung. Zucker- und Eiweißstoffe verbinden sich zu braunen Pigmenten, wie man sie auch in Karamelpudding, Cola und Bier findet. Geschieht dies mit den eiweißhaltigen Baustoffen des Körpers, folgt eine Kaskade von Alterungsprozessen. Der Blutfarbstoff Hämoglobin, das Kollagen aus Haut und Bindegewebe und viele andere Werkstoffe des Körpers verwandeln sich in klebrige bräunliche Klumpen, die ihre Aufgaben nicht mehr erfüllen können, wenn sie mit Zucker verschmolzen sind. Forscher nennen den entstehenden Biomüll kurz »AGEs« für »advanced glycation endproducts«, zu deutsch: Produkte fortgeschrittener Verzuckerung. AGE, das Kürzel sollte man sich ruhig merken, es wird uns wahrscheinlich im Zusammenhang mit jeder chronischen Krankheit und jeder Form von Alterung wieder begegnen. AGEs können sogar die DNA des Erbguts verkleistern und damit eine Vielzahl von Abläufen im Körper stören.

Das Risiko eines Diabetikers, an einer Herzerkrankung zu sterben, ist exzessiv erhöht, und die durch Gene und Übergewicht angeschobenen entzündlichen Prozesse im Inneren des Körpers beschleunigen die Schäden in den Zellen. Nicht selten wird aber die Zuckerkrankheit erst festgestellt, wenn der Betroffene mit einem Herzinfarkt ins Krankenhaus eingeliefert wurde. Wer lange jung und gesund bleiben möchte, tut also gut daran, den Blutzuckerspiegel so stabil wie möglich zu halten.

Liebe gegen Fett

Doch von alldem wußte Teddy damals nichts. Der angeschlagene Lustesser war frisch verliebt in einen blonden Engel, der wunderbar zu ihm paßte, weil er ziemlich genau das Gegenteil von ihm war. Teddy litt, wenn die quirlige Studentin Verabredungen mit ihm absagte, um ein Tennismatch zu spielen oder am Wochenende mit Sportfreunden auf eine Paddeltour zu gehen. Das schlimmste: Sie verabscheute seine Lieblingsrestaurants und kochte lieber Grünkernrisotto. Zehn Gänge Nouvelle cuisine ließen sie kalt, sie wollte vegetarische Vollwertkost und schleppte ihn schließlich zu Vorträgen darüber. Teddy mußte dort erfahren, daß Fleisch überflüssig, weißes Auszugsmehl wertlos und Zucker ein Schadstoff ist. Seine Liebste servierte ihm zum Kaffee statt Prinzregententorte bröselige Kuchen aus Honig und Vollkornmehl. Rohkost war angesagt, und nach einer lebhaften Nacht zu zweit gab es morgens Frischkornmüsli mit Obst.

Grünkernrisotto oder Nouvelle cuisine – mehr als eine Frage des Geschmacks

Weil die Liebe eine Himmelsmacht ist und der Mensch ein Gewohnheitstier, versöhnte sich Teddy langsam mit Gemüse und Vollkorngetreide, wenn auch in der gemäßigten Form. Rückfällig wurde er hin und wieder bei ausgedehnten Geschäftsessen. Ohne daß er es anfangs recht bemerkte, wandelte sich sein Lebensstil.

Weil er seine schöne junge Frau nicht gern aus den Augen ließ, begleitete er sie immer öfter in den Tennisclub. Irgendwann fand er selbst Spaß am Spiel und gehörte bald mit zur Clique der Sportfreunde. Mit aufreibenden Situationen in seinem Beruf kam er jetzt besser klar. Denn neben Sport hilft nichts so gut gegen Streß wie Kuscheln und guter Sex. So ging Teddy selbst in Jobkrisen lächelnd zur Arbeit. Langsam, unmerklich fast, im Laufe von mehreren Jahren schwanden auch die Speckrollen rund um seine Taille. Das war sein Glück.

Tödliche Rettungsringe

Überflüssige Pfunde verkürzen die Lebenserwartung nachweisbar. Amerikanische Sozialforscher vermuten bereits, daß der bislang stetige Anstieg der Lebenserwartung in ihrem Land bald ein Ende haben wird, weil US-Bürger immer dicker werden.

Jährlich sterben, laut Angaben der Weltgesundheitsorganisation, 30 Millionen Menschen an den Folgen von Fettsucht. Europäer und Amerikaner legen statistisch gesehen jedes Jahr ein, zwei Kilos zu. Der Hauptgrund: Ab dreißig bewegen sich die meisten von uns immer weniger. So verliert der Körper bis zu einem halben Pfund Muskeln pro Jahr. Weil aber nur Muskeln Energie verbrennen, wird weniger Nahrung verbraucht. Wer weiter ißt wie bisher, setzt Fett an.

Faulenzer verlieren ein halbes Pfund Muskeln pro Jahr

Den zweiten Grund für die schleichende Gewichtszunahme sehen Experten in der Vorliebe für Alkohol und fettes Essen. Asiatische Völker, die so fett- und kalorienarm essen wie etwa die Japaner und außerdem weniger Alkohol trinken, weil sie ihn schlechter vertragen als Europäer, bekommen mit steigendem Lebensalter kaum Gewichtsprobleme. Sie sind meist noch im hohen Alter schlank, ihr Gewicht bleibt stabil.

Ob ein Mensch fett oder mager ist, darüber gibt die Waage keine Auskunft. So wiegen drahtige Sportler mit kräftigen Muskeln oft mehr als gleich große Bewegungsmuffel mit rundem Bauch. Wichtiger als die Anzahl der Kilos ist es, wo das Fett sitzt. Bei Menschen mit Polstern rund um die Leibesmitte zeigen oft ungünstige Laborwerte, daß Herz und Kreislauf in Gefahr sind. Wer wissen möchte, wie es mit seinem persönlichen Risiko steht, kann zum Maßband greifen und den Taillenumfang in Höhe des Nabels und den Körperumfang an der stärksten Stelle des Pos messen. Dann »Taille« durch »Po« teilen. Beispiel: 80 cm Taille geteilt durch 105 cm Gesäßumfang ergibt 0,76. Die errechnete Zahl sollte bei Frauen unter 0,8 und bei Männern unter 1,0 liegen. Werte darüber deuten auf ein erhöhtes Risiko hin.

Wichtiger als die Zahl der Kilos: wo das Fett sitzt

Druck der Norm

Graziela hatte andere Sorgen als Teddy. Sie saß von morgens bis abends in Seminaren und Vorlesungen und wurde vor lauter Angst und Arbeit immer durchsichtiger. Stellte ein freundlicher Mensch mit dem Hinweis »Iß, du bist so dünn« einen gefüllten Teller vor sie hin, zog sich ihr Magen zu einem harten Knoten zusammen. Sie wollte und konnte nicht essen, schon gar nicht, wenn andere ihr dabei zusahen. Ihr gefiel, daß ihre Kleider immer geräumiger wurden. Ihrem brennenden Wunsch, ein Spitzenexamen hinzulegen, kam sie näher, weil sie sich unendlich viel Mühe gab. Sie kannte keine Müdigkeit, wollte es allen zeigen. Vor allem ihrer frommen Mutter, die von Charles Darwin und moderner Entwicklungsbiologie nichts hielt, sondern Graziela drängte, die Schöpfungsgeschichte der Bibel wörtlich zu nehmen.

Graziela reagierte auf die wachsenden Lasten und Mühen in ihrem Leben mit noch mehr Aktivität. Dabei aß sie immer weniger.

Es war, als wollte sie wenigstens einen Bereich ihres Lebens im Griff halten, und zwar ihren Körper. Der sollte ihr gehorchen. Und er sollte dünn sein. Keine Rundung wollte sie dulden, weder die des Busens noch die der Schenkel oder der Hüften. Je weniger sie aß, desto stärker fühlte sie sich. Hunger war ihre Droge. Der knurrende Magen, dessen Mahnungen nicht erhört wurden, gab ihr die Selbstsicherheit, die ihr sonst fehlte. Sie traute sich mit der Zeit, bei Veranstaltungen an der Uni aufzutreten. Sie lernte, frei zu sprechen und ihre Positionen zu verteidigen. Weil das Examen vor der Tür stand, legte sie im Studium noch einen Zahn zu. Es störte sie zwar, daß Fingernägel und Haare brüchig wurden, die Haut austrocknete und daß sie selbst in gut geheizten Räumen fröstelte. Wie sehr ihre Knochen unter der straff gespannten Haut hervortraten, nahm sie jedoch nicht wahr. Sie fühlte sich immer noch zu dick.

Ein knurrender Magen kann zur Droge werden

Irgendwann hörten ihre monatlichen Blutungen auf. Sie dachte sich erst nicht viel dabei, sondern hetzte von einer Vorlesung in die nächste, besuchte jeden Workshop, der angeboten wurde, und hob als erste die Hand, wenn soziales Engagement und gute Taten erwartet wurden. Schließlich ging sie zum Frauenarzt. Der fragte nicht viel, sondern verschrieb ihr Hormonpillen, die sie zu Hause in den Müll warf.

Dabei wäre eine frühe Diagnose für sie sehr wichtig gewesen. Eßstörungen wie Magersucht betreffen hauptsächlich junge Frauen. Gerade mal die Hälfte von ihnen wird wieder völlig gesund, etwa jede zehnte Patientin stirbt an Unterernährung oder tötet sich selbst. Magersucht hat die höchste Todesrate aller psychischen Störungen. Die Kranken wirken dabei nicht kraftlos, sondern fit wie ein Turnschuh. Körperliche Aktivität und Rastlosigkeit gelten sogar als Merkmal der Krankheit. Während sich die meisten Menschen energiesparend still verhalten, wenn sie wenig zu essen bekommen, spüren Magersüchtige kaum Müdigkeit. Gerade die Dünnen wie Graziela sind gefährdet, nicht etwa fastende Dicke.

Ein eiliger Arzt spart am falschen Ende

Grazielas Zorn auf ihr engstirniges Elternhaus und ihr Mittel dagegen, der Hungerstreik, könnten der ehrgeizigen Studentin dreißig, vierzig oder fünfzig Jahre später das Leben zur Qual machen. Denn ausgerechnet in den Jahren zwischen zwölf und Anfang Zwanzig, in denen Mädchen anfällig sind für Eßstörungen wie etwa Magersucht, Bulimie und Diätwahn, schafft sich der Körper den Vorrat an gesunder Knochenmasse an, der für das ganze Leben reichen muß. Bekommt ein Mädchen in jungen Jahren nicht genug »in die Knochen«, nimmt später der natürliche Abbau, der mit dem Altern einhergeht, schlimme Formen an.

Jahrelanges Hungern läßt auch das Herz schrumpfen. Der Muskel schlägt zwar tapfer ein Leben lang und pumpt das Blut unermüdlich durch die Adern, doch er kann sich nicht durch Zellteilung erneuern. Magersüchtige wie Graziela müssen deshalb mit Herzschäden rechnen, die kaum ausheilen und sich im Alter, wenn das Herz ohnehin oft etwas schwächer wird, manchmal auf fatale Weise zeigen.

Der Hungerstreik in der Jugend macht später das Leben zur Qual

Nur wenige werden frühzeitig geheilt. Vor allem deshalb, weil Magersüchtige sich jahrelang nicht krank fühlen, ja, ihre Krankheit sogar vehement leugnen und zu spät Hilfe suchen. Wie bei allen psychosomatischen Erkrankungen ist es wesentlich, die Störung aus dem Verborgenen ans Licht zu bringen und möglichst früh zu behandeln. Dann stehen die Chancen gut.

Warum aber hat über viele Jahre hin niemand Grazielas Magersucht erkannt? Wie konnte ein so offensichtliches Leiden unbemerkt bleiben? Schließlich ging sie wie alle Leute ab und zu wegen einer Erkältung oder einer Blasenentzündung zum Arzt ihres Vertrauens.

Beim Hausarzt geht es oft zu wie beim Brezelbacken: Im Fließbandtakt kommen Patienten herein, setzen sich kurz auf die Stuhlkante und werden mit einem Rezept und Genesungswünschen wieder hinauskomplimentiert. Wer mehr als zehn Minuten im Zimmer des Arztes verbringt, muß todkrank sein, oder er hat sich nach dem Gesundheitszustand des Arztes erkundigt.

Tatsächlich kommen Menschen mit Störungen wie Graziela beim Arzt selten zu Wort. Nach den üblichen Anfangsfragen »Was kann ich für Sie tun?« oder »Wo fehlt's denn?« unterbrechen Mediziner nach durchschnittlich zwanzig Sekunden den Heilungsuchenden. Das hat der Forscher Stefan Zwernemann von der Klinik für Psychosomatik und Psychotherapie der Universität Köln herausgefunden: In der Regel fragt der Arzt sofort nach, sobald ein bestimmtes Anzeichen erwähnt wird, das ihm bedeutend erscheint. Damit lenkt er das Gespräch prompt auf ein bestimmtes Krankheitsbild, dessen Symptome ihm geläufig sind. Schildert der Patient Gefühle oder erzählt von seiner häuslichen Situation, blockt der Arzt oft ab, ergab die Studie. Er will nicht von den Sorgen seiner Patienten überflutet werden. Dabei beenden die meisten ihren Bericht sowieso nach durchschnittlich eineinhalb Minuten – wenn sie ungestört erzählen dürfen. Im ersten Gespräch vergibt sich der Arzt damit oft die Chance, eine psychosomatische Erkrankung zu erkennen. Und das, obwohl etwa ein Drittel aller Patienten, die einen Allgemeinarzt aufsuchen, an seelischen Störungen leiden, die sich häufig in schleichenden körperlichen Erkrankungen äußern und manchmal lebenslange Leidenswege auslösen. Die Kosten unerkannter seelischer Störungen belasten das Gesundheitssystem dann über Jahrzehnte.

Schildert der Patient Gefühle, blockt der Arzt oft ab

Die Liebe zu sich selbst

Die Zahl von Kranken wie Graziela, deren gequälte Seele dem Körper Schaden zufügt, steigt. Experten schätzen, daß jeder zehnte unter chronischen Krankheiten ohne körperliche Ursachen leidet.

Die verschiedenen Formen von Depression stehen an erster Stelle, denn die Zwänge unserer Gesellschaft nagen am Selbstwertgefühl vieler Menschen. Auch unterdrückte Angst äußert sich immer häufiger in Krankheit. Dazu schürt der Druck der Billigmedien die Unzufriedenheit mit dem eigenen Körper. Das Gesundheitssystem könnte viel Geld sparen, wenn konsequent auf psychische Ursachen untersucht würde. Peter Joraschky, der Vorsitzende des Deutschen Kollegiums für Psychosomatische Medizin, bringt es auf den Punkt: »Ein Euro in der Psychosomatik ist soviel wert wie zwei Euro in der Medizin.« Fachleute könnten den Betroffenen den Weg in ein besseres Leben ebnen und dabei ganz locker 30 bis 50 Prozent der Kosten einsparen, die sonst fällig würden.

Der Psychotherapeut und Arzt Michael Balint (1896–1970), ein Begründer der psychosomatischen Lehre, meinte schon in den dreißiger Jahren des vorigen Jahrhunderts, daß etwa ein Drittel der Arbeit des praktischen Arztes reine Psychotherapie sei, ob er dies nun gelernt hat oder nicht. Deshalb begründete der engagierte Psychologe die sogenannten Balintgruppen, in denen sich Ärzte über ihr Verhältnis zu ihren Patienten aussprechen können. Dort lernen sie auch, psychische Probleme anzusprechen, ohne den Hilfesuchenden damit zu erschrecken. Im Rahmen der Gruppen tragen ärztliche Kollegen mit ihren Ideen zur Lösung von Problemen bei. Viele Ärzte besuchen die Balintgruppen zwar lediglich, um ein erhöhtes Beratungshonorar abrechnen zu können. Doch ebenso viele wollen ihren Patienten besser gerecht werden. Auffällig ist nur, daß in kaum einer Balintgruppe je ein Orthopäde gesichtet wurde, obwohl bekannt ist, daß ein ziemlicher Teil der Rückenprobleme, die die halbe Nation plagen, psychosomatischer Natur sind.

In Balintgruppen lernen Ärzte, psychische Probleme anzusprechen

Graziela wollte von Ärzten und Psychologen nichts wissen, sie schwamm gerade im Glück. Ihr Examen hatte sie mit Bravour bestanden, für ihre Abschlußarbeit erntete sie öffentliches Lob. Der

Lohn der langen Angst war ein Forschungsstipendium in Amerika. Endlich konnte sie die Fesseln der Familie abschütteln und in die Welt ziehen.

In Chicago wurde sie Teil einer jungen Truppe, die aus fünf verschiedenen Ländern stammte und den größten Teil ihrer Zeit lachend und streitend in den Labors der Universität verbrachte. Danach hingen die Jungforscher gemeinsam in der Kantine des Campus herum. Graziela freundete sich mit der Halbchinesin Sue an, die beinahe genauso schmal war wie sie, aber im Gegensatz zu der blonden Norddeutschen mit einem gesegneten Appetit ausgestattet war.

Oft hilft es Magersüchtigen, wenn sie die Fesseln der Familie abstreifen

An ihr nahm sich die dünne Deutsche ein Beispiel. Ein paar Wochen nach ihrem Eintreffen, niemand bemerkte den unerhörten Vorgang, aß sie zusammen mit Sue einen Hamburger. Es war das erste Mal seit Jahren, daß sie in Gegenwart anderer mehr in den Mund steckte als ein paar Bröckchen Keks oder ein Salatblatt.

In ihrer Stipendiatengruppe fühlte Graziela sich respektiert und geschätzt. Bald öffnete sie sich und schloß immer mehr Freundschaften. Das Schild mit der Aufschrift: »Bitte nicht anfassen!«, das sie jahrelang unsichtbar vor sich hergetragen hatte, verschwand. Sie begann, Flirts und wilde Feten genauso zu genießen wie die anderen. Ihr Appetit kehrte langsam zurück. Mit jedem halben Pfund, das sie zunahm, erholte sich ihr Körper. Sie wurde gesund, weil sie es nicht mehr nötig hatte, sich durch Hungern ihre Willenskraft zu beweisen. Dank des günstigen Umfelds trat ihre Anlage zur Magersucht in den Hintergrund. Zurück in Deutschland besorgte sich die erfolgreiche Biologin einen Job weit weg von ihren Eltern und verliebte sich bald darauf.

Zipperlein und leckerer Wein

Im Leben geht es rauf und runter. Teddy war gerade ganz unten. Weil Partnerschaften zerbrechlich sind, stand er eines Tages mit zwei Koffern vor dem Haus, in dem er einige Jahre glücklich gewesen war. Er suchte sich eine neue Wohnung und lebte bald wieder wie vor seiner Ehe. Als geborener Genießer tröstete er sich in teuren Restaurants mit Sahnesößchen und Desserts, bestellte in immer kürzeren Abständen seinen Lieblingsrotwein kistenweise und arbeitete, bis ihm die Augen zufielen. Seine Rundungen kamen wieder, und bald wogte – wie einst bei seinem Vater – ein dicker Bauch über dem Gürtel. Wenn Teddy morgens widerwillig in den Spiegel sah, bekam er es mit der Angst zu tun, denn sein Vater war bereits mit fünfzig Jahren an einem Herzinfarkt gestorben.

Bei Liebeskummer spenden Sahnesößchen und Desserts den nötigen Trost

Monat für Monat trauerte er um seine verlorene Ehe. Für eine Veränderung fehlte es ihm an Kraft. Allabendlich saß er vor dem Fernseher und tat nichts, außer seine dicklichen Hände über seinem kugelrunden Bauch zu falten. Und trägt die Seele Trauer, gerät der Körper in Gefahr.

Eine Abends, nach einer Stippvisite in seinem Lieblingsrestaurant und zwei Flaschen Rotwein, wankte der Unglückliche ins Bett und schlief ein. Um zwei Uhr früh weckte ihn ein brennender Schmerz im großen Zeh. Es war, als sei sein Gelenk aus der Kapsel gesprungen. Ihm wurde kalt, die Zähne klapperten, Teddy fühlte sich fiebrig. Der Schmerz steigerte sich. Mal schien er reißend, mal ziehend oder nagend, dann wieder pressend, und alles verengte sich. Schließlich ertrug er das Gewicht der Bettdecke nicht mehr. Es wurde eine endlose Nacht, ein realer Alptraum.

Am nächsten Morgen humpelte er zum Arzt. »Tja«, bemerkte der Mediziner ungerührt, »Gicht! Sie haben soeben Ihren ersten Gichtanfall erlebt. Wir werden mal Ihren Harnsäurespiegel messen. Scheußliche Schmerzen, nicht wahr? Trinken Sie?«

Teddy gab eine Flasche Rotwein zu, obwohl es an einsamen Abenden oft zwei waren. Der Arzt lachte verständnisvoll und meinte, mit einer Flasche Rotwein pro Tag ließe sich der Harnsäurespiegel lustig in die Höhe schrauben.

Wer die Veranlagung zu Gicht geerbt hat, dessen Nieren scheiden den Schlackenstoff Harnsäure nicht so zügig aus wie die anderer Menschen. Wird der Körper die Substanz über die Nieren nicht los, steigt der Gehalt im Blut an, und das Risiko, einen Gichtanfall zu erleiden, verdichtet sich. Die beißenden Schmerzen, die dabei oft zuerst die Füße befallen, entstehen, wenn überschüssige Harnsäure sich als nadelspitze Kristalle in der Flüssigkeit der Gelenke abgelagert hat. Scharfkantige Partikel pisacken das umliegende Gewebe und lösen quälende Entzündungen aus. Die Schmerzen verschwinden nach wenigen Tagen von selbst wieder, das Gelenk schwillt wieder ab. Doch ein Gichtanfall hinterläßt Spuren, die später zu chronischer Arthritis führen können, er kann den Betroffenen jederzeit wieder hinstrecken, wenn der seinen Lebensstil nicht ändert.

Mit jedem Glas Rotwein steigt der Harnsäurepegel im Blut

Seit etwa dreißig Jahren erkranken immer mehr Männer an Gicht, es ist die häufigste Ursache für Gelenkentzündungen; Frauen sind – allerdings nur bis zu den Wechseljahren – durch ihre Hormone geschützt. Wahrscheinlich gibt es für die steigende Zahl gleich mehrere Ursachen. Zum einen werden die Menschen älter. Zum anderen heben blutdrucksenkende Medikamente das Risiko an. Die zwingendsten Gründe liegen jedoch in der Lust am Alkohol und stetig anwachsendem Übergewicht. Schlanke Menschen erleiden so gut wie nie einen Gichtanfall, aber ein paar Kilo zuviel steigern das Risiko schon erheblich.

Teddy fühlte sich mies und schwächlich. Wegen der scheußlichen Schmerzen und der pochenden Entzündung im Gelenk hatte er keinen Appetit auf feste Nahrung. Statt dessen trank er literweise Mineralwasser, Obst- und Gemüsesaft. Als ein Schulfreund ihm bei einem Besuch gutmütig auf den Bauch klopfte und bemerkte, seine Wampe sei in den letzten zwei Jahren ja ganz hübsch angewachsen, lachte der Geplagte so, als mache ihm die Flachserei nichts aus. Doch in ihm reifte ein Entschluß.

Die schnellen Verlierer

Nichts läßt einen Menschen so alt aussehen wie eine Erkrankung des Skeletts. Greise, so das Klischee, gehen gebeugt von der Last der Jahre. Gebrechlich wirken aber auch schon Vierzigjährige, wenn sie wegen eines Gichtanfalls langsam dahinhinken. Ein gekrümmter Rücken wie etwa der für Osteoporose typische »Witwenbuckel« macht attraktive Weibsbilder in ihren Fünfzigern optisch zu Großmüttern. Schleppt einer wie Teddy zuviel Gewicht mit sich herum, verschleißen seine Gelenke frühzeitig unter der Last der Pfunde. Und wenn die Veranlagung zu Gicht hinzukommt, plagen den Rundling Jahrzehnte später zerstörte Knorpelbeläge, die sich schmerzhaft entzünden.

Osteoporose macht attraktive Weibsbilder optisch zu Großmüttern

Frauen wie Graziela bleiben zwar von Übergewicht und seinen Folgen verschont, doch ist der Preis für den gewollten Hunger hoch. Denn fehlen weibliche Rundungen, bleiben auch knochenschützende Hormone aus. Schädlich ist zudem der Mangel an Kalzium und Vitamin D. Wer wenig ißt, bekommt eben auch zu wenig von den Nährstoffen, die das Skelett braucht, um Stärke zu entwickeln.

Knochen sind nicht starr wie Stein, ein lebhafter Stoffwechsel baut sie stetig um. Mit jedem Lebensjahr jenseits der Dreißig verlieren sie dabei ein bis zwei Prozent ihrer Substanz. Das ist noch kein Problem. Gefahren drohen jedoch, wenn der Abbau schneller verläuft. Jede dritte Frau in den Wechseljahren gehört zu den »schnellen Verlierern«, wenn die Menge an Sexualhormonen nachläßt. Wird die Wand der Röhrenknochen dünner und die für die Stabilität wichtigen Knochenbälkchen schwinden dahin, sprechen Ärzte von Osteoporose.

Stetiger Umbau: Knochen sind nicht starr wie Stein

Gesunde Knochen bestimmen im Alter die Lebensqualität. Eine verkrümmte Brustwirbelsäule ist nicht bloß ein ästhetisches Manko: Der lädierte Brustkorb stört die Atmung, und das macht müde. Zerbröckeln die Wirbel, entstehen in der verkrümmten Wirbelsäule Schmerzen, die Tag und Nacht anhalten. Wie es um das Knochengerüst im Alter bestellt ist, das hängt vor allem davon ab, wie stabil die Knochen waren, als der Abbau begann. Konnte der Körper bis zum zwanzigsten Lebensjahr genug Vorrat anschaffen, bleibt das Risiko, später einmal im Rollstuhl zu landen, gering. Wer eine erbliche Veranlagung zur Osteoporose besitzt und außerdem wie Graziela aus der Jugend wenig Substanz mitbringt, muß schon ab 35 mit porösen Knochen rechnen.

Fatalerweise schleicht sich die Krankheit lautlos an. Betroffene bemerken häufig erst, daß etwas nicht stimmt, wenn aus einem kleinen Mißgeschick ein großer Unfall wird. Wenn etwa ein Arm beim Anheben einer Getränkekiste bricht. Auch kleine Stürze, die ein gesunder Knochen einfach »wegstecken« würde, hält der poröse Knochen nicht aus.

Osteoporose ist heute keine schicksalhafte Erkrankung mehr, die man ohne Gegenmaßnahmen akzeptieren muß. Doch wird sie in vielen Fällen weder erkannt noch behandelt. Nur etwa 17 Prozent der knochenkranken Frauen erhalten überhaupt medizinische Hilfe. Experten schätzen, daß gerade mal zehn Prozent der älteren Patienten, die bereits einen Knochenbruch erlitten haben, eine kompetente Therapie erhalten. Dabei ließe sich mit einer frühzeitigen genetischen Untersuchung, regelmäßiger Bewegung und knochenfreundlicher Ernährung das Risiko für das Zusammensacken der Wirbelkörper und das Zerbröseln der Hüften gegen null senken. Schon so einfache Vorsorgemaßnahmen wie etwa regelmäßige Bewegung im Freien könnten das Drama verhindern, weil Sonnenstrahlen die natürliche, körpereigene Produktion von Vitamin D stimulieren, das den Mineralstoff in den Knochen schleust. Die oft empfohlenen zehn Minuten pro Tag reichen allerdings nicht, weil mit dem Alter die Fähigkeit der Haut, Vitamin D zu bilden, etwas zurückgeht.

Abnehmen beginnt im Kopf

Viele von uns essen zuviel. Andere wie Graziela essen zuwenig. Beide Verhaltensweisen spielen eine zentrale Rolle, wenn es darum geht, die fünfzig Jahre zwischen vierzig und neunzig gesund und vergnügt zu verbringen. Gesegnet sind alle, die schlemmen können, wie sie wollen, nie auf eine Waage gehen und trotzdem jahrzehntelang immer die gleiche Jeansgröße kaufen. Es ist jedoch kein moralisches Verdienst, normalgewichtig zu sein, sondern schieres Glück, das auf günstigen Genen und freundlichen Lebensumständen beruht.

Normalgewichtig zu sein ist kein moralisches Verdienst

An vielen Instituten überall auf der Welt arbeiten Biochemiker, Psychologen, Ernährungswissenschaftler, Genetiker und Experten für Bevölkerungsstudien daran, die Tricks, mit denen der Körper unser Gewicht reguliert, zu enträtseln. Bis vor zwanzig Jahren wollten die Experten an eine ererbte Neigung zur Rundlichkeit oder zu einem hageren Körper überhaupt nicht glauben. Jetzt streiten sie nur noch darüber, wie groß der Einfluß der Erbanlage wirklich ist und auf welchen Wegen die Gene unsere Körpermasse beeinflussen. Die Entdeckung des einen Dickmacher-Gens, das an allem schuld ist, wurde auch schon mehrmals verkündet.

Doch so simpel ist die Sache nicht. Beteiligt sind bis zu zweihundert Gene mit sehr unterschiedlichen Funktionen. Einige nehmen auf unseren Appetit Einfluß, andere trimmen unsere Bewegungsmuster in Richtung Zappelphilipp oder Schnecke, wieder andere polen den Energiestoffwechsel auf Sparflamme oder auf Verschwendung. Wahrscheinlich ist auch genetisch festgelegt, ob sich Fettpolster leicht mobilisieren lassen, wenn Energie gebraucht wird. Wer die entgegengesetzte Veranlagung hat und geizig an seinen Reserven festhält, muß essen, um nach einer Anstrengung wieder fit zu werden. Die Fettdepots bleiben dann trotz Energiemangel unangetastet. Eines ist allerdings schon jetzt klar: Um schlank zu werden und zu bleiben, sollte man nicht nur Kalorien sparen, sondern vor allem mehr davon verbrauchen. Bewegung ist der Schlüssel zur optimalen Figur.

Der Dreh für ein langes Leben: kalorienarm, aber nährstoffreich essen

Aber macht Abnehmen Dicke wirklich gesünder? Darüber wird seit mehr als fünfzehn Jahren gestritten. Weil noch nicht ganz klar ist, wie der Körper sein Gewicht überhaupt managt, weiß auch niemand genau, was in der Biochemie des Körpers passiert, wenn durch sparsame Kost und Bewegung die Pfunde dahinschmelzen.

Die besten Argumente fürs Abnehmen stammen aus der amerikanischen »Cancer Prevention Study I«, an der bisher eine Million Menschen beteiligt war. In einer ersten Auswertung 1995 wurde von 43457 Frauen berichtet, die durch kalorienarmes Essen abgenommen hatten und zwölf Jahre beobachtet worden waren. Ihr Risiko, an Stoffwechselerkrankungen wie etwa Diabetes zu sterben, sank in dieser Zeit um 30 bis 40 Prozent, die Gefahr, an einem Tumor zu sterben, fiel sogar um 40 bis 50 Prozent. Zu ähnlichen Ergebnissen kamen andere Forscher, die Ratten, Mäuse, Kaninchen und Affen über lange Zeiträume kalorienarm, aber nährstoffreich fütterten. Die Tiere wurden mit der Zeit immer gesünder, chronische Erkrankungen inklusive Krebs, Diabetes und Rheuma nahmen unter der knappen Kost deutlich ab.

Eine schickt sich nicht für alle

Es macht also Sinn, die Pfunde in Schach zu halten. Fragt sich bloß, wie. Mit einer Low-fat-Diät? Oder mit Low carb? Hilft Trennkost oder Atkins? Hilft es, nur Naturprodukte zu essen? Bis heute wissen Experten nicht, welche Ernährung für den einzelnen und sein persönliches genetisches Muster die richtige ist und wie sie das Körpergewicht langfristig beeinflußt. Weil die Mechanismen nicht erforscht sind und niemand genau sagen kann, wie Hunger und Sättigung entstehen, funktioniert keine einzige Diät für alle. Nur ein kleiner Teil der mühsam abgenommenen Kilos bleibt über ein Jahr erhalten, nach fünf Jahren ist – statistisch gesehen – wieder alles beim alten, oder die Fettdepots sind sogar noch gewachsen.

Deprimierten Dicken hilft der Psychologe mehr als eine Diät

Als Folge halten sich Abnehmwillige für Versager und geraten oft in einen fatalen Kreislauf von Hungern, wieder Zunehmen, wieder Hungern und noch mehr Zunehmen. Helfen können demnächst sicher Untersuchungen der genetischen Anlage. Wissen Forscher erst, an welcher Stelle des Stoffwechsels das Problem liegt, können sie wahrscheinlich für jeden einzelnen Über- und Untergewichtigen den richtigen, nachhaltig wirksamen Weg zur ausgewogenen Figur finden.

Dicke sind ja so »gemütlich«, das glauben noch heute viele Leute, obwohl weder Helmut Kohl noch Joschka Fischer für diese These sprechen. Wer genauer hinsieht, entdeckt, daß gerade das Gegenteil richtig ist. Muß einer viel Speck mit sich herumschleppen, ist er oft mißvergnügt, verstimmt über den eigenen Körper und seine Diätmißerfolge. Mancher ißt massenhaft Kuchen, Nudeln, Schokolade und andere kohlenhydratreiche Speisen wegen des entspannenden und beruhigenden Effekts. Denn Essen hilft gegen Angst, Langeweile, Ärger und Frust.

Der biologische Hintergrund ist schnell erklärt: Eine kohlenhydratreiche – vor allem zuckerreiche – Mahlzeit verstärkt die Ausschüttung von Serotonin, einer Substanz, die als Botenstoff Wohlbefinden, Entspannung und Sättigung auslöst. Mancher Eßgestörte benutzt süße Sachen regelrecht als Droge, weil er die entlastende Wirkung des Glückshormons braucht. Serotoninähnliche Stoffe werden übrigens auch als Medikamente gegen Depressionen angewendet. Der Nebeneffekt ist dabei häufig nachlassender Appetit. Deprimierten Dicken bringt deshalb der Gang zum Psychologen mehr Erfolg als eine Hungerkur. Wer Spannungen abbaut und seine Seele aus der Streßecke holt, hat im Vergleich zu jenen, die keine psychologische Hilfe suchen, eine um ein Drittel höhere Chance, das Gewicht zu reduzieren.

Vom Durchhalten

Nach seinem Gichtanfall hatte Teddy ein paar Tage lang kaum etwas gegessen. Er wußte, dies ist die Chance für einen Neuanfang. Also marschierte er in eine Buchhandlung und kam mit einer Plastiktüte voller Diätratgeber heraus, die er ein ganzes Wochenende lang durchstudierte. Am Montag früh brachte er den ganzen Stapel zum Papiercontainer. Die unrealistischen Versprechungen, der herablassende, besserwisserische Ton und seitenlange naive Ratschläge hatten ihn so zornig gemacht, daß er sich vornahm, es ohne ein solches Diätkorsett zu schaffen. Er wußte ja, was er tun mußte, um seinen Speck wieder loszuwerden. Es war ihm ja schon einmal gelungen.

Das Projekt »Bauch weg« kann auch Spaß machen

Er rief den Trainer im Sportclub an und machte Termine für die nächsten drei Monate. Der Rotwein wurde vorerst bis auf ein Glas an Sonn- und Feiertagen gestrichen. Wie zu Zeiten seiner Ehe marschierte er wieder zum Vollkornbäcker und nahm das deftigste Roggenbrot, das es dort gab. Beim Einkaufen studierte der Jurist die Nährwertangaben der Produkte so gründlich wie sonst nur die

Klageschriften der Gegenseite. Alles, was ihm zu fett oder zu süß erschien, ließ er links liegen. Das Projekt »Bauch weg« begann ihm Spaß zu machen.

Kurzfristige Diäten produzieren kurzlebige Erfolge. Fast alle, die erfolgreich abgenommen haben, machten keine zeitlich begrenzte Diät, sondern sind wie Teddy auf eine relaxte, aber figurfreundliche Lebensweise umgestiegen. Dabei schaffen hundert kleine Tricks am Ende den großen Erfolg. Wer es beispielsweise hinkriegt, jeden Tag zwei Portionen Obst und drei Portionen Gemüse zu essen, wird mit der Zeit immer mehr von seinen Fettpolstern los, ohne sich zu plagen. Konsequentes Umsteigen auf Vollkornprodukte sowie auf fettarme Milchprodukte bringt zusätzliche Punkte. Ein in Amerika erprobter Trick gegen den Hunger: eine Handvoll ungeschälte Mandeln in die Tasche stecken und über den Tag verteilt immer dann eine davon knabbern, wenn der Magen knurrt. Das hat schon manchen beim Durchhalten unterstützt.

Krankhaftes Übergewicht entsteht durch Defekte in der Erbsubstanz

Im Kampf gegen zuviel Süßigkeiten, Fett und Alkohol hilft flexible Kontrolle mehr als grimmige Grenzen. Nimmt man sich etwa vor, von einer Tafel Schokolade bis zum Ende der Woche mindestens ein Stück übrigzulassen, kann man seinen Vorsatz lokker einhalten und sich über jeden zusätzlich eingesparten Riegel freuen. Verbietet man sich jedoch alles und nascht dann doch, kommt es leicht zu Schuldgefühlen mit dem gefürchteten »Verdammt, was soll's«-Effekt und der fast immer nachfolgenden Kalorienorgie.

Doch alle guten Tips helfen nur in leichten Fällen. Wer fünfzig Kilo zuviel mit sich herumschleppt, für den sind solche Abnehmhilfen meist Kinkerlitzchen. Ist der Einfluß der Gene zu stark, brauchen Dicke die Hilfe von Profis. Schwer übergewichtige Menschen können weder etwas dafür, daß sie dick sind, noch können sie allein viel dagegen unternehmen. Das Ausmaß des Übergewichtes hängt nur zum einen Teil von der Ernährung ab. Die Hauptschuld an der Entstehung des krankhaften Übergewichts trägt die defekte Erbsubstanz, die innerhalb der betroffenen Familien von Generation zu Generation weitervererbt wird.

Ein kompliziertes Netzwerk von Hormonen, die zwischen dem Gehirn und den verschiedenen Organen zirkulieren, steuert den Appetit. Je häufiger Menschen, deren Gene auf »dick« programmiert sind, abzunehmen versuchen, desto geringer wird meist ihr Erfolg. Denn die Steuerung des Eßverhaltens mit der reinen Willenskraft funktioniert viel schlechter als die biologische des Körpers. Und je rigider sich der Übergewichtige an die Diätregeln klammert, desto mehr geht die »automatische« innere Steuerung des Eßverhaltens verloren. Ein Dilemma, aus dem nur Fachkliniken und Langzeitbetreuung einen Weg weisen können.

Keine guten Sündenböcke

Ist an Karzinomen die Umwelt schuld?

Übergewicht schadet dem Herzen. Das kann sich jeder vorstellen und bereitwillig einen Teil der Verantwortung übernehmen. Aber Krebs? Nein, an Karzinomen muß doch die Umwelt schuld sein! Schließlich sind wir von Tausenden von chemischen Stoffen umgeben, die unseren Zellen schaden können. Gifte lösen, so behaupten Umweltaktivisten, rund zehn Prozent aller Krebse aus. Tatsächlich gibt es aber dafür keine Beweise. Vor allem deshalb nicht, weil hinter dem Wort Krebs nicht eine, sondern viele verschiedene Krankheiten mit ganz unterschiedlichen Ursachen stecken.

Egal, welchen Stoff die Experten testen, natürliche oder synthetische, rund 60 Prozent davon erweisen sich als krebsfördernd. 99,9 Prozent aller Substanzen, die wir uns beim Essen und Trinken einverleiben, sind natürlichen Ursprungs. Auch von ihnen fördern rund 60 Prozent die Bildung von Tumoren. Labors untersuchen das mit dem sogenannten Ames-Test. Der US-Wissenschaftler Bruce

Ames entwickelte ihn vor mehr als dreißig Jahren. Seither nutzen ihn Behörden, Umweltgruppen und Industrielabors weltweit.

Ebendieser vielfach ausgezeichnete Mediziner und Molekularbiologe Ames, der seit über fünfzig Jahren nach den Ursachen von Krebs forscht, erklärt heute, die ganze Welt würde sich zu Unrecht über Rückstände und Umweltgifte im Zehntausendstel- oder Millionstel-Gramm-Bereich aufregen. Immerhin essen wir mit jeder vegetarischen Mahlzeit zehntausendmal so viele natürliche Pestizide wie synthetische. Und es gibt keinen Grund zu glauben, daß die natürlichen Stoffe, die den Pflanzen zur Abwehr gegen Insekten und Pilze dienen, weniger gefährlich sind als die von Menschen gemachten Pflanzenschutzmittel.

Ein anderes Beispiel: Alkohol fördert Krebs in Ratten und in Menschen. Wer zuviel trinkt, bekommt Leberzirrhose, die zu Leberkrebs führt. Es sind gerade mal fünf Glas Alkohol täglich, die ausreichen, um einen Durchschnittsmenschen schwerkrank zu machen. Doch ein, zwei Glas trinken wir fast alle fast jeden Tag. Alkohol mögen wir, Pestizide jedoch verabscheuen wir. Beide sind giftig, doch auf die Proportionen kommt es an. Ein Lustgift wie Alkohol hat keinen auch nur annähernd so großen Sicherheitsspielraum wie das Umweltgift.

Mit jedem Glas Wein oder Bier steigt das Brustkrebsrisiko

Große Studien zeigen: Frauen, die jeden Tag zwei oder mehr Gläser Alkohol trinken, haben ein um 40 Prozent höheres Risiko, Brustkrebs zu entwickeln als Frauen, die keinen Alkohol trinken. Dabei ist es übrigens gleich, ob man Wein trinkt, Bier oder Schnaps. Je mehr die Kehle hinunterrinnt, desto höher das Risiko. In der amerikanischen »Nurses' Health«-Langzeitstudie stieg die Brustkrebsrate sogar bei Frauen, die nur durchschnittlich ein halbes Glas Alkohol täglich tranken.

Vergleichen wir einmal Alkohol, unsere Lieblingsdroge, mit Dioxin, einem Gift, das jedermann fürchtet. Beide Stoffe verursachen Geburtsfehler bei Kindern, wenn die Eltern eine bestimmte

Menge aufnehmen. Alkohol ist erlaubt, während Rückstände von Dioxin so streng reguliert sind, daß man im Vergleich nur etwa alle 800 Jahre ein Bier trinken dürfte.

Neue Forschungsergebnisse zwingen zum Umdenken, auch wenn das zutiefst unbequem ist. Weil wir gern gut leben und keine Lust auf Schweiß und Anstrengung haben, müssen die Empfindlicheren von uns mit einem lädierten Stoffwechsel und mit immer mehr Tumoren rechnen, sagen Forscher. Wenn wir akzeptieren, daß Übergewicht, Rauchen und Trinken die beiden großen Killer unter den chronischen Krankheiten, nämlich Krebs und Herzkrankheiten, begünstigen, können wir die Verantwortung für unsere Gesundheit nicht mehr abschieben. Für die in der Öffentlichkeit vorherrschende Meinung, Lebensmittelzusätze und Schadstoffe seien für steigende Krebsraten verantwortlich, gibt es keine wissenschaftlichen Beweise. Die alten Sündenböcke taugen als Ausreden nicht mehr. Wir müssen uns endlich den individuellen Risiken stellen.

Es ist nicht einfach, sich den individuellen Risiken zu stellen

Wenn Gene nichts Gutes verheißen

So wie Körpergröße, Haar- und Hautfarbe vererben uns die Eltern oft genug auch die Anlage zu Störungen im vielschichtigen Ablauf des Stoffwechsels. Menschen wie Teddy, die bereits in ihrer Jugend rundlich sind und gern gut essen, nehmen im Laufe ihres Lebens oft kontinuierlich zu und werden mit jedem Jahr behäbiger. Andere, wie Graziela, neigen aus den gleichen Gründen zu Hungerstreik und Depression. Hunderte von genetischen Faktoren stehen im Verdacht, unser Körpergewicht zu beeinflussen. Uns bleibt nichts anderes übrig, als irgendwie damit zurechtzukommen.

Fachleute schätzen, daß jeder Mensch eine Vielzahl von kleinen genetischen Webfehlern mit sich herumträgt. So hat jeder dritte Herzinfarktpatient seine Empfindlichkeit für einen gestörten Fettstoffwechsel von seinen Vorfahren geerbt. Bluthochdruck ist bei schätzungsweise zwei Drittel der Betroffenen genetisch angelegt. Wissenschaftler sind auf der Suche nach weiteren »Herzinfarkt-Genen«. Die Wahrscheinlichkeit, als Erwachsender an Typ-2-Diabetes zu erkranken, liegt bei 40 Prozent, wenn ein Elternteil ebenfalls Typ-2-Diabetiker ist, und bei 60 Prozent, wenn beide Eltern Typ-2-Diabetiker sind.

Endlich! Hier haben wir endlich doch wieder einen Missetäter, auf den wir alles schieben können. Die Erbsubstanz hat Schuld! Sie erzeugt fehlerhafte Abläufe im Organismus. Der arme Teddy ist also ein hilfloses Opfer seiner Erbanlagen.

Wie kann es dann aber sein, daß sein Wechsel zu einem gesunden Lebensstil seinen Körper wieder gesund machte? Das Geheimnis: Unser Erbgut enthält kaum festgeschriebene Gebrauchsanleitungen für den Stoffwechsel. Nur wenige Erbkrankheiten sind schicksalhaft.

Gene sind flexibel. Sie passen sich dem Lebensstil an

Wäre das gesamte Erbgut starr, gäbe es längst keine Menschen mehr; im Laufe der vielen Veränderungen, die während seiner Entwicklungsgeschichte auf den Menschen eingestürmt sind, wäre er ausgestorben. Zu unserem Glück ist unser Erbgut in weiten Bereichen flexibel. Es paßt sich täglich, stündlich und minütlich an alles an, was wir tun, und an alles, was uns geschieht.

Das jedoch gelingt nur, weil die meisten Gene nicht permanent aktiv sind. Sie werden zu bestimmten Zeiten an- und abgeschaltet. In jeder Zelle des Körpers läuft ein genau ausgetüfteltes Programm, das vorgibt, welches Gen wann aktiv wird. Die Welt ringsherum und der selbstgewählte Lebensstil beeinflussen dieses Programm und sorgen dafür, daß »stumme« Gene angeschaltet werden können, wenn es nötig ist, und hyperaktive wieder abgeschaltet werden, wenn der Mensch sein Verhalten ändert.

Alle Anlagen, die uns heute bei weitverbreiteten chronischen Erkrankungen zu schaffen machen, konnten sich nur deshalb weitervererben, weil sie unseren Vorfahren über Tausende von Jahren nützten. Hätten sie ihnen geschadet, wäre niemand in der Lage gewesen, sie langfristig an seine Kinder weiterzugeben. Die Möglichkeit des Körpers zum Beispiel, viel von dem unentbehrlichen Baustoff Cholesterin anzureichern, war überlebenswichtig, solange tierische Fette Mangelware waren. Menschen, die auch bei magerer Kost genug Cholesterin produzierten, um Hormone zu bilden, fanden eher einen Partner und waren fruchtbarer als andere. Man muß für ein solches Szenarium übrigens gar nicht so weit zurückdenken. Noch vor rund hundert Jahren kostete ein Schwein um so mehr, je mehr Speck es sich angefressen hatte. Wenn es geschlachtet wurde, feierten alle ein Fest und aßen sich einmal richtig satt. Schmalzgebäck galt als absoluter Luxus. Deshalb ließen sich Dienstboten vertraglich zusichern, an welchen Tagen des Jahres ihnen der Dienstherr schmalztriefende Krapfen zugestehen mußte.

Viel Cholesterin bei magerer Kost, das war früher ein Vorteil

Die Zeiten sind vorbei. Wir haben unsere Umwelt so radikal verändert, daß die Gene nicht schnell genug mitkommen konnten. Auf Überfluß sind sie einfach nicht eingestellt. Doch zeigt dieses Beispiel auch die Chancen. Wer eine Anlage zu einem hohen Cholesterinspiegel in sich trägt, bleibt, sofern er etwas magerer und ballaststoffreicher ißt als andere, sehr wahrscheinlich lebenslänglich gesund und munter.

Teddy hat genau das geschafft. Sein Bauch ist einer straffen Taille gewichen. Er mag seinen Anblick im Spiegel und genießt das Gefühl, in seinem Körper zu Hause zu sein. Sein sportlich aktiver Lebensstil läßt ihm genügend Spielraum zum Genießen. Mit drei, vier Stunden Bewegung pro Woche und fettarmer Kost hält er sein Gewicht mühelos. Tendiert die Waage doch mal wieder nach oben, werden Restaurantbesuche rationiert.

Graziela reagierte noch einige Jahre auf jede Lebenskrise mit gesteigerter Aktivität und mit der Weigerung zu essen. Doch als sie nach einer Niederlage im Job wieder knochendürr wurde und ihr

Freund sie verließ, holte sie sich Hilfe bei einer Psychotherapeutin. Sie kennt ihre schwache Seite jetzt und versucht ihre Probleme auf andere Weise zu lösen. Hungern gehört nicht mehr zu Grazielas neuem Leben. Aus dem alten hat sie nicht viel behalten außer ein paar Großraum-T-Shirts, mit denen sie früher ihren abgemagerten Körper verbarg.

Jahre später um Jahre jünger

Während High-Tech-Therapien und Stammzellenforschung Schlagzeilen machen, ist der medizinische Alltag von Herzinfarkt, Brustkrebs, Arthritis und seelischen Erkrankungen bestimmt. Bei rund zwanzig Millionen Bundesdeutschen tickt eine Zeitbombe. Etwa ein Viertel der Bevölkerung hat das, was Ärzte seit einigen Jahren als metabolisches Syndrom bezeichnen: Sie leiden dabei gleichzeitig unter mehreren Erkrankungen, die sich gegenseitig hochschaukeln. Dazu zählen vor allem Bluthochdruck, Diabetes, ein aus dem Ruder laufender Fettstoffwechsel und Gicht – allesamt Erkrankungen, die den Menschen im Zeitraffer altern lassen. Depressionen werden inzwischen den klassischen Risikofaktoren für Herz-Kreislauf-Erkrankungen wie Übergewicht, Bluthochdruck oder erhöhte Blutfettwerte zugerechnet. Denn wer mutlos und niedergeschlagen ist, hat gegenüber Gesunden ein doppelt so hohes Risiko für eine koronare Herzkrankheit.

Was für Herz und Gemüt gut ist, verhindert auch Diabetes

Achtzig Prozent der Kosten, die unsere gesetzlichen Kankenkassen aufbringen müssen, werden von den zwanzig Prozent der Versicherten verursacht, die an einer oder mehreren chronischen Erkrankungen leiden. Dabei liegen Herz- und Kreislauferkrankungen, Bluthochdruck, Diabetes und Brustkrebs ganz vorn.

Die Medizin dämmt diese Krankheiten nur ein, bestenfalls mildert sie Symptome. Herzschrittmacher, künstliche Adern, Dialysegeräte und Titanhüftgelenke sind oft die letzte Rettung für den Leidenden. Aber es handelt sich trotzdem um provisorische Reparaturen mit zahlreichen leidvollen Nebenwirkungen.

Wenn nur die Hälfte der Betroffenen bereit wäre, frühzeitig ihren Lebensstil zu verändern, könnte genug Geld gespart werden, um es in die Vorsorge gegen die Krankheiten von morgen zu investieren. Es wäre noch nicht einmal schwierig, sich gesünder zu verhalten. Denn was fürs Herz und fürs Gemüt gut ist, verhindert auch Diabetes, Gicht, Gefäßdemenz, Brustkrebs und etliche andere Krebsarten. Letztlich sind es ganz einfache Veränderungen, die das beschleunigte Altern stoppen. Große Studien belegen, daß sich der Ausbruch von Diabetes bei Risikopatienten durch eine Gewichtsabnahme von nur sieben Prozent, zwei Stunden Konditionstraining pro Woche und einer vernünftigen Ernährungsweise um 40 bis 60 Prozent reduzieren läßt. Genau das gleiche Programm empfehlen Herzspezialisten zur Vorbeugung gegen Kreislaufleiden! Es ist nicht schwierig, man muß es nur tun.

Zwei Stunden Sport pro Woche, das kriegt jeder hin

So wie Teddy. Wer ihm zehn Jahre nach seinem Gichtanfall begegnete, erkannte das übergewichtige Scheidungsopfer von einst nicht wieder. Er fiel auf, ein schlanker Fünfziger, der mit langen elastischen Schritten durch sein Leben marschierte. Der jahrelange Sport hatte ihn zu einem gutgebauten, selbstbewußten Kerl gemacht, dem ausgewachsene Frauen gern hinterherpfeifen würden: grauhaarig inzwischen, drahtig und locker durchgestylt. Jetzt war sein dunkler dreiteiliger Anzug modisch angesagt. Er wirkte nicht nur ausgesprochen männlich und sexy, sondern trotz einiger Falten auf eindringliche Weise jung, jünger als damals, frischer und kraftvoller sogar als die Dreißigjährigen ringsherum.

Graziela hat sich von einer isolierten, ängstlichen Magersüchtigen, die ihre Formen unter weiter Kleidung versteckte, mit den Jahren zu einer schönen, weiblichen Frau entwickelt, offen und willensstark. Zum Glück haben gute Gene und ihr Drang zur Bewegung sie vor Osteoporose und Herzproblemen bewahrt. Mit weit über fünfzig trägt sie noch immer Kleidergröße achtunddreißig und hat eine Taille wie eine Zwanzigjährige. Doch im Vergleich zu früher ist sie geradezu rundlich. Unter ihrem körpernahen T-Shirt und der engen Hose zeigt sie Kurven und genießt jedes Kompliment. Vor allem aber bezaubert sie alle mit ihrem ungehemmten Lachen und ihren weit ausholenden Gesten, die manchmal wirken, als wollte sie die Welt umarmen.

Die beiden haben Glück gehabt. Aber sie haben auch ihre Chance ergriffen und das Beste aus ihrer Veranlagung und ihrem Leben gemacht. Es ist sicher kein Fehler, sich an Teddy und Graziela ein Beispiel zu nehmen. Das heißt: Übernehmen wir die Verantwortung für unsere Gesundheit. Sehen wir das Engagement als wichtigste Investition in die Altersvorsorge. Mit keiner anderen Anlageform läßt sich so viel Geld sparen und damit Vorkehrung treffen für die Zeit, wenn kein Mensch mehr genug Rente hat, die Wehwehchen zu bezahlen, und niemand da ist, der dringend den Rollstuhl schieben möchte. Natürlich sind Risiken inbegriffen. Wenn einen trotz guter Vorsorge eine der vielen Krankheiten erwischt, die spät im Leben auftauchen und gegen die dann noch immer kein Kraut gewachsen ist, muß man sich dem Schicksal beugen. Aber die Zahlen sprechen für sich. Wer frühzeitig vorsorgt und seinen Stoffwechsel gesund hält, bekommt – statistisch gesehen – eine Rendite von fast 50 Prozent mehr Gesundheit. Wo kriegt man das sonst schon?

Verantwortung für die eigene Gesundheit: die wichtigste Investition in die Altersvorsorge

Was soll ich tun?

Will einer ein Haus bauen, ruft er den Architekten. Bei Problemen mit dem Fiskus hilft ein Steuerberater oder Wirtschaftsprüfer. Vor dem Kauf eines Kühlschranks fragt der kundige Verbraucher die Stiftung Warentest. Wer öffentlich bestellte und vereidigte Sachverständige beauftragt, erhält Sicherheit für unternehmerische, gerichtliche und private Entscheidungen, sei es für Schadensgutachten, Immobilien, Handwerker, antike Möbel und vieles mehr.

Doch wohin soll sich ein gesunder Bürger wenden, der noch möglichst lange gesund bleiben möchte? Wo bekommt er objektive, kenntnisreiche und von finanziellen Interessen unabhängige Ratschläge, wie er Krankheiten vorbeugen kann und vorhandene Krankheiten am besten in Schach hält? Wen soll er fragen im Irrgarten unseres Gesundheitssystems? Die Antwort ist Achselzucken. Kein Ahnung. Öde. Leere.

Wen soll man fragen im Irrgarten des Gesundheitssystems?

Na, wenigstens eine qualifizierte Ernährungsberatung muß doch zu finden sein, die einem aufgrund von Laborwerten, familiärer Veranlagung und persönlichen Vorlieben sagt, was man essen soll. Auch hier: leider Fehlanzeige! Verläßliche Beraterinnen wurden abgeschafft, als der Staat vor mehr als einem Jahrzehnt den Krankenkassen die Prävention und damit die Ernährungsberatung verbot. Nun sitzen nur noch wenige dieser gut ausgebildeten Eßexperten versteckt in Kliniken. Von Zuständen wie in den USA, wo sogar spezielle, zertifizierte Ernährungsberaterinnen für Diabetes üblich sind, kann man hierzulande nur träumen.

Gibt es wenigstens eine vertrauenswürdige Stelle, die einem rät, welche Art von Training für den eigenen Körper gut wäre? Nein, auch nicht! Hier, da und dort blühen winzige Pflänzchen guter objektiver Beratung in einer unüberschaubaren Wüste wirtschaftlicher Interessen und Beutelschneiderei. Die Guten findet der Gesundheitsbewußte nur mit Glück. Mal ist es eine Universität, ein Krankenhaus, eine Reha-Einrichtung oder ein Forschungsinstitut, das eine hilfreiche Ambulanz eingerichtet hat, ein andermal kann man bei einer wissenschaftlichen Studie zur Gesundheitsförderung mitmachen. Manchmal geben Verbraucherberatungsstellen gegen eine kleine Gebühr einen guten Tip. Wo man landet, ist aber immer ungewiß.

Was dieses Gesundheitssystem dringend braucht, ist ein Gesundheitsberater. Und zwar einer, der von keiner Interessengruppe abhängt und ganz speziell ausgebildet ist. Es würde nicht schaden, wenn er in seinem ersten Leben Mediziner, Biologe, Chemiker oder Psychologe gewesen wäre. Komme jetzt aber bitte niemand mit dem Hinweis auf den Hausarzt. Die wenigsten von ihnen haben Kenntnisse und didaktische Fähigkeiten, die ihren Patienten bei der Gesundheitsvorsorge helfen könnten. Ärzte verstehen sich als Heiler, also als der Berufsstand, der den Körper repariert, wenn er Defekte aufweist. Einem Menschen den Weg zu einem vernünftigen, gesundheitsfördernden Lebensstil zu weisen, um damit zukünftige Erkrankungen zu verhindern, dazu braucht es grundlegend andere Fähigkeiten. Und was noch wichtiger ist: Es gehört eine andere Einstellung dazu.

Das deutsche Gesundheitssystem ist selbst für Fachleute undurchschaubar. Deshalb behelfen sich Zigtausende von Kranken und alle, die sich um ihre Gesundheit sorgen, mit Doktor-Hopping. Sie holen Zweit-, Dritt- und Viertmeinungen ein, geben das Geld ihrer Versicherung mit vollen Händen aus und verlieren unendlich viel Zeit, während sie durch das System irren. So kann es Jahre dauern, bis bei einer noch jungen Frau ein Infarkt festgestellt wird, obwohl er rund 800 Menschen täglich erwischt. Leidet jemand unter einer wirklich seltenen Erkrankung, bleibt er bisweilen ganz ohne kompetente Hilfe, auch wenn der beste Spezialist der Republik gerade mal zehn Kilometer entfernt arbeitet.

Der ahnungslose Patient: ein Relikt aus Sauerbruchs Zeiten

Damit keine Mißverständnisse aufkommen: Selbsternannte Gesundheitsberater gibt es bereits wie Sand am Meer. Sie alle wollen einem etwas verkaufen, entweder Ideologien, Kuren oder teure Produkte. Geht die Entwicklung im Gesundheitswesen so rasant weiter in Richtung Wettbewerb und Marktwirtschaft, wie es sich abzeichnet, wird ein öffentlich bestellter, vereidigter, unabhängiger und gut ausgebildeter Beistand für den Laien notwendiger denn je.

Mancher Mediziner und viele Funktionäre im Gesundheitswesen meinen noch heute, der Arzt als Fachmann müsse das Schicksal seiner ahnungslosen Patienten wie ein Vater in die Hand nehmen. Dies mag in extremen Situationen so sein, etwa bei Schwerstkranken oder bewußtlosen Patienten. Ansonsten ist diese Vorstellung ein Relikt aus Sauerbruchs Zeiten und ein Beweis des Hochmuts im Medizinbetrieb. Wird ein Patient ausführlich und unabhängig informiert, kann er durchaus selbst entscheiden, welche Leistungen des Gesundheitswesens er in Anspruch nehmen will.

Auf Dauer mehr Power

Ideal: ein Gesundheitsberater unter strenger staatlicher Kontrolle

Für konkrete medizinische Probleme gibt es immerhin einige wenige Modellprojekte, die Patienten unabhängig beraten. Auch ein Anruf bei der Hotline der großen Krankenkassen kann weiterhelfen. Am Telefon der Techniker Krankenkasse sitzen beispielsweise ausgebildete Ärzte, die sich wirklich Mühe mit der Beratung geben. Auch Selbsthilfegruppen sind oft gute Ratgeber. Würden sie chronisch Kranken nicht zur Seite stehen, wäre die Situation für viele unerträglich. Doch wer gar nicht krank ist, sondern in jungen Jahren vorbeugen will, damit es nicht erst zum Schlimmsten kommt, der ist auf sich selbst angewiesen.

Ein Gesundheitsberater muß also her. Ach, gäbe es ihn doch bereits! Wir würden ihn bezahlen, damit er uns sagt, wo wir Hilfe finden, wenn uns Zwänge und dunkle Ängste plagen. Er wüßte auch, wo man für wenig Geld den richtigen Sport treiben kann und welcher regelmäßige Vorsorgecheck sinnvoll ist. Durch seine spezielle Ausbildung könnte er uns bei der Entscheidung helfen, welche naturheilkundlichen Methoden ihr Geld wert sind, und würde uns sagen, ob eine empfohlene Operation überhaupt notwendig und aussichtsreich ist. Er wüßte Bescheid, welches Krankenhaus auf unseren Fall spezialisiert ist und welcher Arzt oder welche Institution das notwendige Know-how für unsere Bedürfnisse bereithält. Und wenn er all das nicht auf Anhieb wüßte, fände er dank seiner Spezialausbildung doch Mittel und Wege, es für uns herauszufinden. Wir würden ihn bezahlen, und schon deshalb wären uns seine Ratschläge teuer. Aber weil er den Kassen Milliarden für unnütze Behandlungen ersparen würde, gäben sie uns vielleicht jedes Jahr eine Beratung auf Krankenschein.

Natürlich müßte der Staat den Gesundheitsberater regelmäßig überprüfen. Sonst säßen doch bald die Lobbys auf seinem Schoß, und die Unabhängigkeit wäre futsch. Vorbild für solche Kontrollen könnten die EU-Richtlinien für Bioprodukte sein. Vom Staat zugelassene Privatfirmen kontrollieren die Bio-Anbieter und werden selbst wiederum vom Staat kontrolliert. Das klappt seit vielen Jahren fast ohne Pannen.

Clever lebt besser

Zurück in die Realität. Wir sind gezwungen, ohne objektive Beratung zurechtzukommen. Irgendwie. Wer ausreichend gebildet und gut informiert ist, lebt gesünder und länger, das zeigen Studien. Es ist unsozial und abscheulich, aber es ist so: Gerade die einfachen Bürger, die weniger Gerissenen und Ausgebufften, werden zum Spielball des Gesundheitssystems, das doch sozial sein soll. Sie leiden mehr Schmerzen und sterben früher als Manager, Politiker, Kirchenfürsten, Filmstars und andere Eliten, die ohnehin auf der Sonnenseite leben. Kenntnisreiche Patienten lassen sich kein X für ein U vormachen, sie finden immer jemanden, der ihnen sagt, wo es langgeht.

Wer gut informiert ist, lebt länger

Also bleibt uns gemeinen Bürgern nichts anderes übrig: Wir müssen Experten für unser eigenes Befinden werden und am besten für unseren kranken Nachbarn gleich mit. Aber wie?

Die wertvollsten Möglichkeiten bietet das Internet. Um in diesem digitalen Datendschungel zurechtzukommen, muß ein Suchender allerdings ziemlich genau wissen, was er überhaupt aufspüren möchte, sonst erstickt er in Fluten unbrauchbarer Informationen. Als Patient gilt es, den Arzt um einen konkreten Befund zu bitten. Wer sich in der verschleiernden Fachsprache der Ärzte nicht auskennt, tut gut daran, sich die Diagnose gleich aufschreiben zu lassen – und zwar am besten sowohl auf deutsch als auch im Medizinjargon. Dann fällt die spätere Suche nach Informationen erheblich leichter.

Es ist nicht alles Gold wert, was aus dem Internet quillt

Bei bekannter Diagnose, wenn also klar ist, was einem fehlt, reicht es oft, den Begriff in eine Suchmaschine wie »www.Google.de« einzugeben und beim Ergebnis alle Webadressen wegzuklicken, die mit ».com« enden: Am sogenannten Dot.com erkennt man Wirtschaftsunternehmen. Die haben zwar auch oft gute Informationen auf ihren Websites, bieten aber eben keine unabhängigen Ratschläge, sondern wollen einem letztlich etwas verkaufen. Wer vorbeugen möchte oder noch nicht weiß, wie das heißt, was ihn plagt, kann auch seine Wünsche und Beschwerden formulieren und die Suchmaschine damit füttern. Weil aber beileibe nicht alles Gold wert ist, was aus dem Internet herausquillt – auch Adressen, die auf den ersten Blick ehrbar wirken, können darauf angelegt sein, einem das Geld aus der Tasche zu ziehen –, halten sich gewitzte Nutzer an vertrauenswürdige Websites und vergleichen deren Beiträge. Ein Medizinlexikon hilft, wenn nötig, den Fachjargon besser zu verstehen.

Heute ist jede zweite Frau zwischen vierzig und sechzig bereits online, bei den Männern in dieser Altergruppe sind es 65 Prozent. Aber auch Internetcafés und viele Bibliotheken bieten die Möglichkeit, ins Netz zu gehen. Wer sich im Internet nicht auskennt, sucht sich am besten junge Helfer. Kinder, Nichten und Neffen, Schüler vom nächsten Gymnasium oder Studenten von der nächsten Uni flitzen mit Vergnügen durchs Internet und helfen gegen kleine

Münze gern dabei, alles Wichtige herauszufinden. Dann läßt sich der Wißbegierige die Informationen ausdrucken, kann sie getrost nach Hause tragen und in Ruhe durchstudieren. Für den Einstieg bei der Suche finden sich hinten im Buch vertrauenswürdige Webadressen (ab Seite 210).

Hat man sich erst entschlossen, sich um seine Gesundheit verantwortlich zu kümmern, sind die Infoseiten der medizinischen Fachgesellschaften von Nutzen. Auch medizinische Kompetenznetze, die es inzwischen zu vielen Krankheitsbildern gibt, helfen, verläßlichen Rat zu finden. Auf diesen Websites erhält der Suchende leicht verständliche, aber medizinisch fundierte Informationen für eine Reihe weitverbreiteter Krankheiten und kann alles über deren Behandlungsmethoden nachlesen.

Hat sich ein Patient ausführlich informiert, spart er sich zwar keinen Arztbesuch, aber er bekommt eine gute Grundlage für das Gespräch mit dem Mediziner, kann kritisch nachfragen und über die vielleicht notwendige Therapie verantwortlich mitentscheiden. Denn das kann letztlich eine Sache auf Leben und Tod sein.

MUSKELN – DER GEMEINE STILLSITZER

Eine alltägliche Szene in einer mittleren Stadt des Ruhrgebiets am Rande eines Parks. Zwei gelangweilte junge Männer, jeder mit einer Bierdose in der Hand, sitzen auf der Lehne einer Bank, die Füße auf der Sitzfläche. Gemächlich trabt ein Jogger heran, er ist etwa doppelt so alt wie die Jungs auf der Bank. Seine Haare kleben feucht am Kopf, im T-Shirt hat sein Schweiß große dunkle Flecken hinterlassen.

Wir überqueren Kontinente innerhalb von Stunden – ohne uns zu bewegen

»Ääiih«, ruft ihn einer der beiden an. »Äih, du, was hasse eigentlich davon?« Der Läufer wird langsamer, grinst und ruft: »Das werd ich dir gerade sagen! Sonst eierst du hier demnächst auch noch rum.« Er winkt den beiden im Weiterlaufen zu und verschwindet hinter den Büschen in der Biegung des Wegs.

Die Frage der beiden ist gar nicht so dumm. Bewegung gilt zwar als Grundlage eines gesunden Lebensstils, doch was es dem einzelnen bringt, wenn er die Muskeln regelmäßig spielen läßt, ist keineswegs klar. Profisportler verdienen ihr Geld mit körperlichen Leistungen, aber was hat der einsame Jogger davon, schweißgebadet durch den Park zu rennen?

Rastlose Nichtstuer

Die Mobilität moderner Industriegesellschaften ist grenzenlos. Wir alle sind fast ununterbrochen unterwegs, im Auto, im Zug, in öffentlichen Verkehrsmitteln oder im Flugzeug. Als Reisende überqueren wir innerhalb von wenigen Stunden ganze Kontinente. Doch dabei rühren wir uns kaum. Und auch im Arbeitsleben besteht für die meisten von uns nicht die Notwendigkeit körperlicher Anstrengung.

Wer daran etwas ändern will, hat die Wahl zwischen zwei Arten der Bewegung. Eine ist, Sport zu betreiben, die andere liegt in den Tätigkeiten des täglichen Lebens.

Alltagsaktivitäten verbrennen oft mehr Kalorien als Fitness-Training

Der US-Stoffwechselexperte James Levine hält alle Aktivitäten, die der Alltag mit sich bringt, für mindestens so wichtig wie ein strukturiertes Training. Zu Fuß zur Arbeit gehen, mit dem Hund spielen, per Fahrrad Besorgungen machen, Getränkekisten schleppen, Papierstapel wegbringen, den Garten umgraben, all dies scheint mehr zum Kalorienverbrauch beizutragen als manches gezielte Training. Oft fragen sich ältere Menschen, warum sie in ein Fitness-Studio gehen und sinnlos an einer Maschine herumhampeln sollen. Früher hatten sie, vor allem in der Landwirtschaft, reichlich Bewegung beim Füttern der Tiere oder beim Pflanzen auf dem Feld. Was sie taten, ergab einen Sinn. Sie bewegten sich, um später etwas zu ernten. Und wer einmal zugesehen hat, wie ein Bauer beim Mähen seine Sense schwingt, mit fließenden Bewegungen die lange Klinge in eleganten Kurven durch das Gras zieht, dabei bedächtig vorangeht und Reihe um Reihe gefallene Halme hinterläßt, der kann über den Anblick eines bequemen Elektrorasenmähers nicht ins Schwärmen geraten. Doch die Widersprüche des modernen Lebens sind so leicht nicht aufzulösen. Es ist sozusagen Realsatire: Noch leiden wir an der Energiekrise der Überernährung, doch am Horizont der nächsten Jahre zeigen schon schwindende Ölreserven, daß wir uns vielleicht bald wieder auf unsere Muskelkräfte besinnen sollten.

Zu keiner Zeit in der Menschheitsgeschichte bewegten sich so viele so wenig! Die Auswirkungen sind dramatisch: Bereits heute leiden 20 Prozent der Deutschen unter krankhaftem Übergewicht. Sie kosten die Gemeinschaft jährlich 15 bis 18 Milliarden Euro, das sind 10 Prozent der Gesamtkosten im deutschen Gesundheitswesen. US-amerikanische Gesundheitsbehörden versuchen den Schaden zu begrenzen und raten ihren dicken Bürgern zu einem Minimum von fünfmal einer halben Stunde Bewegung pro Woche. Die Weltgesundheitsorganisation empfiehlt, um das Schlimmste zu verhindern, 60 Minuten körperliche Aktivität an den meisten Tagen der Woche. Noch niemals wurden mehr Sportarten angeboten, und nie wußte man mehr über die Zusammenhänge von Training, Gesundheit und Wohlbefinden. Doch nur eine Minderheit setzt sich in Bewegung.

Pro Tag 60 Minuten Bewegung – nur eine Minderheit hält sich daran

Nach dem letzten Bundesgesundheits-Survey von 1998 waren lediglich 13 Prozent der deutschen Bevölkerung ausreichend körperlich aktiv. Wenn wir Glück haben, sind es heute ein paar Prozent mehr. Doch wir lügen uns gern in die eigene Tasche: Obwohl die Bewegungsmuffel mächtig in der Überzahl sind, glauben 57 Prozent der Deutschen, sie müßten nicht aktiver werden. Ein Witz, denn die meisten von uns geraten schon völlig außer Atem, wenn sie nur die Treppen in den dritten Stock hinaufsteigen sollen.

Faulenzerei als Bedrohung

Hunderte von Untersuchungen überall in der westlichen Welt beweisen, daß vom Nichtstun die Knochen dünn, die Bänder steif, die Muskeln schwach und die Adern spröde werden. Wer sich nicht bewegt und zuviel ißt, wird dick und dicker, oft genug auch krank und kränker. Die Muskulatur ist der Ofen, in dem die meisten Kalorien verbrannt werden. Wer trainiert, heizt diesen Ofen an, der dann sogar im Schlaf Kalorien verwertet. Im Vergleich zum unbewegten Alltag steigert Training den Kalorienverbrauch auf das Drei- bis Fünffache. Es verhütet Übergewicht und Folgekrankheiten wie Diabetes, hohen Blutdruck, Arteriosklerose und Herzinfarkt.

Sport – allein das Wort scheint Abwehrreflexe auszulösen. Bewegungsscheue Zeitgenossen zitieren deshalb gern den legendären englischen Premierminister Winston Churchill. Der antwortete auf die Frage eines Reporters, wie er sein hohes Alter von 90 Jahren erreicht habe, kurz und knackig mit dem Hinweis: »No sports!« Doch war der im Alter füllige Whisky-Liebhaber den größten Teil seines Lebens als Fechter, Schütze, Reiter und Polospieler aktiv gewesen. Erst nachdem der Politiker jahrelang nichts mehr für seinen Körper tat, erwischten ihn mehrere Schlaganfälle. Ob er sie ohne seine sportliche Vergangenheit so gut überstanden und um mehr als ein Jahrzehnt überlebt hätte? Wer weiß.

Tief im Innern fühlen wir uns unsterblich

Brennend interessant wird das Thema erst, seit Bewegungsmangel zur Bedrohung der Gesellschaft gerät. Wüßte man genauer, welche Anreize es sind, die aus schlaffen Sesselbewohnern engagierte Sportfans machen, wären die Gesundheitssysteme der Industrienationen gerettet. Eines ist jedenfalls klar: Drohungen wie »Wenn du dich nicht bewegst, wirst du später mal herzkrank« nützen beim gemeinen Stillsitzer gar nichts. Denn wir alle sind überzogen zuversichtlich, wenn es um unsere persönliche Gesundheit geht. Egal, mit welchen Fakten man uns konfrontiert, tief im Inneren halten wir uns für unsterblich. Solange wir nicht betroffen sind, denken wir unweigerlich, es wird schon alles gutgehen. Selbst wenn abzusehen ist, daß hierzulande bald jeder dritte an einem Typ-2-Diabetes erkranken wird, glaubt außer ein paar Hypochondern jeder, er werde seinen gesunden Stoffwechsel auf immer behalten. Unbegründeter Optimismus macht uns sicher, ohne Anstrengung topfit durch die nächsten Jahrzehnte zu kommen. Dabei ist das ausgesprochen unwahrscheinlich.

Der ganz gewisse Kick

Die Anthropologin Elizabeth Whitaker von der Polytech State University in Kalifornien beschäftigt sich mit dem Wesen der Menschen und dem Einfluß ihrer Kulturen auf ihr Gesundheitsverhalten. Sie war es irgendwann leid geworden, die unerfreulichen Folgen von jahrzehntelanger Lethargie zu analysieren, und suchte darum für ihre Studie Menschen, die seit 30, 40 oder gar 50 Jahren sportlich aktiv waren.

Was wir von Sportlern, die 50 Jahre Rennrad fahren, lernen können

Solche Zeiträume kann man nicht in Forschungsinstituten studieren, Versuchskaninchen dieser Art entdeckt man nur in freier Wildbahn. Die begeisterte Rennradlerin fand sie in Italien, einem Land, in das sie schon mehrere Forschungsreisen geführt hatten. Seit Jahren bewunderte die Menschenkundlerin bei ihren Radtouren dort das ausgefeilte Können und die Leistungsfähigkeit älterer Radsportler, die noch im hohen Alter so intensiv trainierten wie sonst kaum ein Junger.

Whitaker führte lange Interviews mit 22 Rennradfahrern zwischen 49 bis 84 Jahren. Diese Männer radelten bei jeder ihrer Touren 50 bis 200 Kilometer, sie fuhren trotz ihres fortgeschrittenen Alters regelmäßig steile Pässe und legten viele tausend Kilometer jährlich zurück. Die meisten ihrer Strecken führten durch hügelige und gebirgige Landschaften der Emilia-Romagna und der Toskana. Kein Untrainierter würde so steile Routen bewältigen, denn oft genug müssen die Radler mehr als eine Stunde lang mit größter Anstrengung in die Pedale treten, um den Anstieg zu schaffen. Es waren also keineswegs gemütliche Spritztouren im Schongang, sondern anspruchsvolle Herausforderungen.

In Italien leben mehr alte Menschen als anderswo in Europa, vielleicht, weil in der Kultur dieser Nation Gesundheit immer einen hohen Stellenwert hatte. Zwei Begriffe tauchten in den Gesprächen der Anthropologin mit den Rennradlern immer wieder auf: »stare bene«, also Wohlbefinden, und »sfogarsi«, sich austoben, Spannungen loswerden. Alle Fahrer benutzten diese Wörter, um zu erklären, wie sehr die regelmäßige sportliche Herausforderung ihnen hilft, sich lebendig und beschwingt zu fühlen.

Noch leistet sich unsere Gesellschaft festgefügte Vorstellungen vom Wesen alter Menschen. Energiegeladene Siebzig- und Achtzigjährige, die im hautengen Radlerdress auf ihrem High-Tech-Rad sitzen und lässig strampelnd alle überholen, die weniger als halb so alt sind wie sie selbst, dieses Bild vom Alter gehört nicht dazu. Noch nicht. Aber es gibt sie, und es gab sie immer: körperlich fitte Greise voller Kraft und Geschick. Anthropologen sind davon weniger überrascht als der Rest der Welt, denn diese ursprünglichen Kräfte, die Fähigkeit, den Körper bis ins Alter zu fordern, halten unsere Gene seit Jahrtausenden bereit. Skelettfunde zeigen, daß die Anforderungen an unsere Ahnen, was Kraft und Ausdauer betraf, immer hart waren und dem heutigen Cross-Training ähnelten. Schließlich konnten unsere Vorfahren ihre Hände nicht in den Schoß legen und in Rente gehen.

Unter Bismarck gab's ab siebzig Rente. Da waren die meisten Arbeiter bereits tot

Über Jahrtausende mußten Menschen sich quälen, um zu überleben. Sie taten es als Bauern, Jäger oder Handwerker überwiegend an der frischen Luft. Das Tageslicht diente ihren Genen als Zeitgeber, der ihre Leistungs- und Ruhephasen steuerte. Erst die Industrialisierung im 19. Jahrhundert schuf einseitige schwere Belastungen in Fabrikhallen, Gießereien und Zechen, die den Körper frühzeitig zermürbten. Die Plackerei fand nicht mehr im Freien statt, sondern in dunklen, engen Räumen. Ansteckende Krankheiten wie Cholera und Tuberkulose grassierten, schon mit vierzig hatten sich viele krumm und buckelig gearbeitet. Denn ohne Tageslicht konnte der Organismus nicht genug Vitamin D produzieren; Rachitis und vorzeitiger Knochenverschleiß waren weit verbreitet. Als der Reichskanzler Otto von Bismarck im Jahr 1881 das Rentenalter auf 70 Jahre festlegte, mußte er sich um die Finanzierbarkeit keine

Gedanken machen. Zu diesem Zeitpunkt waren die meisten Arbeiter bereits tot oder so abgearbeitet, daß kaum einer lange etwas von seiner Rente hatte.

Unser inneres Bild vom Alter ist von diesen sozialen Bedingungen geprägt. Dabei haben sich die Zeiten seither radikaler geändert als je zuvor. Zwar sind unsere Gene noch die gleichen, doch bekämpfen wir heute die Folgen von Bewegungslosigkeit und Überfluß, unsere Muskeln benutzen wir nur noch in der Freizeit.

Muskeln im Ruhestand

Eine beliebte Ausrede, mit der sich schon gut erhaltene Enddreißiger im Urlaub vor einem Volleyballspiel oder einer Bergwanderung drücken, heißt: »Für solche Sachen bin ich zu alt.« Fachleute geben ihnen recht. Nicht nur, weil sie selbst oft zu den Schlaffis gehören, sondern auch, weil viele Gerontologen fest daran glauben, daß schon ab fünfundzwanzig die Sarkopenie beginnt. Dieser schleichende stetige Niedergang der Muskeln soll mit etwa einem Prozent Schwund pro Jahr ein unvermeidlicher Teil natürlicher Alterung sein. Weil Muskelfasern abhanden kommen, füllt der Körper die entstehenden Lücken mit immer mehr Fett aus. So heißt es jedenfalls in der Fachliteratur.

Muskelschwund läßt sich verhindern oder sogar rückgängig machen

Warum und wie der deprimierende Prozeß zustande kommt, weiß niemand genau. Schwächelt und schrumpft also jeder ehemals kraftvolle Körper nach einer inneren Uhr, die ihn quasi darauf vorbereitet, irgendwann als Schatten seiner selbst ins Grab zu sinken? Unwahrscheinlich. Was von Fachleuten als zwingend und »normal« angenommen wird, ist vermutlich einfach nur »verbreitet« und zum größten Teil die Folge neuzeitlicher Bewegungslosigkeit. Denn viele Beispiele zeigen: Der Verlust an Muskeln und Kraft läßt sich verhindern und sogar rückgängig machen. Jedenfalls hatten die Teilnehmer der Studie, die jahrzehntelang Rennrad fuhren, weder Muskeln verloren, noch zusätzliches Fett eingelagert. Auch wenn sie angaben, das Alter zu spüren, glichen ihre Körper eher denen von 30jährigen als denen von 70- oder 80jährigen. Dasselbe fanden deutsche Sportwissenschaftler heraus. Achim Conzelmann, Professor für Sportpsychologie an der Universität Kiel, bestätigt, daß die Trainierbarkeit von Kraft und Ausdauer bis ins hohe Alter weitgehend konstant bleibt. Tierversuche zeigen das gleiche Ergebnis: Ältere Muskeln reagieren auf Trainingsreize nicht anders als junge.

Hinter dem Schwund, der jeden schon von weitem alt aussehen läßt, steckt also nur zu einem kleinen Teil das unabwendbare Schicksal, die Hauptsache besteht schlicht in Unterforderung. Glauben wir jedoch daran, daß die Jahre uns unweigerlich schwach machen, dann rühren wir uns bald nicht mehr und warten ab, bis wir tatsächlich altersschwach werden. Das wäre fatal, denn unser Körper verwaltet seine Ressourcen nach dem Prinzip »Use it or lose it«, gebrauche deine Muskeln, oder du verlierst sie. Die Natur reagiert ökonomisch: Nur was dem Körper stetig abgefordert wird, bleibt erhalten. Jeder, der einmal einen Arm oder ein Bein für längere Zeit in Gips hatte, bekommt einen Schrecken, wenn der Arzt den Verband abnimmt und sich zeigt, daß das stillgelegte Glied auf den halben Umfang geschrumpft und kaum noch zu gebrauchen ist.

Kraft und Ausdauer sind bis ins hohe Alter trainierbar

Sechzigjährige stehen Dreißigjährigen hinsichtlich der Trainierbarkeit in nichts nach. Was die Beweglichkeit angeht, liegt der Höhepunkt zwar im Kindesalter, weil sich Sehnen, Bänder und Muskulatur mit zunehmendem Alter verfestigen, doch wer übt, kann selbst diese Fähigkeit bis ins hohe Alter verbessern. Nur die Schnelligkeit nimmt irgendwann ab, das berichten auch die über achtzigjährigen Radler der Studie in Italien. Es geht also: Jeder kann zu jedem Zeitpunkt im Leben aktiv werden. Und mancher, der erst mit vierzig oder fünfzig beginnt, holt sich später noch Medaillen. Mit seinem Alter kann sich niemand herausreden.

Warum tun wir trotzdem nichts? Vielleicht sind wir Opfer eines alten genetischen Programms. Einige wenige können zwar ihren Lebensstil ändern, weil sie den Grund dafür mit dem Verstand eingesehen haben oder dem Rat von Fachleuten gefolgt sind. Wir anderen aber wollen nicht hören, sondern müssen fühlen. Unser Gehirn reagiert erst dann, wenn wir die Nachteile unseres Handelns hautnah zu spüren kriegen oder wenn wir für ein Verhalten durch Wohlbefinden belohnt werden.

Doch warum bemerken wir Signale wie etwa Atemnot, Schwäche und knirschende Gelenke so spät? Vielleicht, weil sich viele von uns nur noch mit dem Kopf beschäftigen und sich deshalb vom eigenen Körper so weit entfernt haben, daß sie ihn nicht mehr spüren! Raucher, die schläfrig in der Sofaecke hängen, merken nicht, wie sehr ihre Bronchien unter den Glimmstengeln ächzen. Sitzt einer dagegen im Fahrradsattel, und alle anderen ziehen grinsend an ihm vorbei, während er sich die halbe Lunge weghustet, kann er nicht darüber hinwegsehen, daß der Rauch ihm schadet. Beim Essen ist es ähnlich. Ein überfüllter Bauch stört den Müßiggänger viel weniger als denjenigen, der versucht, auf einen Berg zu klettern. Wer ohne erhobenen Zeigefinger und Ertüchtigungsparolen etwas über die richtige Strategie für ein langes Leben lernen möchte, muß einfach nur seine Muskeln wieder in Gang setzen. Dann liefert ihm der Körper mit der Zeit alle wichtigen Hinweise.

Ein dicker Bauch stört auf dem Sofa nicht – aber beim Bergsteigen

Sport killt Radikale

Primo (84 Jahre), Alvaro (83), Franco (80) und die übrigen Rennradler der Studie meinen zwar nicht, daß Sport ein Allheilmittel ist, doch in einem sind sie sich einig: Er macht sie gesünder und glücklicher als andere Männer ihres Alters – auch als die jüngeren. Für die Radler steht der regulierende Einfluß auf das Körpergewicht und die Verzögerung von Alterserscheinungen vollkommen außer Frage. Der 54jährige Sauro, der pro Jahr 17 000 Kilometer im Fahrradsattel zurücklegt, sagt: »Das sieht doch jeder auf den ersten Blick: Radfahren macht gesund. Mein junger Neffe, der nichts tut, wiegt hundert Kilo. Müßte ich soviel Fett mit mir herumschleppen, ich glaube, ich würde sterben.«

Wahrscheinlich hat Sauro mit seiner Überlegung recht. Sein schlanker, durchtrainierter Körper schützt ihn vor freien Radikalen, die das Altern beschleunigen und wohl auch die Hauptursache für einen frühzeitigen Tod sind. Aber wie funktioniert das?

Sportler müßten eigentlich im Zeitraffer altern

Wenn wir uns anstrengen, benötigt der Körper mehr Sauerstoff als sonst und erhöht die Energieproduktion in den Kraftwerken der Zellen. Je mehr Kräfte die Zellen freisetzen, desto mehr oxidierte Abfälle fallen an. Jeder, der seine Muskeln regelmäßig anstrengt, müßte deshalb eigentlich im Zeitraffer altern.

Doch das Gegenteil ist der Fall. Aus Untersuchungen an Tieren und an Zellkulturen weiß man, daß regelmäßige Bewegung die Lebenszeit verlängert und das Auftreten von chronischen Krankheiten hinauszögert. Moderater oxidativer Streß ist nötig, um den Körper zur Bildung von Enzymen anzuregen, die ihn gegen den Beschuß der Sauerstoffradikale schützen und die Zellen gegen das Gift ranziger Fette und oxidierter Proteine unempfindlicher machen. Nach allem, was die italienischen Radler und viele andere ältere Sportler erzählen, wird offensichtlich, daß körperliche Bewegung den oxidativen Streß und damit den Alterungsprozeß deutlich und für jedermann sichtbar bremst. Wenn Sport also zusätzlichen oxidativen Streß erzeugen würde, wäre es im Alter, einer Zeit, in der der oxidative Streß ohnehin ansteigt, kaum noch möglich, auf Leistung zu trainieren. Daß das aber möglich ist, beweisen die heutzutage 50jährigen, die sich einen Marathon zutrauen und so gut trainieren, daß sie ähnliche Zeiten erreichen wie die Sieger bei der Berliner Olympiade 1936.

Knappe Kost

Wie man es hinkriegt, schon bei einem Kind Übergewicht zu erzeugen, beschrieben vor fast zweihundert Jahren die Brüder Grimm mit wenigen dürren Worten. In ihrem Märchen »Hänsel und Gretel« sagt die böse Hexe zu Gretel: »Geh, koch deinem Bruder etwas Gutes, der sitzt draußen im Stall und soll fett werden.« Gehaltvolles Essen und dabei auf engem Raum herumhocken, ohne sich zu rühren, das macht jeden fett. Den einen früher, den anderen später.

Mit der Verwaltung des Mangels kennen sich unsere Gene aus, doch stetiger Überfluß war von der Evolution nicht vorgesehen. Das erleben die Fahrer der italienischen Studie am eigenen Leib. Ein paar Glas zuviel oder ein kalorienreiches Menü am Abend machen eine Tour am nächsten Tag schwierig, erzählen sie. Hingebungsvolle Sportler wie der 64jährige Ettore legen deshalb Wert darauf, »in regola«, also in einer ausgewogenen Ordnung, zu leben. Ähnlich geht es dem 59jährigen Frederico. Er fährt dreimal wöchentlich 60 Kilometer durch die Berge und merkt jede Übertreibung im Essen und Trinken an seinem Pulsmeßgerät. »Wenn ich zuviel esse, kriege ich die Leistung nicht rauf, weil meine Beine einfach nicht mitmachen.« So widersinnig es klingt, alle Fahrer sind sich einig, daß sie mit weniger Nahrung mehr Leistung bringen, weil sich der Körper sonst zuviel mit der Verdauung beschäftigt und keine Kraft für die Muskeln bleibt. Die Radler halten sich an Pasta, Obst und Gemüse, essen nur kleine Portionen Fleisch und Käse. Sie glauben: Je sparsamer du ißt, desto besser fühlst du dich.

Weniger essen bringt mehr Leistung, sagen die Experten

Das deckt sich mit den Erfahrungen vieler Altersforscher, die in Hunderten von Versuchen gezeigt haben, wie munter Tiere bei knapper Kost herumhopsen und wieviel länger sie leben als reichlich gefütterte Kontrolltiere. Kein Zweifel, ein schlanker Körper ist die Voraussetzung für hohes Alter. Wer schon als junger Mensch oder im mittleren Alter dicke Rettungsringe um die Taille trägt, stirbt, das zeigen auch die Statistiken, früher als andere.

Kurzer Atem

Fit ist, wer beim Berg-auf-Radeln noch singen kann

Italienische Ärzte untersuchen alle in Clubs organisierten Sportradler einmal pro Jahr. Typische Alterserscheinungen wie hohe Cholesterinspiegel, Bluthochdruck und orthopädische Probleme finden sie bei Fahrern über 55 äußerst selten. Stolz waren die befragten Radler vor allem, wenn ihnen die Ärzte bestätigten, wie wunderbar ihre Herzen und Lungen arbeiteten, besser als bei jungen Leuten, die sich wenig bewegen. Der 83jährige Alvaro, ein pensionierter Handelsvertreter, der noch jährlich 9000 Kilometer im Sattel zurücklegt, erzählte der Anthropologin, seine Lungen seien so leistungsfähig, daß er selbst beim Fahren auf ansteigenden Straßen noch singen könne.

Davon dürfen rund acht Millionen ältere Bundesdeutsche nur träumen. Sie leiden unter COPD, einem Bündel von chronischen Lungenerkrankungen, die durch Atemnot, Husten, Verengungen der Bronchien und teilweise Zerstörung des Lungengewebes gekennzeichnet sind. COPD gilt als die Volkskrankheit mit den höchsten Steigerungsraten, sie könnte bis zum Jahr 2020 zur dritthäufigsten Todesursache aufsteigen. Etwa jeder zehnte, der als Kind oder Jugendlicher mit dem Rauchen angefangen hat, muß 20, 25 Jahre später damit rechnen, daß schleichende Entzündungsprozesse die Schleimhäute seiner Atemwege zerstören. Doch selbst wenn man vergangene Fehler wie frühes Rauchen nicht ungeschehen machen kann, bringt Bewegung auch hier Besserung, eine Erkenntnis, die im Gegensatz zum früher propagierten Konzept »Schonen, schonen, schonen« steht, das die Atem-Muskulatur schrittweise immer weiter schrumpfen ließ und die Kranken schwächte.

Seit dem Jahr 2001 leitet Karin Taube, eine erfahrene Lungenfachärztin, die Hamburger »Atem-Reha«. Hier werden kurzatmige Patienten behandelt und neue Behandlungskonzepte erforscht. Doktor Taube setzt bei COPD-Kranken vor allem deshalb auf Sport, weil leistungfähige Muskeln den knappen Sauerstoff besser verwerten.

Und so kann man im großen Trainingsraum des Instituts vergnügte, aber schweratmende Patienten auf Standfahrrädern, Muskeltrimmern und Laufbändern sehen. Von üblichen Besuchern eines Fitness-Studios unterscheiden sie sich durch die Sauerstoffgeräte, die viele von ihnen wie schicke Techno-Schultertaschen mit sich herumtragen, und durch ihre weißgekleideten Aufpasser. Denn die Physiotherapeuten der Atem-Reha sorgen nicht nur durch lockere Sprüche und fürsorgliche Anleitung für gute Stimmung, ihre Anwesenheit nimmt vielen Kranken die Angst vor körperlicher Anstrengung. Die Profis achten darauf, daß niemand sich überfordert und jeder seine persönlichen Leistungsziele erreicht. Die meisten Betroffenen kommen auf diese Weise wieder zu Atem und entwickeln trotz der beklemmenden Einschränkung eine neue Lebensqualität. Vielen von ihnen macht der Gruppensport so viel Spaß, daß sie nach Abschluß ihrer Rehazeit auf eigene Rechnung weiter am betreuten Training teilnehmen.

Bewegung verbessert die Laune, warum auch immer

Wer sich bewegt, hat nicht nur bessere Laune, er wird auch seltener krank. Selbst unabhängig vom Körpergewicht besitzt regelmäßige Aktivität eine Schutzwirkung gegen ein gutes Dutzend Krankheiten. Bewegung reduziert das Risiko vieler Krebsleiden, aktiviert natürliche Killerzellen, trainiert das Immunsystem und verringert die Gefahr einer Infektion. Sich regelmäßig bewegen heißt dabei mindestens dreimal pro Woche eine halbe Stunde. Mehr ist besser, vor allem bei Rückenbeschwerden. Hier führt Training oft zu Wunderheilungen, weil verspannte Muskeln schlecht durchblutet werden. In der Folge legt Sauerstoff- und Energiemangel das Gewebe lahm und verursacht Schmerzen. So schwächeln oft Bauch- und Gesäßmuskeln, meist sind auch Hüft- und Rückenmuskeln verkürzt. Schon wenige Stunden Training lassen quälende Schmerzen verschwinden.

Rumrennen und tief atmen: Das macht schöne Beine

Untrainierte Füße und Beine verursachen nicht nur einen staksigen, greisenhaften Gang, sondern auch häßliche Krampfadern und schlimmstenfalls offene Beine. Denn ohne aktive Muskulatur können die Beinvenen ihre Aufgaben nicht erfüllen. Sie benötigen die sogenannte Muskelpumpe, um das Blut nach oben in Richtung Herz zu befördern. Dabei preßt ein angespannter Muskel die tiefen Beinvenen zusammen und drückt das Blut gegen die Schwerkraft nach oben. Entspannt sich der Muskel, fließt das Blut nach, bis die Adern wieder zusammengedrückt werden. Wer Sport treibt, vertieft auch seine Atmung, die per Vakuum das Blut ansaugt. Atmet man ein, weitet sich der Brustkorb. Im Oberkörper entsteht dadurch Unterdruck, der das Blut in Richtung Herz fließen läßt. Beim kräftigen Ein- und Ausatmen hilft auch das Zwerchfell dabei, den Venen die Arbeit zu erleichtern. Schöne schlanke Beine sind der Lohn dieser Mühe.

Reibungsverluste

Nichts macht so alt wie Arthrose. Die Schonhaltung, die jeder einnimmt, der sich nur noch unter Schmerzen bewegen kann, ist nicht gerade ein Kennzeichen für jugendliche Unbeschwertheit. Fehlstellungen und Fehlbildungen im Gelenk, eine erbliche Veranlagung, vor allem aber Übergewicht erhöhen die Wahrscheinlichkeit des schmerzhaften Abriebs. Davor schützt nur vielseitiges Training. Wer die ersten Anzeichen für den schmerzhaften Knorpelschwund spürt, redet am besten sofort mit einem guten Physiotherapeuten und kauft sich ein Ticket für einen Sportclub. Jeder Tag zählt. Denn hauchfeine Muskeln, die Gelenke und Wirbelsäule fest umspinnen, brauchen Training, um unsere knöchernen Scharniere fest an ihrem Platz zu halten. Ohne sie verschieben sich die Knochenteile und schlackern beim Gebrauch hin und her.

Vitale Muskeln dagegen wirken wie Stoßdämpfer. Sie puffern rund die Hälfte des Drucks ab, der bei Belastungen auf diesen alterssensiblen Strukturen liegt. Wer seinen Körper abwechslungsreich fordert, beugt damit wirksam dem Verschleiß von Gelenken und Wirbelsäule vor. Hier gilt ausschließlich: Do it yourself. Medizinische Anwendungen, gerade die angenehmen wie etwa Packungen, Massagen oder Bäder, bringen nicht mehr als kurzfristiges Wohlbefinden. Schwimmen, Radfahren, funktionelle Gymnastik, Wandern oder Laufen können sie nicht ersetzen. Selbst wenn Gelenke bereits durch Arthrose geschädigt sind, vermindern gezielte Bewegungen die Schmerzen oft besser als jede teure Pille. Denn kaputte Knie, Arme und Rückenwirbel schmerzen um ein Vielfaches stärker, wenn die Umgebung des Schadens durchs Nichtstun schlecht durchblutet ist und schließlich verkümmert. Auch im Zeitalter der Knorpeltransplantation gilt: Ist der Gelenkschutz einmal geschädigt, läßt er sich nicht wieder herstellen. Solange es also keine Heilung gibt, bleibt Vorbeugen die beste Chance.

Massagen und Packungen können guttun. Heilen kann nur Bewegung

Im Gegensatz zur Arthrose hilft kein noch so ausgeklügeltes Training, gegen die vielen Formen der rheumatoiden Arthritis (Rheuma) vorzubeugen. Diese schwere entzündliche Erkrankung muß möglichst früh und konsequent mit Medikamenten behandelt werden, weil sich das Immunsystem gegen den eigenen Körper richtet. Gerade im Anfangsstadium, in den ersten drei Monaten der Erkrankung, vermögen Medikamente viele Schäden aufzuhalten. Sie stoppen entzündliche Prozesse und hemmen auf diese Weise die fortschreitende Zerstörung von Knorpel und Knochen.

Gelenkschmerzen, Morgensteifigkeit an den Fingern oder Schwellungen kommen auch bei einer Arthrose vor. Fühlt man sich jedoch zusätzlich krank und abgeschlagen und leidet unter Müdigkeit oder Appetitlosigkeit, wird es Zeit, einen Rheumaspezialisten aufzusuchen.

Barrieren im Kopf

Manche Erkrankung verschwindet spurlos, sobald einer sich auf die Socken macht und seine Muskeln spielen läßt. Doch die meisten von uns tun trotzdem nix. Keine Zeit, keine Lust, kein Geld, keine Gelegenheit, die Hindernisse scheinen unüberwindbar. Schließlich sind wir alle Meister im Erfinden von Ausreden. Selbst für Gesundheitsbewußte ist es oft schwer, sich den entscheidenden Ruck zu geben. Doch die psychologische Nachricht lautet: Wer will, der kann.

Die meisten sind Meister im Erfinden von Ausreden

Haben wir vor uns eine Aufgabe, die uns Spaß macht, erledigen wir sie meist sehr bald und gut. Sobald sie uns schwierig, unbequem oder gar beängstigend erscheint, schieben wir sie gerne auf. So ist es auch hier. Wer Sport nur aus dem Fernseher kennt und seine Muskeln noch nie im Leben zur Leistung angetrieben hat, der tut den ersten Schritt mit großem Zögern. Die Anhänger dauerhafter Bequemlichkeit glauben fest, es sei eine Qual, sich zu trimmen. Sie irren. Das Leben wird schöner und intensiver, wenn der Körper ins Schwitzen gerät.

Viele verdienen ihr Geld heute hauptsächlich damit, sich den Kopf zu zerbrechen. Dabei vergißt man leicht, wie sehr der Geist den Körper braucht. Viele lassen ihn verlottern. Nicht äußerlich. Die Klamotten sind perfekt, die Haut ist gepflegt, die Frisur sitzt. Doch innen herrscht Verwahrlosung: Muskeln kümmern dahin, Gelenke rotten und Bänder verkalken.

Für diese Kopfmenschen wäre es gut, den Stecker des Fernsehers aus der Wand zu ziehen, eine hübsche Decke über den PC-Bildschirm zu legen und den entstehenden Überhang an Freizeit in einen leistungsfähigen Körper zu investieren. Auf diesen naheliegenden Gedanken kommen viele allerdings erst, wenn sie sich auf die Suche nach einem Partner machen. Dann wollen auch die, denen Bizeps und bauchfreie Tops bislang egal waren, möglichst schnell besser aussehen. Schließlich sind streichholzdünne Beine und eine ausgebeulte Taille nicht gerade das, was man sexy nennen würde. Geht einer in lockerer, aufrechter Haltung und mit langen elastischen Schritten auf die Piste, wirkt er garantiert jünger als die Konkurrenz mit Rundrücken und Schildkrötenhals. Man ist eben nicht automatisch so jung, wie man sich fühlt.

Durch Sport verwandelt sich kein häßliches Entlein innerhalb von ein paar Tagen in einen stolzen Schwan. Dafür muß man schon ein paar Monate oder Jahre einplanen. Doch dann kann die Sache durchaus klappen. Voraussetzung ist allerdings, daß man sich ein Ziel setzt und es auch wirklich erreichen will. Wer sich fest vornimmt, seinen allzu üppigen Bauch wegzukriegen oder die Kurzatmigkeit zu besiegen, wird früher oder später Erfolg haben. Und je schlechter ein Einsteiger drauf ist, desto mehr hat er zu gewinnen.

Probieren, wiederholen, begreifen – so lernt man noch spät neue Sportarten

Fitness entsteht nicht im Hau-Ruck-Verfahren, sondern durch einen neurophysiologischen Prozeß, dessen Ablauf man bei Kindern wunderbar beobachten kann. Klettert beispielsweise ein Fünfjähriger beim Spielen auf eine hohe Mauer, wollen seine Spielgefährten es bald auch probieren. Sie beobachten, wie er sich an Mauervorsprüngen festklammert, in Ritzen tritt und sich nach oben streckt. Ganz automatisch stellen sie sich dabei vor, selbst hinaufzuklettern, und übertragen ein ungefähres Abbild seiner Bewegungen in ihrem Kopf. Das Gehirn bastelt daraus einen Aktionsplan für alle Nerven, die an den erforderlichen Bewegungen beteiligt sind, und stellt Energie bereit. So, jetzt kann es losgehen. Das zweite Kind beginnt hinaufzuklettern, schafft es aber nicht. Also versucht es das dritte Kind. Es hatte schon zwei Vorbilder, ist auch etwas kräftiger und gelangt deshalb trotz einiger Fehlgriffe oben auf die Mauer. Im zweiten Versuch, mit etwas Hilfe von oben, gelingt die Kletterpartie auch dem letzten Kind.

Weil es oben so schön ist, steigen die Kinder am nächsten Tag wieder hinauf. Jetzt schaffen es alle. Der Großrechner in ihren Köpfen hat über Nacht Nervenverbindungen für den neuen Bewegungsablauf geschaffen. Zuschauen und wiederholtes Ausprobieren halfen, über Nacht vertiefte das Gehirn das Erlernte. Ein paar Tage lang klettern die Kinder immer wieder hinauf, bis sie es sozusagen »im Schlaf« können, dann lockt ein anderes Spiel, und sie probieren neue Muskelgruppen aus. Wer es so macht wie sie, erlernt auch im Alter noch neue Sportarten. Es braucht nur etwas Geduld und Neugierde.

Anfänger entdecken Muskeln, von deren Existenz sie gar nichts wußten

Was der Körper einmal gut einstudiert hat, vergißt er nicht so schnell wieder. Das kennt man vom Radfahren. Kaum jemand könnte genau sagen, wie er es macht, aber wenn man sich nach Jahrzehnten wieder in den Sattel setzt, fährt man einfach los. Jeder, der zwanzig Jahre zuvor Golfspielen, Rudern oder Tischtennisspielen gelernt hat, kann schnell wieder einsteigen. Weniger gut trainierte Fähigkeiten, die nicht genutzt wurden, verkümmern. Dann sind die zuständigen Nerven irgendwann nicht mehr in der Lage, den richtigen Muskel anzusprechen und in Gang zu setzen.

Anfänger erzählen oft, sie hätten beim Training Muskeln entdeckt, von denen sie gar nicht wußten, daß es sie überhaupt gibt. Bewegungsazubis müssen deshalb schrittweise lernen wie Kinder. Nur fehlt Älteren oft deren spielerische Freude am Neuen und die Unbefangenheit, alles auszuprobieren. Sie wollen sich keine Blöße geben, sind es nicht gewohnt, korrigiert zu werden. Alles soll möglichst sofort funktionieren. Schade. Denn ohne das Lernen und Weiterentwickeln ist Bewegung nur der halbe Spaß.

Bizeps fürs Gehirn

Wer nach langer Zeit das erste Mal wieder Sport treibt, erlebt vielleicht am nächsten Tag schmerzhafte Nachwehen: Hat man übertrieben, kneift der Muskelkater, Arme und Beine scheinen schwach und erholungsbedürftig. Gerade am Anfang, wenn der untrainierte Körper mit Umbauprozessen beschäftigt ist, um den neuen Aufgaben gewachsen zu sein, hilft es, den Blick für schnelle Belohnungen zu schärfen. Denn die gibt es. Eine der angenehmsten Nebenwirkungen: Bewegung hilft beim Denken. Selbst knifflige Probleme lösen sich nach einer Stunde Sport wie von selbst, weil der Gehirnstoffwechsel schon bei moderater Aktivität um etwa ein Drittel zunimmt. In Krisen und bei Ideenstau ist es deshalb effizienter, hinauszugehen und seine Muskeln in Gang zu setzen, als verzweifelt am Schreibtisch hockenzubleiben.

Angenehme Nebenwirkung: Bewegung hilft beim Denken

Wer leichter leben möchte und auf der Suche nach dem Glück ist, kann natürlich Lotto spielen. Sicherer ist es allerdings, in einen Sportclub einzutreten. Denn beim Laufen, Radeln, Sichstrecken und -beugen oder Gewichtedrücken steigen unweigerlich die Stimmung und das Selbstbewußtsein.

Gestreßte Schreibtischtäter, die beruflich unter Dauerdruck stehen oder privaten Kummer haben, profitieren schon ab der ersten Viertelstunde. Auf ihre geschundenen Seelen wirkt sportliche Aktivität so prompt wie eine Beruhigungspille und hält sogar noch einige Stunden an, wenn man nichts mehr tut. Erfahrene Sportler kennen den Effekt und genießen ihn ganz gezielt. So macht es auch der 59jährige Federico, der seit 13 Jahren regelmäßig auf dem Rennrad sitzt. Je kräftiger er in die Pedale trete, erzählte er der Forscherin, desto besser fühle er sich. Selbst wenn er in übelster Laune auf sein Fahrrad steige, komme er von seinen Touren doch immer lachend zurück.

Lust auf Leistung

Woher stammen die angenehmen Gefühle? Sicher redet unser Gehirn dabei ein Wörtchen mit. Es entwickelte sich zu einem so großartigen Organ, weil es die hochkomplizierten Bewegungsabläufe des aufrechten Gangs koordinieren mußte. Möglicherweise besitzen Muskeln deshalb einen so positiven Einfluß auf die Stimmung. Nach neuen Erkenntnissen sind es nämlich nicht die vielzitierten Endorphine, die als Nervenbotenstoffe angeblich alle Schmerzen »wegblasen«, dem Sportler neue Kräfte suggerieren und als körpereigenes chemisches Doping beim Herumrennen für gute Laune sorgen. Auch der Flow, der von dem Glücksforscher Mihalyi Csikszentmihalyi als das Gefühl des völligen Aufgehens in einer Tätigkeit beschrieben wurde, spielt nach wissenschaftlichen Studien beim Sport keine Rolle.

Schlechte Laune, Antriebsschwäche – vielleicht ist Bewegungsmangel die Ursache

Was ist es dann aber? Vielleicht braucht das Gehirn den Input der Muskeln und gerät vollkommen aus dem Takt, wenn der Körper längere Zeit stillgelegt wird und die erforderlichen Botschaften ausbleiben. Schließlich sind die grauen Zellen seit undenklichen Zeiten daran gewöhnt, in jeder wachen Sekunde tausendfache Rückmeldungen unserer Aktivitäten zu erhalten. Es könnte also sein, daß schlechte Laune, Antriebsschwäche und depressive Verstimmungen überhaupt erst durch Bewegungsmangel entstehen. Zwar meinte Friedrich Schiller vor 200 Jahren: »Es ist der Geist, der sich den Körper baut.« Doch heutige Neurobiologen können sich auch mit der umgekehrten Version anfreunden: Es ist der Körper, der den Zustand des Geistes prägt.

Depressive Menschen sind körperlich nicht so fit wie andere. Die Ergebnisse einer schwedischen Studie legen sogar nahe, daß Bewegung bei milden bis mittelschweren depressiven Episoden die einzige Therapie ist, die Erfolg verspricht. Deutsche Forscher halten die psychologischen Effekte von Bewegung mit denen einer

Psychotherapie für vergleichbar. Die Art der körperlichen Aktivität spielt dabei keine Rolle: Ausdauertraining wirkt genauso gut wie Krafttraining.

Sportfrust vermeiden

Die ersten Belohnungen kommen schnell, wenn man beginnt, seine erschlafften Muskeln wieder aufzubauen. Aber wie schafft man es, sportliche Aktivitäten fest in den Alltag einzubauen und dabeizubleiben, bis man ohne sie nicht mehr kann? Es ist nicht einfach. Ambitionierte Sportlehrer suchen immer wieder nach Wegen, Anfänger über die ersten Hürden zu bringen.

So ging es auch Ilona Bialojan. Die temperamentvolle Ungarin, seit 15 Jahren engagierte Pilates-Trainerin mit eigenem Studio, verlor vor einigen Jahren beinahe den Spaß an ihrem Beruf. Obwohl sie zu den ersten Trainern bei uns gehörte, die erkannt hatten, wie nachhaltig die aus Amerika importierte Trainingsmethode wirkte. Pilates ist ein sanftes, aber intensives Ganzkörpertraining, das tiefliegende Muskeln aktiviert, eine schöne, aufrechte Haltung verleiht, Spannungen abbaut und Rückenschmerzen für immer zum Verschwinden bringt.

Wie schafft man es, Sport in den Alltagsablauf einzubauen?

Die enthusiastische Trainerin ließ ihre Schützlinge nie aus den Augen und korrigierte auch noch nach vielen Trainingsstunden jede ihrer Bewegungen bis zur Perfektion. Es machte sie stolz, wenn in unbeholfenen Stubenhockern innerhalb von Wochen ein neues Körperbewußtsein heranwuchs und sie sich langsam zu ihrer vollen Größe und einer schönen Silhouette aufrichteten. Im Lauf der Jahre übten Hunderte an den Federn und Gummizügen der gepolsterten, aus Leder und Holz gefertigten Trainingsgeräte, deren Urversion der Düsseldorfer Josef Pilates in einem englischen Internierungslager im Ersten Weltkrieg entwickelte.

Aber nicht viel mehr als die Hälfte von Ilonas Schülern blieb dabei. Seltsam, denn unzählige Hollywood-Celebrities, Tänzer und Schauspieler schwören auf diese schonende und gleichzeitig wirkungsvolle Methode, die man bis ins hohe Alter erlernen und betreiben kann. Pilatesgeräte stehen inzwischen sogar in den Physiotherapieabteilungen von Universitätskliniken. Warum also stiegen so viele Neulinge nach ein, zwei Übungsstunden wieder aus? Ilona nahm die stetige Abwanderung mit der Zeit persönlich und verlor viel von ihrem Enthusiasmus.

Talentierte Trainer halten Neulinge mit Beifall und Fürsorge bei der Stange

Eines Tages beklagte sich eine Anfängerin bei ihr, sie bekäme – selbst wenn sie alles richtig gemacht hätte – nie ein Lob. »Ich bin doch nicht die Mama«, dachte die Trainerin zuerst empört. »Die Frau ist erwachsen, sie müßte selbst merken, wie sehr ich ihr helfe und wie gut ihr die Übungen tun.« Doch dann begann sie trotzdem, ihre Klienten mit ungarischem Charme ausgiebig zu loben. Auf ihr anerkennendes »Guuut!« oder »Jaaa, so ist es richtig!« reagierten vor allem Anfänger mit mehr Zuversicht, Engagement und Ausdauer. Die Stimmung im Studio wurde mit der Zeit heiterer, die Neulinge kamen regelmäßiger zum Üben. Das wiederum beflügelte die Trainerin. Sie sah Erfolge und hatte wieder Lust, sich für ihre Klienten einzusetzen. Eine Wechselwirkung.

Was kann man aus dieser Geschichte lernen? Zuversicht baut die Brücke zum Erfolg. Es gilt also, jeden zu bestärken, der sich bewegen möchte. Nur dann wird er sich an sportliche Herausforderungen herantrauen. Psychologen nennen den unverzagten Glauben an die eigenen Möglichkeiten etwas geschraubt »Selbstwirksamkeitserwartung«. Jeder Anfang ist schwer, vor allem nach Jahrzehnten des Nichtstuns. Talentierte Trainer, die gern Frösche in Prinzen verwandeln, versüßen den Einstieg deshalb mit reichlich Beifall und Zuwendung, aber auch mit fürsorglicher Strenge. Wer dagegen auf einen desinteressierten oder übellaunigen Lehrmeister trifft, kriegt sicher erst die Kurve, nachdem er sich einen neuen gesucht hat.

Erst mal Psycho-Gymnastik

Je hektischer das Leben verläuft, desto schneller eilt der Puls und desto flacher geht der Atem. Nicht jeder, der versucht, aus großer seelischer Anspannung heraus in ein anspruchsvolles sportliches Training hinüberzuspringen, hat Erfolg. Oft gehorchen dem Gestreßten die Glieder nicht, weil sich alle Muskeln zu harten Knäueln zusammengezogen haben. Wer sich in einer solchen Situation überfordert, muß mit Verletzungen rechnen und damit, schnell die Lust zu verlieren. Systematische Unterforderung heißt die Lösung. Es ist geschickt, anfangs immer nur drei viertel von dem zu tun, was eigentlich möglich wäre. Bevor man in die vollen geht und losjoggt oder Gewichte stemmt, aktiviert man seinen Körper besser erst einmal auf sanfte Art.

Bevor es in die vollen geht, den Körper auf sanfte Art aktivieren

Eine gute Möglichkeit bietet die Atemtherapie. Dabei geht es nicht, wie man meinen könnte, um richtiges oder falsches Atmen, sondern darum, seelische Spannungen zu lösen. Jeder Atemzug setzt eine Bewegung im Inneren unseres Körpers in Gang. Das Schwingen von Ein- und wieder Ausatmen bewegt alle Organe und ist wichtig für den Umlauf des Bluts. Der Atem beeinflußt das unbewußte vegetative Nervensystem so, daß bewußtes Handeln und seelischer Antrieb in Einklang kommen.

Yoga, die alte indische Lehre, weist erschöpften Westlern einen modernen Weg. Indische Weise betrachten den menschlichen Körper als Fahrzeug der Seele. Deshalb setzen sie auf sanfte und trotzdem fordernde Übungen, die das Empfinden dafür stärken, was dem Körper schadet und was ihm nützt. Auch Feldenkrais-Übungen bilden einen guten Einstieg in ein sportliches Leben. In der Gruppenarbeit entstehen gesunde Bewegungsmuster durch spielerische Übungen. Ähnlich wirken chinesische Lehren wie Qi-gong und Tai chi, deren Fähigkeit, den Körper durch gezielte Bewegungen wieder ins Lot zu bringen, Fachleute und Laien zu Recht fasziniert.

Schwimmen, gehen, joggen? Egal. Hauptsache, man fängt an

Doch es muß für den Anfang nicht unbedingt etwas Exotisches sein. Wer etliche Kilos zuviel auf den Rippen hat und sich gern im Wasser tummelt, dem bietet Schwimmen einen schonenden Einstieg ins Training. Durch die Schwerelosigkeit im Wasser entspannt sich der Körper, der Widerstand gegen das nasse Element stärkt die Kräfte. Auch strammes Gehen, neudeutsch Walking genannt, und das mit Stöcken ausgeübte Nordic Walking gefällt untrainierten Leuten, die gern abnehmen möchten und sich mit Vorliebe an der frischen Luft aufhalten. Was man sich aussucht, ist eigentlich egal. Hauptsache, man fängt an.

Besser als Viagra

Sport hat viele Vorzüge. Aber womit könnte man gelangweilte junge Kerle von der Parkbank locken und dazu kriegen, wie der einsame Jogger um den Park zu rennen? Richtig geraten: mit Sex! Nichts anderes würde die Jungs wirklich ködern. Männer-Zeitschriften, die alle Tagträume ihrer Zielgruppe in- und auswendig kennen, werben deshalb auf der Titelseite mit einem »Workout für mehr Power im Bett«.

Mancher würde bis ans Ende der Welt gehen, um die wahre Liebe zu finden. Zum guten Sex ist der Weg erheblich kürzer. Denn bei körperlicher Aktivität nimmt die Testosteron-Konzentration zu, und je mehr von dem Hormon durch die Adern eines Mannes rinnt, desto attraktiver erscheint er den Frauen. Die Jungs von der Parkbank hätten also allen Grund, sich auf die Socken zu machen. Doch nicht nur sie. Je höher das Lebensalter, desto schlechter gelingt es Männern, dem Penis genügend Standfestigkeit für die beliebteste aller Vergnügungen zu geben. Vor allem Übergewichtige leiden unter dieser Art von Kraftlosigkeit. Mindestens ebenso vielen Frauen vergeht mit den Jahren die

Lust, aber das zeigt sich eben nicht so offensichtlich. Was steckt dahinter?

Spaß am Sex hat neben vielen anderen Dingen auch etwas mit guter Durchblutung zu tun. Der Penis zeigt wie ein Barometer den Zustand der Gefäße an. Werden sie eng, fließt nicht mehr genug Blut in die Schwellkörper des guten Stücks. Dagegen etwas zu tun ist nicht schwer. Italienische Forscher konnten impotenten übergewichtigen Männern schon mit einem strammen täglichen Spaziergang von etwa drei Kilometern zu neuem Glück im Bett verhelfen. Auch US-Forscher in Harvard zeigten kürzlich, welche Heilkraft gegen männliche Ohnmacht in sportlicher Aktivität liegt. Sie untersuchten über 30000 Männer zwischen 55 und 90 Jahren und fanden heraus, daß die Aktiven zehn Jahre länger topfit im Bett bleiben als die Bewegungsmuffel. Wahrscheinlich gilt ähnliches für Frauen, auch wenn das noch niemand groß untersucht hat. Denn ein trainierter und deshalb gut durchbluteter Beckenboden verstärkt beim Sex das ganz gewisse Kribbeln, das einem niemals langweilig wird.

Spaß am Sex hat auch etwas mit guter Durchblutung zu tun

HORMONE – NICHT GERADE SEXY

Ein Besuch in einer Arztpraxis kann wundervoll entspannend sein. Dicke Teppiche in pudrigen Pastelltönen, leise Hintergrundmusik, Designermöbel und üppige Blumengestecke schaffen echtes Wohlfühlambiente. Kaffee gefällig? Die Espressomaschine würde jeder italienischen Bar zur Ehre gereichen. Lieber grünen Tee? Oder ein schickes Mineralwasser? Frisches Obst? Alles da! An der elegant geschwungenen Rezeption lächelt einem eine junge Frau im dunklen Kostüm entgegen, als sei man die lang vermißte Freundin aus Kindertagen. Nein, sie fragt nicht nach der Versichertenkarte. Wer hierherkommt, zahlt selbst.

Was bietet der Anti-Aging-Arzt? Lauter unbewiesene Versprechungen

Herr Doktor sieht gut aus und ist ungeheuer verständnisvoll. Er nimmt sich Zeit, wann immer es seinen Patientinnen, die oft von weither angereist kommen, paßt. In dieser Gynäkologenpraxis sollen Träume wahr werden, Träume wie in Lore-Romanen, die von immerwährender Lebensfreude und Schönheit handeln. Anti-Aging und Lifestyle-Beratung heißen die Stichworte dazu. Sie sollen alle Probleme abwenden, die das Älterwerden mit sich bringen.

Was gibt es hier, das der Kassenarzt um die Ecke seinen Patienten vorenthält? Lange, einfühlsame Gespräche vielleicht, umfangreiche Labortests – und spezielle Hormonbehandlungen. Hier sind synthetische Wachstumshormone im Angebot, die Muskeln ohne anstrengenden Sport zum Wachsen anregen, und Testosteron, das der Libido auf die Sprünge helfen soll. Auch das Nebennierenhormon DHEA wird verschrieben, es soll den Haarschopf dichter und die Haut glatter machen. Wenn man es glaubt.

Die Botenstoffe der Liebe

Hormonbehandlungen wie diese bringen den engagierten Arzt und Forscher Christian Kasperk auf die Palme. Auch die Bezeichnung »Anti-Aging« ärgert ihn, weil er darin eine Herabwürdigung des alternden Menschen sieht. Der Leiter der Abteilung Endokrinologie und Stoffwechsel der Medizinischen Universitätsklinik und Poliklinik Heidelberg rackert sich von morgens um sechs im stressigen Alltag einer großen Klinik ab und treibt nebenher anspruchsvolle Forschungsprojekte voran. Er kennt »kein anderes Gebiet der Medizin, in dem die Quacksalberei so zu Hause ist wie hier und wo so lukrative Geschäfte mit der Sehnsucht nach Jugend und Schönheit gemacht werden«. Er meint, es wird »im Bereich der Hormone viel behauptet, aber wenig bewiesen«. Sexualhormone sind für den Heidelberger Experten wahrhaftig kein Jungbrunnen, im Gegenteil. Die Natur fährt die Botenstoffe fürs Kinderzeugen und -austragen nur deshalb zurück, um uns ein längeres gesundes Leben zu ermöglichen. Denn Sexualhormone fördern Wachstum. Dabei unterscheiden sie nicht zwischen gesunden und bereits beschädigten Zellen, die eigentlich dazu bestimmt sind, vom Körper abgebaut zu werden. Unter dem Einfluß der Botenstoffe wachsen mehr angeschlagene Zellen als üblich zu Tumoren heran. Je mehr Sexualhormone im Umlauf sind, desto größer wird das Risiko.

Sexualhormone fördern Wachstum. Auch das von beschädigten Zellen

Doch selbst wenn man das Krebsrisiko in Kauf nähme: Es ist einfach nicht wahr, daß die Botenstoffe das Altern stoppen können. Alternde Schauspielerinnen und Pop-Ikonen propagierten lange Zeit das in den USA frei verkäufliche DHEA (Dehydroepiandorosteron) als Anti-Aging-Hormon. Es hieß, DHEA-Pillen brächten auch das Gedächtnis in Schwung und regten die Lust an. Keine einzige vertrauenswürdige Studie bewies solche Wirkungen. Die Substanz verliert ohnehin ihre Magie, wenn man sich genauer ansieht, welche Rolle sie wirklich spielt.

Um Sexualhormone herzustellen, holt sich der Körper eine Portion Cholesterin, dreht und wendet den fettigen Stoff ein bißchen hin und her und entscheidet sich dann, ob er daraus Gallensäure machen will oder – je nach Bedarf – DHEA, das ihm als Material für weitere Verwandlungen dient. Nach einigen Stoffwechsel-Klicks können aus dem zum Anti-Aging-Stoff hochgelobten Zwischenprodukt sowohl männliche als auch weibliche Geschlechtshormone, also Testosteron und Östrogen, entstehen. Weil Cholesterin nun wirklich nicht knapp ist, würden DHEA-Pillen nur helfen, wenn es im Alter ein Problem mit der Umwandlung gäbe. Doch davon hat noch nie jemand gehört. Ist genug Cholesterin vorhanden, reicht auch die DHEA-Produktion für alle gewünschten Zwecke. Daß beim Älterwerden immer weniger davon im Blut schwimmt, ist kein Defekt, sondern von der Natur so gewollt. Aus Cholesterin entsteht übrigens noch eine ganze Reihe anderer Hormone, so zum Beispiel das entzündungshemmende Kortison und Aldosteron, das den Flüssigkeitshaushalt des Körpers beeinflußt.

Alle Hormone im Körper beeinflussen sich gegenseitig. Besser nicht am Gleichgewicht rütteln

An dieser Kaskade von Verwandlungen erkennt man vor allem eines: Die meisten Hormone des Körpers hängen irgendwie zusammen und beeinflussen sich gegenseitig. Sie sind wie ein großes und hochkompliziertes Mobile – berührt man es an irgendeiner Stelle noch so zart, gerät das ganze Gebilde in Bewegung, und niemand weiß so genau, welche Fülle von Veränderungen ein chemischer Eingriff auslöst.

Die Chefzentrale bestimmt

Sexualhormone bildet der Körper in den Keimdrüsen und schickt sie über das Blut an ihre Zielorte im Kern der Zellen. Dort aktivieren sie die ihnen zugeordneten Gene. Die wiederum stoßen über lange Stoffwechselketten hinweg alle nötigen Wirkungen im Körper an. Der Umweg über die Gene, die einen Menschen vom anderen unterscheiden, zeigt, wie individuell die Botenstoffe wirken. Neben Umweltfaktoren wie etwa Ernährung bestimmen vor allem die Erbanlagen über den individuellen Bedarf.

Sexuelle Befriedigung kommt von einem Hormon im Gehirn

Will man das Ganze verstehen, muß man sich fragen, woher der Körper überhaupt weiß, welche Hormone wann und wo gebildet werden müssen. Wer entscheidet darüber? Natürlich der Kopf! Der Chef der zehntausend Botenstoffe, zu denen auch die Hormone gehören, sitzt im Gehirn, genauer gesagt, in einem besonders gut durchbluteten Gebiet des Hypothalamus. Dort arbeitet eine Schnittstelle, die zwischen Nerven und Hormonen, man könnte auch sagen, zwischen Leib und Seele vermittelt. Hier verbinden sich körperliche Effekte mit Botschaften aus der Umwelt und Signalen der Seele zu einer vielschichtigen Gefühlswelt, die einen Menschen vom nächsten unterscheidet. Empfindungen wie Trauer und Angst, Freude und Lust beeinflussen unsere hormonelle Ausstattung mit vielen Rückkopplungen und Wechselwirkungen. Nicht zufällig bildet das Gehirn in dieser Region das Wohlfühlhormon Oxytocin, das beim Orgasmus für sexuelle Befriedigung sorgt, ansonsten aber Mütter und Väter mit Fürsorglichkeit und Liebe zum Nachwuchs erfüllt. Im selben Bereich des Gehirns siedeln Fachleute auch den Ursprung von Gefühlen wie Wut und Aggression an.

Östrogen und Testosteron wirken im Gehirn von Männern und Frauen; ohne sie wüßten wir nicht, ob wir Männlein oder Weiblein sind. Beide Geschlechter sind auf beide Hormone angewiesen, allein die Dosis entscheidet über Mann oder Frau. Lust und Begierde scheinen jedoch hauptsächlich durch das Testosteron angetrieben zu werden. Sinkt im Klimakterium der Testosteronspiegel allzusehr ab, leiden nicht nur Männer unter dem Verlust an Lust, sondern auch Frauen. In einem US-Magazin berichtete eine sexmüde Vierzigjährige über ihre Erfahrungen, nachdem sie das männliche Hormon als Medikament verordnet bekam. Zuerst steigerte es ihr Vergnügen am Sex so sehr, daß sie plötzlich verstand, warum Männer es immer so eilig haben, zum Orgasmus zu kommen. Nach einer Weile verzichtete sie jedoch gern wieder auf den triebfördernden Stoff. Warum? Sie hatte den Eindruck, ihr gingen wichtige weibliche Eigenschaften wie Einfühlungsvermögen, Charme und Fürsorglichkeit verloren. Sie befürchtete, zum »Macker« zu mutieren.

Ähnliches erleben auch Frauen, wenn die Eierstöcke langsam ihre Arbeit aufgeben und das Klimakterium beginnt. Die wichtigste Veränderung liegt im Rückgang des Östrogens, das in den Eierstöcken gebildet wird und den Menstruationszyklus regelt. Zu Beginn des Klimakteriums schwankt der Östrogenspiegel oft kräftig auf und ab. Dabei treten männliche Hormone manchmal für einige Zeit stark in den Vordergrund. Sie lassen Barthaare sprießen und machen bis dahin sanftmütige Wesen plötzlich kühn und angriffslustig. Diese Stimmungsschwankungen haben wohl Anlaß gegeben, Frauen im Klimakterium als »hysterisch« zu bezeichnen – noch um 1900 herum glaubten übrigens Ärzte, Hysterie sei eine Erkrankung des Unterleibs. Vielleicht neigen Frauen auch aus diesem Grund dazu, ihr Klimakterium mit Hormonen zu behandeln, obwohl sie doch niemals darauf kämen, die nervenzermürbenden Gefühlsausbrüche ihrer pubertierenden Kinder mit Medikamenten einzuebnen. Bei sich selbst aber wollen viele die Symptome hormoneller Veränderungen zum Verschwinden bringen, um nicht in den Geruch psychischer Labilität zu geraten.

Testosteron – der triebfördernde Stoff macht auch Frauen angriffslustig

Auch wenn nur etwa ein Drittel bis die Hälfte der Frauen von den Wechseljahren überhaupt etwas bemerkt: Niemand kann den

Wechseljahre: Auch Männer kriegen sie. Jedenfalls ein bißchen

Umstellungsphasen des Körpers gänzlich ausweichen. Auch Männer erleben sie. Doch sie verlieren weniger als Frauen – jedenfalls hormonell gesehen. Ihr Testosteron sinkt nur um ein winziges halbes Prozent pro Jahr. Dem Mann bleiben seine Sexualhormone also bis ins hohe Alter fast komplett erhalten – es sei denn, seine Hoden stoppen die Produktion. Aber das ist keine Alterserscheinung, sondern eine Erkrankung, die von Medikamenten oder von erheblichem Übergewicht ausgelöst werden kann.

Reparaturen im Schlaf

Testosteron und Östrogen können jeden in seiner Geschlechtlichkeit verändern; mit ihrer Hilfe erhalten Transsexuelle eine neue Identität. Doch etwas können sie nicht: verjüngen. Das einzige Hormon, das unsere Lebenserwartung nachweislich beeinflußt, ist als Lifestyle-Droge völlig ungeeignet und wirklich kein bißchen sexy. Denn es macht dick und immerzu hungrig. Deshalb wollen wir davon auch nicht gern soviel in Umlauf bringen. Im Gegenteil: Wer wenig von dem Botenstoff abruft, lebt länger und gesünder. Der ungeliebte Stoff heißt Insulin.

Die meisten von uns verbinden das Hormon mit dem hohen Blutzuckerspiegel der Diabetiker. Doch schwimmt es auch beim Gesündesten nach jeder Mahlzeit im Blut. Unzählige stärke- und zuckerhaltige Lebensmittel lassen den Glukosespiegel ansteigen und rufen damit das Hormon auf den Plan. Es schöpft den Zucker ab und sorgt dafür, daß jede Zelle ihre Tür für den Energielieferanten öffnet. Gibt es für eine Weile nichts zu essen, fällt der Blutzuckerspiegel, und die Gegenspieler des Insulins treten auf. Zu ihnen gehört auch das Wachstumshormon Somatostatin, das sich als Reparaturspezialist nützlich macht. All dies geschieht Tag für Tag, vor allem aber nachts, wenn wir lange nichts essen und tief schlafen. Dann sinkt die Körpertemperatur um ein paar Zehntelgrade, und vieles im Körper läuft langsamer als tagsüber – auch die Alterungsvorgänge. Je länger die allnächtliche Fastenpause dauert, desto besser. Denn diese ruhige Zeit, in der er befreit ist von Verdauungsarbeit und Umweltansprüchen, nutzt der Körper zum Aufräumen. Defekte Zellen, aus denen Tumore wachsen könnten, zerlegt er in ihre Einzelteile und recycled sie. Tagsüber entstandene Fehler in der DNA des Erbguts werden repariert.

Um diese erstrebenswerten Prozesse zu beflügeln, gibt es, das glauben jedenfalls angesehene Hormonexperten, keine bessere Methode, als ohne Abendbrot ins Bett zu gehen und zwölf bis vierzehn Stunden bis zum Frühstück zu fasten. Amerikaner nennen es »Dinner Cancelling« und wollen sich damit eine teure Behandlung mit Wachstumshormonen sparen. Denn Hungerzeiten bringen den Körper dazu, den nützlichen Botenstoff vermehrt freizusetzen. Wie wichtig diese Zusammenhänge für die Alterung sind, weiß noch niemand so genau. Denn die langlebigen und gesundheitsbewußten Italiener beispielsweise essen ihre Hauptmahlzeit ebenso wie viele andere Mittelmeeranrainer gern spätabends; sie wollen von Dinner Cancelling nichts wissen.

Drei Mahlzeiten am Tag und nichts zwischendurch: So hält man Insulin in Schach

Wichtiger, als ab und zu abends mit knurrendem Magen ins Bett zu gehen, ist es vielleicht, den Blutzuckerspiegel grundsätzlich möglichst weit unten zu halten. Das gelingt am besten durch viel Bewegung. Gut ist es auch, höchstens drei Mahlzeiten täglich einzuplanen und nichts zwischendurch zu essen, damit das Insulin nicht zu oft anspringt. Unsere Vorfahren muteten dem Körper bei der Verdauung viel mehr Arbeit zu, als wir es heute tun. Sie aßen erheblich mehr Grobkost als wir. Es macht für den Stoffwechsel aber durchaus einen Unterschied, ob Gemüse und Getreide grob oder fein zerkleinert, roh oder gekocht auf den Tisch kommen. Was lange gekaut und langsam verdaut wird, kann den Blutzucker nicht blitzartig in die Höhe treiben. Um eine roh geknabberte Möhre oder ganze Körner zu zerlegen, benötigen die Verdauungssäfte eben viel mehr Zeit als dafür, zerkochtem Möhrenpüree oder Weißbrot die Nährstoffe zu entziehen. Der Grund liegt in der harten Zellstruktur der Pflanzen, die wie eine Barriere wirkt und dafür sorgt, daß Nährstoffe nur tröpfelnd langsam in die Blutbahn gelangen und der Blutzuckerspiegel für Stunden auf dem gleichen Level bleibt. Das ist wichtig, weil es vor allem die Ausschläge nach oben und nach unten sind, die das Innere der Zellen mit der Zeit alt aussehen lassen.

Millionen Frauen im Hormonstreß

Im Jahr 2002 veröffentlichte eine angesehene Fachzeitschrift erste Ergebnisse einer großen, gut kontrollierten Studie über die Hormonersatztherapie bei Frauen nach der Menopause. Diese sogenannte »Women's Health Initiative«(WHI)-Langzeitstudie sollte klären, inwieweit Hormone vor chronischen Krankheiten schützen. Ihre Ergebnisse brachten Turbulenzen ins beschauliche Geschäft mit den östrogen- und gestagenhaltigen Pillen. Denn nach fünf Jahren brach das Überwachungskomitee die Studie vorzeitig ab, weil sich Brustkrebs und Thrombosen häuften und ganz gegen die Erwartung auch die Zahl der Herzinfarkte und Schlaganfälle zunahm. Insgesamt überstiegen die Risiken der Hormongaben den Nutzen deutlich. Auch wenn Experten Details der WHI-Studie kritisieren: Der Spaß ist vorbei. Keine Frau nimmt die kleinen Glückspillen mehr unbesehen und ohne Bedenken, selbst wenn ihr bei der hormonellen Talfahrt durch Hitzewallungen, Depressionen, Schlafstörungen und Herzjagen oft genug Hören und Sehen vergeht.

Östrogene im Klimakterium: Als Dauerbehandlung der falsche Weg

Ersatzhormone sind nur dann hilfreich, wenn sie nicht als flächendeckende Maßnahme, sondern in Einzelfällen und für einen begrenzten Zeitraum als Heilmittel verschrieben werden. Und womöglich sind es dann gar nicht die Einheitsmixturen aus synthetischem Östrogen und Gestagen, sondern andere Substanzen, Mischungen und Darreichungsformen als bisher, die helfen könnten, ernsthafte Beschwerden bei geringem Risiko zu lindern. Weil Eierstöcke vor der Menopause sowohl Testosteron als auch Östrogen bilden, könnte das bei Frauen Brustkrebs hemmende männliche Hormon in den bisherigen Pillen gefehlt haben, spekulieren einige Experten.

Wie auch immer: Wir brauchen dringend Forschung, die unabhängig von Hormonpillenherstellern finanziert wird. Schließlich leiden manche Frauen so schwer unter den Veränderungen im Klimakterium, daß sie an Leistungskraft verlieren und im Beruf nicht mehr zurechtkommen. Schluß sein sollte jedenfalls mit der bis heute oft angewandten Therapie, bei der alle über einen Kamm geschoren werden und die gleichen Hormone in gleicher Dosis verabreicht bekommen. Vor allem im Körper übergewichtiger Frauen zwischen 63 und 71 Jahren richtet der bisherige Hormoncocktail erheblichen Schaden an. Fachleute warnen auch davor, Frauen, die gern Alkohol trinken, Östrogene zu verschreiben. Wer sich gegen Hormonmangel behandeln läßt, denkt jedenfalls besser daran: Je niedriger die Botenstoffe dosiert werden, desto besser. Glücklicherweise helfen Minimengen genauso effektiv wie die bisher üblichen hohen Dosierungen.

Hormone für Vegetarier

Um den Frauen aus der Bredouille zu helfen, empfehlen Apotheker gern pflanzliche Östrogene aus Soja. Sie, so heißt es, mildern Hitzewallungen und Stimmungsschwankungen ohne Risiko. Tierzüchter kennen die Wirkung bereits seit langem, sie nannten die Substanzen früher »Brunststoffe«. Auch der Einfluß auf den Menschen wurde in der Volksmedizin, vor allem in Asien, schon lange genutzt. So schätzte man im Norden Thailands ein rübenähnliches Gemüse wegen seiner »verjüngenden« Wirkung – ohne jedoch zu wissen, daß der Effekt auf seinem hohen Gehalt an pflanzlichem Östrogen beruht. Anfang der 90er Jahre wiesen finnische Wissenschaftler darauf hin, daß hormonabhängige Krebsarten in den Gegenden der Welt seltener auftreten, in denen reichlich Sojabohnen, Vollkornprodukte wie etwa Roggenbrot und andere ballaststoffreiche Lebensmittel gegessen werden. Bei ihrer Suche nach den Nahrungsstoffen, die Krebs verhindern, stießen sie auf zwei Gruppen von östrogenartigen Pflanzenhormonen: Lignane und Isoflavonoide. Lignane finden sich bei uns zulande vor allem in so alltäglichen Lebensmitteln wie Roggenvollkornbrot, Leinsamen und Preiselbeeren. Ihre Hormonwirkung ist gering. Hauptlieferant für Isoflavonoide, die zweite Gruppe pflanzlicher Östrogene, sind Sojaprodukte, die in vielen Ländern Asiens zu den Grundnahrungsmitteln gehören.

Pflanzenhormone als Alternative? Neue Forschungsergebnisse warnen

So ungefährlich, wie manche denken, sind Pflanzenhormone aber keineswegs. Essen Kinder, die noch im Wachstum sind, größere Mengen davon, entwickeln sich ihre Sexualorgane nicht, wie sie sollten. Vorsicht kann auch Erwachsenen nicht schaden. Aus Extrakten von Soja oder z. B. Rotklee, einer Pflanze mit ähnlicher Wirkung, nimmt der Körper die Hormone viel besser auf als aus Lebensmitteln. Die pflanzlichen Stoffe wirken zwar nur etwa ein Hundertstel oder Tausendstel so stark wie die vom Körper selbst hergestellten, doch könnten Nahrungsergänzungsmittel in ihrer Intensität an sie heranreichen. Beide Wirkstoffe – der körpereigene und der pflanzliche – konkurrieren um den Platz in der Zelle. Schwimmen wenig eigene Hormone im Blut, wie etwa im Klimakterium, entfalten Soja und Rotklee ihre volle Östrogenwirkung. Die Lebensmittelchemikerin Sabine Kulling, die dieses Gebiet seit Jahren an der Universität Potsdam erforscht, fürchtet deshalb, die frei verkäuflichen Pillen könnten – ganz wie klassische Hormonpräparate – das Risiko für Brustkrebs steigern.

Fett gegen Hitzewellen

Wer nach einem Nahrungsergänzungsmittel sucht, das gegen Hitzewellen, Nervosität und Schlaflosigkeit helfen könnte, folgt vielleicht einem Tip von US-Forschern und versucht es mit konjugierter Linolsäure. Der unter der englischen Abkürzung CLA (conjugated linoleic acid) in Apotheken und Reformhäusern verkaufte Nährstoff nimmt, ähnlich wie etwa das Fischöl und andere Öle, einen milden Einfluß auf das Hormonsystem. Allerdings nur, wenn man ein Präparat kauft, das den patentierten Wirkstoff in sauberer Qualität enthält. China-Ware aus der Body-Builder-Szene ist zwar billiger, aber nicht sicher.

Eine Variante der Linolsäure kann Wechseljahrsbeschwerden lindern

CLA hat jeder schon mal zu sich genommen, die Fettsäure ist bereits seit Jahrtausenden Bestandteil der menschlichen Ernährung. Ein Bakterienstamm mit dem schier unaussprechlichen Namen Butyrivibrio fibrisolvens sitzt in den Wiederkäuermägen von Schaf, Kuh, Hirsch und Reh und sorgt dafür, daß sich die Fettsäure im Fleisch, vor allem aber im Milchfett und damit in allen fetthaltigen Milchprodukten wie Sahne und Käse wiederfindet. Vermutlich wohnen auch in der menschlichen Darmflora ein paar Vertreter, die den Stoff bei ballaststoffreicher Ernährung produzieren. Mit den Augen des Chemikers betrachtet, ist CLA nur eine unscheinbare Variante der schon seit Jahrzehnten als lebenswichtig bekannten Linolsäure, die in fast allen Pflanzenölen vorkommt. Seine Wirkung ist allerdings vollkommen anders. Im Tierversuch verhindert CLA Haut- und Magenkrebs, stoppt Brustkrebs und tötet in Zellkulturen menschliche Tumorzellen ab. Ob wir im richtigen Leben von diesen nützlichen Effekten profitieren, ist bisher nicht untersucht. Langzeitstudien belegen aber: CLA ist unbedenklich, abträgliche Nebenwirkungen fanden Forscher auch nach einem oder zwei Jahren nicht, wenn die Probanden große Mengen wie 3 bis 7 Gramm pro Tag einnahmen.

Wir alle essen heute weniger CLA als unsere Vorfahren. Ein Grund dafür liegt in den Methoden der modernen Landwirtschaft. Denn die CLA-produzierenden Mikroben im Pansen der Kühe mögen kein konserviertes industrielles Mastfutter. Daher enthält Biomilch von Kühen, die mit natürlichem Futter von der Wiese und vom eigenen Hof artgerecht ernährt werden, zwei- bis dreimal soviel von der nützlichen Fettsäure. Das jedenfalls haben Wissenschaftler der Universitäten Jena und Hamburg herausgefunden, nachdem sie die Milch von konventionellen und ökologisch arbeitenden Betrieben ein Jahr lang verglichen haben. Aus demselben Grund rühmen auch schweizerische Senner ihren Bergkäse als besonders CLA-reich. Bei üblicher Ernährungsweise mit Zutaten aus dem Supermarkt nehmen wir im Schnitt zwischen 300 und 500 Milligramm CLA pro Tag auf. Wer keine Pillen mag, kann durchaus versuchen, seine CLA-Versorgung mit ballaststoffreichem Essen, Bio-Fleisch, Bio-Milch und Bergkäse anzuheben.

Bio-Milch und Rohmilchkäse enthalten doppelt soviel CLA wie Supermarktware

Unverdauliches gegen Krebs

Frauen fürchten sich vor Brustkrebs wie vor keiner anderen Tumorart. Die Erkrankung bedroht ihre Weiblichkeit, ihre Sexualität, ihre ganze Identität. Und die Zahl der Betroffenen nimmt hierzulande Jahr für Jahr zu. Warum? Welche Veränderung der Lebensumstände läßt Tumoren schneller wachsen als früher? Vielleicht sind es diese: Frühere Frauengenerationen tranken wenig Alkohol, einfach weil dafür meist kein Geld da war und sich ein Schwips für anständige Frauen nicht schickte. Natürlich nippten viele gern mal einen Likör, doch konsumierten sie Alkoholisches nicht so unbefangen regelmäßig und öffentlich wie wir heute. Und: Unsere Mütter und Großmütter mußten in ihren weitgehend technikfreien Haushalten noch schwer schuften und waren deshalb meist schlanker als wir.

Das Netz der Geschlechtshormone ist eng mit dem Fettstoffwechsel verwoben. Deshalb spielt das Körperfett eine zentrale Rolle. So steigt beispielsweise das spätere Brustkrebsrisiko, wenn Mädchen ungewöhnlich früh ihre erste Menstruation bekommen, weil sie bereits mit acht oder zehn Jahren ausgeprägte Rundungen besitzen. Junge Asiatinnen werden dagegen viel später reif als ihre westlichen Altersgenossinnen. Man nimmt an, weil sie insgesamt schlanker sind und ihre fettarme, überwiegend vegetarische Kost die Pubertät hinauszögert, ist ihr Risiko für Brustkrebs sehr viel geringer.

Weit über hundert Studien sagen, daß Übergewicht nicht nur bei jungen Mädchen, sondern auch bei Frauen nach den Wechseljahren das Brustkrebsrisiko erhöht. Noch deutlicher ist der Zusammenhang zwischen Übergewicht und dem Krebs der Gebärmutterschleimhaut. Bei übergewichtigen Frauen ist das hormonempfindliche Gewebe über die normale Grenze der Wechseljahre hinaus dem Einfluß von Östrogenen ausgesetzt. Krebsexperten sprechen vom »Hormonalter der Brust«, weil das Risiko für Tumoren mit jedem Jahr der Einwirkung ansteigt. Hier sind es nicht die Speckrollen am Bauch, die bei Herzerkrankungen das Risiko steigern, sondern die typisch weiblichen Polster am Po, an den Hüften und in den Brüsten. Sie bilden weiter Östrogene, wenn die Eierstöcke längst aufgegeben haben. Je üppiger die Polster, desto mehr Hormone kommen in Umlauf.

Asiatinnen leiden seltener unter Brustkrebs – vor allem weil sie schlanker sind

Was also tun? Was kann man in Zeiten, in denen die Brustkrebsraten in den Himmel schießen, selbst gegen die Bedrohung ausrichten? Vorbeugend wirken ganz alltägliche, billige Lebensmittel, sie müssen nur reichlich Ballaststoffe liefern. Vollkornbrot, Getreideflocken, Hülsenfrüchte und Leinsamen steigern die Stuhlmenge und verstärken gleichzeitig die Ausscheidung von Östrogenen und von ihrem Baustoff Cholesterin aus dem Darm. Wer ballaststoffreich und fettarm ißt, kann mit geringeren Konzentrationen von Östrogen im Blut rechnen und so sein Risiko senken, Brustkrebs zu bekommen. Ein weiterer Vorteil: Wer viel Unverdauliches auf den Teller lädt, wird automatisch schlanker. Schmelzen aber die Pfunde dahin, sinkt das allgemeine Risiko, an Krebs zu erkranken.

Wenn's nicht mehr richtig läuft

Männer: Testosteron kostet sie Jahre ihres Lebens

Das Leben des Mannes ist gefährlich – und zwar von Geburt an. Männliche Embryonen überleben seltener als weibliche. Gehirnschäden und Geburtsfehler treten häufiger auf. Später nach der Pubertät steigert das Testosteron das Risikoverhalten – oft mit tödlichen Folgen. Die Art, wie Männer denken, ist vom Testosteron geprägt. Das Hormon macht durchsetzungsfähig und manchmal auch tollkühn. Deshalb erleben Jungs mehr Unfälle und sind auch dreimal so stark selbstmordgefährdet wie Mädel. Das Hormon schickt gerade die besonders Männlichen auf die Überholspur. Sie trinken mehr Alkohol, nehmen häufiger Drogen, und sie konkurrieren stärker als Frauen. In jungen Jahren leben sie oft wie im Rausch, erst jenseits der Fünfzig werden die meisten ruhiger. Aber selbst dann denken sie weniger an die Gesundheit und gehen seltener zum Arzt als Frauen. Alles zusammen kostet sie Jahre ihres Lebens.

Jeder Mann schlägt sich mit zwei Bedrohungen herum, die er am liebsten so lange wie möglich totschweigt. Die eine, die gutartige Vergrößerung der Prostata, ist zwar nicht lebensbedrohlich, aber dafür extrem nervig. Schwillt die Drüse aufgrund hormoneller Veränderungen mit den Jahren an, engt sie die Harnröhre ein und verursacht Probleme beim Wasserlassen. Etwa die Hälfte aller Männer über sechzig und nahezu alle Männer über siebzig können deshalb nicht mehr – wie in jungen Jahren – mit scharfem Strahl über einen Zaun pinkeln. Das allein wäre noch nicht belastend, denn schließlich müssen Frauen ihr Leben lang auf dieses Vergnügen verzichten, doch bei etwa jedem fünften werden die kleinen Malaisen zur Krankheit. Sie reichen von Startschwierigkeiten beim Wasserlassen über Probleme mit dem vollständigen Entleeren der Blase, häufigem unproduktivem Drang und Nachtropfen von Harn. In der Folge kann die Erektionsfähigkeit nachlassen. Produziert die Drüse weniger Ejakulat, verursachen Erektionen irgendwann mehr Schmerzen als Lust. Obwohl Urologen diese Störungen durch Medikamente und minimale chirurgische Eingriffe gut behandeln können, gehen nur wenige Männer frühzeitig zu einer entsprechenden Vorsorgeuntersuchung.

Männer sind oft zu feige, um zur Vorsorge zu gehen

Die zweite, entschieden größere Bedrohung heißt Prostatakrebs. Jeder zehnte Mann muß im Laufe seines Lebens mit dieser Diagnose rechnen. Ist das Karzinom innerhalb der Familie bereits einmal aufgetreten, steigt das Risiko auf das Doppelte. Sind mehrere Verwandte betroffen, kommen auch die Arztscheuesten um eine engmaschige Vorsorge nicht herum. Denn in frühen Stadien, wenn er noch vollständig heilbar ist, verursacht der Prostatakrebs keine Beschwerden. Man muß den Arzt also zeitig suchen lassen, sonst findet er ihn zu spät.

Östrogene für den Mann

Genauso verzweifelt wie Frauen mit der Diagnose Brustkrebs fragen sich Männer, wenn ein Tumor in der Vorsteherdrüse entdeckt wird: Warum? Warum jetzt? Und warum ich? Noch weiß niemand eine Antwort darauf. Wie bei vielen Erkrankungen spielt aber wohl eine fatale Kombination von Erbanlagen und Ernährungsweise die Hauptrolle. Australische Studien plädieren dafür, möglichst viel Buntes auf den Teller zu legen. Sie fanden heraus, daß Männer, die reichlich biologisch aktive Substanzen aus Tomaten,

Kürbis, Spinat, Wassermelonen und Zitrusfrüchten konsumierten, erheblich besser geschützt waren als ausgesprochene Fleischfans.

Daß bei uns nur wenige ältere Männer auf Tofu stehen, könnte sich bald ändern. Denn sie profitieren wahrscheinlich von den enthaltenen Pflanzenöstrogenen erheblich mehr als Frauen und bekommen seltener Prostatakrebs, wenn sie regelmäßig Sojahaltiges essen. Diese Phytoöstrogene finden sich aber, wie oben bereits gesagt, nicht nur in exotischen Sojaprodukten, sondern auch in einheimischem Vollkorngetreide, vor allem im Roggen, in Kürbiskernen und Leinsamen, in zahlreichen Früchten und Gemüsen, insbesondere in Preiselbeeren, Äpfeln und Zwiebeln. Weil nur wenig eigene Östrogene im männlichen Blut schwimmen, können schwach wirksame Pflanzenhormone ihre Östrogenwirkung voll entfalten. Dies wiederum dämpft die Wirkung des eigenen Testosterons. Auf diesen Schutzmechanismus deutet auch eine Studie hin, die mit Hilfe der Vereinten Nationen in 42 Ländern die Krebsraten mit den Eßgewohnheiten verglich. In Ländern, in denen ältere Männer viel Soja aßen, erkrankten nur wenige an Prostatakrebs.

Prostatakrebs ist heilbar, man muß ihn nur rechtzeitig finden

Während tierische Fette die Entstehung eines Prostatakarzinoms fördern, zeigten etliche Studien, daß Fischöl schützt. Im Gegensatz zu Frauen, deren Brustkrebsrisiko mit jedem Glas Alkohol, das sie täglich trinken, steigt, dürfen sich Männer ruhig ein oder zwei Drinks genehmigen. Der Grund auch hier: die Östrogene. Alkohol fördert sie und hemmt damit wahrscheinlich die Aktivität männlicher Hormone, die vorhandene Krebszellen in der Prostata schneller heranwachsen lassen. Den besten Schutz für Männer wie für Frauen verleiht jedoch Bewegung. Forsches körperliches Training lohnt sich selbst dann noch, wenn der Krebs bereits da ist. Es verzögert das Voranschreiten der Tumoren und erhöht die Überlebenschancen.

Ab fünfzig keine Lust mehr?

Nur eine Sache schützt noch besser gegen alle Altersplagen als Joggen, Nordic Walking und Fitness-Studios, das ist regelmäßiger Sex. Die körperliche Belastung durch den Geschlechtsverkehr entspricht zwar nur etwa der beim Treppensteigen, doch scheinen die Vergnügungen zu zweit ein Bodybuilding der ganz besonderen Art zu sein. Mit sechzehn oder achtzehn kann man sich kaum vorstellen, daß die »Alten« es noch miteinander treiben. Überraschen die Kids sie dabei, reagieren selbst die aufgeklärtesten unter ihnen ein bißchen schockiert. Auch ihre Eltern stellen sich ungern vor, wie es im Bett ihrer eigenen alten Eltern zugeht. Tatsache ist jedoch: Obwohl sich ihre Sexualität mit den Jahren verändert, bleiben die Paare, die es immer waren, auch im Alter aktiv und genießen die erotische Zweisamkeit sogar mehr als in der Jugend.

Regelmäßiger Sex ist gegen Altersplagen wirksamer als Joggen

Ein Orgasmus verschönt das Leben nicht nur, er verlängert es vielleicht auch. Einige Forscher konnten sogar eine Beziehung zwischen der Häufigkeit der Orgasmen und der Länge der Lebenserwartung aufstellen. So unterhaltsam solche Rechenkunststücke auch sind, spielen sie jedoch für Adam und Eva langfristig keine Rolle. Jenseits der ersten jugendlichen Hitze geht beim Sex auch den Männern Qualität entschieden vor Quantität. Deshalb kann eine stressige Beziehung zum Partner die schönen Effekte der Erotik doppelt und dreifach zunichte machen. Vergnügte Ledige im Zölibat kommen auch durch eigenes Handanlegen auf ihre gesundheitsfördernden Kosten. Und genauso könnte der Kuschelsex unter betagten Freundinnen erheblich zur Lebensfreude beitragen.

Wer heute zwischen 50 und 65 ist, gehört zu der Generation, die Amerikaner die »Baby-Boomer« nennen. Sie war es, die gegen überkommene politische und soziale Normen protestierte und das Kürzel WG für Wohngemeinschaft erfand. Der Kommunardenspruch »Wer zweimal mit derselben pennt, gehört schon zum Establishment« wurde zwar nicht ernstgenommen, aber immerhin oft und gern zitiert. Die Generation der Baby-Boomer und der 68er setzte die sexuelle Revolution in Gang, schrieb auf ihre Protesttransparente »Make love, not war« und profitierte selbst am meisten davon. Während ihre Eltern das Thema Sexualität noch im Dunkeln unter der Bettdecke abhandelten, schüttelten sie das enge Moralkorsett ab. Heute genießen die meisten dieser Generation Sexualität als wichtige Quelle für die Lebensenergie und das Selbstwertgefühl.

Zwar nimmt die Intensität des körperlichen Verlangens im Alter ab, nicht jedoch der Wunsch nach Zärtlichkeit, körperlicher Begegnung und Befriedigung. Die Protestler von gestern genießen heute ein freieres und ungezwungeneres Verhältnis zur Erotik als alle Generationen vor ihnen. Regelmäßiger Sex bekommt Männern wie Frauen bestens. Bei drei bis vier Geschlechtsakten pro Woche sinkt das Risiko eines Schlaganfalls um die Hälfte. Zudem läßt guter Sex Schmerzen vergessen. Diverse Hormone, die bei der Liebe ausgeschüttet werden, stärken das Immunsystem, schützen vor Arterienverkalkung und machen Knochen stark.

Sexuelle Probleme? Ärzte kommen selten drauf zu sprechen

Doch etwa jeder zweite glaubt, daß sexuelle Funktionsstörungen im Alter normal sind. Irrtum, sie sind es nicht. Die wenigsten der ehemaligen Kämpfer für mehr Freiheit im Bett sprechen allerdings mit ihrem Arzt über sexuelle Probleme. So aufgeklärt sind sie nun wieder nicht. Zu massiv ist offenbar der Angriff auf das Selbstbewußtsein, zu groß die Scham, wenn es nicht mehr klappt. Aber auch Ärzte zeigen bei diesem Thema Unsicherheit. Nur jeder zehnte fragt nach dem sexuellen Wohlergehen. Tut er es, greifen seine Patienten das Thema dankbar auf. Und es lohnt, über sexuelle Gesundheit zu sprechen; nicht nur weil sie ein Lebenselixier ist, sondern auch, weil sexuelle Funktionsstörungen häufig erste Anzeichen für ernsthafte Krankheiten wie Diabetes oder Herzprobleme liefern. Rund ein Drittel aller Deutschen – so vermuten Mediziner – leidet unter Störungen. Doch es sind keineswegs nur die Älteren, Probleme haben alle Generationen. Zu den häufigsten gehören vorzeitiger Samenerguß, Lustlosigkeit, Erektions- und Orgasmusstörungen. Wer das nicht hinnehmen will, muß sich – egal in welchem Alter – ein Herz fassen und zum Arzt gehen oder sich einen Sexualtherapeuten suchen.

Das blaue Wunder

Nicht ein Hormon hat zur sexuellen Befreiung der Männer geführt, sondern ein Herzmittel. Die erste »Pille für ihn« heißt Viagra, und ihr Wirkstoff Sildenafil wirbelte eine Menge Staub auf. Seit 1998 stärkt das Medikament auf Wunsch die Durchblutung im Unterleib und belebt damit allzu ruhig gewordene Schlafzimmer. 2003 folgten ihr weitere vergleichbare Substanzen, die genau wie die blaue Pille nicht ohne riskante Nebenwirkungen sind und deshalb erst nach gründlicher Untersuchung vom Arzt verschrieben werden sollen. Alle Präparate zeigten, daß der Penis älterer Männer sich nur selten durch Sorgen und Streß irritieren läßt. Auch das Unabhängigkeitsstreben der Frauen, das oft für Impotenz verantwortlich gemacht wurde, ist dem besten Stück meist schnurz. Es sind verstopfte Adern und Durchblutungsstörungen, die eine stramme Erektion verhindern. Und dagegen wirkt die vielgeliebte blaue Pille Wunder. Sie bringt nicht nur durch ihre unbestreitbare physiologische Wirkung Freude in die Partnerschaft, sie stärkt darüber hinaus das Selbstbewußtsein beider Partner. Weil Männer über ihr Unvermögen so ungern reden, denken ihre Frauen, es lägen an ihnen, daß nichts mehr läuft. Schließlich verunsichert es beide, wenn das Begehren irgendwann ausbleibt. Nach einer vergnüglichen Nacht, in der wieder alles ist wie früher, fühlen Frauen sich doppelt so schön, und ihr erkennbares Vergnügen sagt dem Mann: »Junge, du kannst es!«

Viagra steigert die Durchblutung, macht aber nicht glücklich

Von allein führen Potenzmedikamente nicht zu einer Erektion und schon gar nicht zur Erfüllung in der Liebe. Das erfuhr ein Ehepaar bei seinem ersten Versuch mit Viagra. Der Mann nahm die Pille, die beiden gingen gespannt ins Bett und warteten. Weil sich nach Stunden noch nichts tat, schliefen sie ein und beschwerten sich am nächsten Tag über das teure, wirkungslose Medikament beim Arzt. Der konnte natürlich nicht helfen. Denn ohne den Zündfunken sexueller Lust nützt auch die beste Durchblutung nichts.

Sex im Alter? Macht viel mehr Spaß!

Bis in die 80er Jahre des letzten Jahrhunderts galten schon Fünfzig- oder Sechzigjährige als geschlechtslose Wesen, die angeblich beim Thema Sexualität nur noch von Erinnerungen zehrten. Doch in den Jahren darauf entdeckten Forscher zunehmend Krankheiten als Ursache für die Unlust, drehten den Spieß um und wollten an sexuelles Desinteresse aus reinen Altersgründen nicht mehr glauben. Nach allem, was man heute weiß, ist es so: Viele können noch, einige wollen nicht mehr. Schrecklich ist nur, wenn man will und nicht kann. Aber es ist beileibe kein Fall für den Mediziner, wenn der Appetit auf Sex mit den Jahren nachläßt. Nach einer Studie aus Skandinavien sind sogar Menschen mit ihrem Sexleben zufrieden, wenn sie gar keins haben. Da reicht wahrscheinlich das Kino im Kopf zum Glücklichsein. Tatsächlich fühlen sich ältere Männer und Frauen oft grenzenlos erleichtert, wenn es sie »nicht mehr juckt«. Bei vielen hat der Trieb für erhebliche Turbulenzen im Privatleben gesorgt. Sie sind froh, es endlich langsamer angehen lassen zu können, und suchen beim Partner mehr körperliche Nähe und Geborgenheit als den hemmungslosen Kick.

HEILSVERSPRECHEN – WER GLAUBT AN DEN WEIHNACHTSMANN

Es geschieht, unbemerkt von allen, die vergnügt und gesund ihren Beschäftigungen nachgehen, tausendfach jeden Tag: Ein Leidender sucht Hilfe und Trost. Er ist unheilbar krank, quält sich mit Schmerzen und zittert vor der Zukunft. Sein Arzt nimmt sich viel Zeit für ihn, doch es ist nicht genug, kann einfach nicht reichen angesichts der Bedrohung.

Nicht nur die Leichtgläubigen und Naiven landen bei Roßtäuschern

Jetzt schlägt die Stunde der Geschäftemacher. Wie Hyänen lauern sie auf die Gequälten und Verzweifelten. Sie machen millionenschwere Beute. Denn selbst der tapferste Realist sehnt sich, wenn er schwer erkrankt ist, nach einem Quentchen Hoffnung. Verdüstert sich die Zukunft, flüchten wir alle gern zurück in die Kindheit, in die Zeit, als der Weihnachtsmann und die Eltern noch jedes Wunder vollbringen konnten. Wer an einer chronischen oder gar tödlichen Krankheit leidet, möchte jedem glauben, der sagt, er könne das, was alle Schulmediziner zusammen nicht vollbringen: Er könne ihn heilen. Hier liegt der Grund für den Erfolg aller Quacksalber der letzten 500 Jahre: Sie lügen. Sie versprechen Heilung, obwohl es keine gibt. Sie haben Lösungen für Probleme, die noch niemand in den Griff gekriegt hat. Sie bieten Sicherheit, die nicht existiert.

Es sind keineswegs nur die Leichtgläubigen und Naiven, die Roßtäuschern aufsitzen. Daß man hereingelegt werden soll, ist anfangs wesentlich schwerer zu erkennen, als die meisten glauben. Denn die Betrüger nutzen alle Schwächen unseres Gesundheitssystems für ihre Zwecke. In unserer technisierten Medizin fehlt es an Zuwendung – viele Ärzte schauen, statt den Menschen mit seiner Persönlichkeit und seinem ganzen Körper wahrzunehmen, in ihren Computer. Wie wohltuend ist da ein Scharlatan, der einem tief in die Iris blickt und dort scheinbar erfährt, wo das Problem liegt.

Wenn Ärzte in den Computer schauen, statt sich zuzuwenden …

Vorteile lassen sich auch daraus schlagen, daß kaum ein Laie das Fachchinesisch der Naturwissenschaftler versteht. Deshalb bedienen sich Abzocker einer ähnlichen, wissenschaftlich klingenden Gaunersprache, auf die sogar erfahrene Ärzte, Ernährungsexperten und Biologen gelegentlich hereinfallen, wenn das Thema nicht direkt zu ihrem Fachgebiet gehört. Oft klingen die zurechtgeschusterten Lügen viel einleuchtender als das komplizierte Für und Wider wissenschaftlicher Zusammenhänge.

Zudem herrscht in vielen Arztpraxen ein unfreundlicher Massenbetrieb mit langen Wartezeiten. Dagegen bieten teure Institute, die ungeprüfte Behandlungen durchführen, dem Patienten oft ein echtes Wohlfühlambiente mit luxuriöser Ausstattung, bestem Cappuccino und ausgesucht liebenswürdigem Personal, das jeden Patienten beim zweiten Besuch mit dem Namen anspricht und sich nach Hund und Katze erkundigt.

Ärzte leiden wortlos

Je weniger Zeit gerade die fachlich guten, engagierten Ärzte für ein Gespräch aufbringen, desto größer wird die Kundenschar der Blender. Nach einer Umfrage des Meinungsforschungsinstituts Emnid meinen 85 Prozent aller Patienten, ihr Arzt sollte mehr mit ihnen reden. Sie verstehen nicht, was mit ihnen geschieht, und fühlen sich deshalb ausgeliefert und übergangen. Auch Ärzte leiden unter der

Situation. Den meisten fehlt eine Ausbildung, die ihnen hilft, einfühlsam, vor allem aber verständlich mit ihren Patienten zu sprechen. Wortgewandte Scharlatane nutzen das aus und überschütten die nach Informationen hungernden Kranken mit Halbwahrheiten. Dabei schwatzen sie ihnen gern überflüssige Laboruntersuchungen wie etwa Immunstatusbestimmungen und Funktionstests auf. Auf diesem Felde betätigen sich vor allem Scharlatane im Arzt- oder Heilpraktikerkittel, denn die gibt es auch. Sie raten nicht selten zu unwirksamen, aber teuren Behandlungen in obskuren Privatkliniken oder zu Wirkstoffen, die in Deutschland nicht zugelassen sind.

Manchmal erscheint ein »freundlicher« Retter auf Empfehlung von Freunden und erzählt, wie er durch das angepriesene pflanzliche Produkt oder die teure Vitaminmischung für immer von einer Geschwulst geheilt wurde. Dann fällt es einem an Krebs Erkrankten besonders schwer, kritisch zu bleiben; selbst wenn ihn die Geschichte nicht wirklich überzeugt, will er keine Chance auslassen. Quacksalber sind zwar oft überraschend ungebildet, aber sie haben ihre Tricks, mit denen sie Menschen dazu überreden, wissenschaftliche Beweise zu ignorieren und statt dessen auf Erfahrungsberichte und Anekdoten zu vertrauen. Ihre Märchen schmücken sie so lebendig aus, daß auch Skeptiker darauf hereinfallen.

Wer an Krebs erkrankt ist, will jede Chance wahrnehmen

Dabei kann der Erfolg eines einzelnen, vorausgesetzt, er wäre tatsächlich vorhanden, niemals für alle gelten. Fühlt sich ein Kranker nach einer Behandlung besser, ist er geneigt, an die Wirksamkeit der Behandlung zu glauben. Wer kann es ihm verdenken? Bei Licht betrachtet, reguliert der Körper kleinere Gebrechen ohne Hilfe von außen, und sogar unheilbare Leiden können sich von Tag zu Tag verändern. Das macht es selbsternannten Heilern leicht, Erfolge zu suggerieren. Vor allem, weil jede Behandlung, egal welcher Art, zu einer vorübergehenden Abschwächung der Symptome führen kann. Dieser sogenannte Placebo-Effekt ist aus vielen Studien bekannt.

Ohne ärztlichen Segen und amtliches Siegel

Bei Gaunern besonders beliebt sind mysteriöse Rezepturen, die angeblich aus alter Zeit stammen und erst jetzt wiederentdeckt wurden. Gibt man die englische Bezeichnung »ancient formula« im Internet in eine Suchmaschine ein, erhält man 1190000 Treffer. Man kann getrost davon ausgehen, daß nicht ein einziges dieser Rezepte eine bekömmliche oder gar heilende Wirkung besitzt. Um festzustellen, ob ein Verfahren wirklich heilt, müssen Fachleute umfangreiche und streng überwachte wissenschaftliche Studien durchführen. Nur dann genehmigen die Gesundheitsbehörden ein Medikament. Wer jedoch einen Pfuscher nach einer behördlichen Zulassung fragt, wird mit Ausreden abgespeist. In der Regel ist das »unfähige« Gesundheitssystem schuld, das den Wert des Präparats nicht erkennt.

Fragt man nach behördlicher Zulassung, wird man mit Ausreden abgespeist

Vertreter unwissenschaftlicher Methoden führen in ihren Broschüren häufig eine Vielzahl von Veröffentlichungen an, die ihre Theorien vermeintlich stützen. Versucht man sich die Texte zu beschaffen, sind sie jedoch fast immer unauffindbar oder irrelevant. Darüber hinaus schmücken sich diese Gesundheitsgangster gern mit Universitäten.

Vor einiger Zeit warfen Postboten bundesweit Briefe mit unbekanntem Absender in Briefkästen. In den Schreiben hieß es, man habe aus dem medizinischen Umfeld des Adressaten von einer Krebserkrankung in der Familie erfahren. Die Briefschreiber priesen ein Arzneimittel an, das Krebstumoren angeblich schrumpfen läßt und Nebenwirkungen verringert. Das Wundermittel mußte per Anrufbeantworter in Bangkok bestellt werden und kostete für eine Mindestbehandlungsdauer von 21 Tagen sagenhafte 13545 Euro. Dieser schwindelerregende Preis macht selbst Leichtgläubige nachdenklich. Darum schrieben die Halsabschneider, um zusätzliches Vertrauen zu erwecken, in ihrem Werbebrief, im Universitätsklinikum Freiburg befinde sich ein fast identisches Medikament in der Erprobung. Was sich natürlich als purer Unsinn herausstellte, denn Wundermittel gibt es in der Krebstherapie nicht. Leider.

Das Interesse an naturheilkundlichen Therapien steigt seit Jahren. Umfragen zeigen, daß mehr als drei Viertel aller Erkrankten sie kennen und anwenden. Während Fachleute noch diskutieren, welche Methoden der Naturheilkunde und Alternativmedizin nützlich sind, hat sich längst ein Parallelmarkt entwickelt, auf dem seriöse und dubiose Anbieter gleichermaßen ihre diagnostischen Maßnahmen und Therapien feilbieten. Einige Heilverfahren besitzen eine lange Tradition und gelten deshalb als sicher. Andere wurden wissenschaftlich überprüft und von Experten für hilfreich befunden. Für den Rest steht ein Nachweis auf Unbedenklichkeit und Wirksamkeit bislang aus. Hier liegt die Grauzone, in der sich Spitzbuben eine goldene Nase verdienen können.

Drei Viertel aller Erkrankten interessieren sich für naturheilkundliche Therapien

Daß es dabei um Unsummen geht, erlebte der Mediziner Josef Beuth, Professor an der Universität Köln und Leiter eines Instituts, das naturheilkundliche Methoden wissenschaftlich unter die Lupe nimmt. Nachdem er in seinem Buch »Krebs ganzheitlich behandeln« fundiert gegen gefährliche und überteuerte Scheinmedikamente und Therapien zu Felde gezogen war, wurden innerhalb von drei Wochen vier Gerichtsverfahren gegen ihn eröffnet. Die Anbieter der obskuren Heilmittel nutzten Lücken im deutschen Recht und die Unwissenheit von Richtern. Sie drohten ihm langjährige Gefängnisstrafen an und forderten millionenschweren Schadenersatz. Betrüger, deren Firmen häufig im Ausland angesiedelt sind, treiben den Streitwert und damit die Anwaltskosten absichtlich in schwindelnde Höhen, um ihre Kritiker in Schrecken zu versetzen und mundtot zu machen. Erst in allerletzter Minute, jeweils am Tag vor dem Gerichtstermin, sagten die Firmen ihre Prozesse gegen Professor Beuth ab. Und so erfährt niemand in einer öffentlichen Verhandlung, wieviel Geld wirklich an der verzweifelten Hoffnung leidender Menschen zu verdienen ist.

Unappetitlich und teuer: Mittel gegen das Älterwerden

Doch es sind nicht nur die Sterbenskranken, auf die Geschäftemacher es abgesehen haben. Die Angst vor dem Älterwerden, die jeden, der ehrlich mit sich selbst ist, irgendwann einmal befällt, läßt manchen in die Falle einer besonders unappetitlichen Garde von Anti-Aging-Experten laufen. Sie versprechen nicht etwa, die Uhr zurückzudrehen, das würde ja vielleicht auffallen, sie wollen statt dessen den Körper »entschlacken«, »entgiften« oder »reinigen«. Sie versprechen das Immunsystem »anzuregen« oder zu »stärken«, die Organe bei der Arbeit zu »unterstützen« oder zu »verjüngen«.

Ihre Theorien beruhen zum Beispiel auf der Vorstellung, daß sich im Darm Abfälle bilden, die es zu entfernen gilt. Damit kommen sie bei Menschen, die Probleme mit der Verdauung haben, besonders gut an. Quacksalber erzählen den Geplagten gern drastisch von steinharten Fäkalien, die sich auf der Darmschleimhaut ansammeln, vor sich hin rotten und Dutzende von Erkrankungen auslösen. Darmspülungen und reinigende Kräuter sollen dagegen helfen.

Gullivers Reisen

Der absurde Wunsch, seinen Darm blitzblank sauber zu kriegen, ist nicht neu. Bereits vor über 250 Jahren herrschte unter den wohlhabenden Bürgern Europas eine Art Darmreinigungswahn: Jeder, der es sich leisten konnte, ließ sich von seinem Arzt mit Abführmitteln purgieren, also reinigen, oder mit Einläufen traktieren. Jonathan Swift, ein kritischer Betrachter der Gesellschaft seiner Zeit, veröffentlichte im Jahr 1726 einen Roman, den noch heute fast jedes Kind kennt: »Gullivers Reisen«. Doch er schrieb keineswegs, wie heute viele Leute meinen, einen Abenteuerroman für Kinder, sondern ein bissiges, satirisches Buch für Erwachsene.

Der Leser begleitet Swifts Hauptfigur Gulliver auf seinen Reisen, die ihn nach Lilliput und an andere eigenartige Orte führen. Zuletzt kommt Gulliver auf die Insel der weisen Pferde. Dort fragt man ihn nach den Gebräuchen seiner Heimat, und so erzählt er, zu Hause in England glaube man, daß alle Krankheiten in Überfüllung begründet seien. Die Therapie bestünde in der »großen Entleerung des Körpers«, entweder »aus dem natürlichen Kanale oder dem Mund«. Sämtliche Krankheiten behandele man mit Hilfe von Brechmitteln oder Klistieren, mit denen man flüssige Substanzen durch den After einführt. Denn dieses Vorgehen »lockert die Gedärme und treibt alles darin Befindliche hinaus«.

Darmreinigung: schon vor über 250 Jahren ein Allheilmittel

Der Satiriker gibt die Vorstellungen des 17. und 18. Jahrhunderts ziemlich genau wieder. Mit einer großen Spritze, dem Klistier oder Klysma, drückten Ärzte damals Flüssigkeiten durch den After in den Darm, bis dieser sich sturzbachartig entleerte. So, glaubten sie, könne man jede nur denkbare Erkrankung heilen. Auch Molière macht sich in seiner Komödie »Der eingebildete Kranke« über die Klistierwut der Quacksalber lustig. »Ein gleitfreudiges, vorbereitendes, beruhigendes Klistierchen zwecks Erweichung, Befeuchtung und Erfrischung der Eingeweide des Herrn« wird dem Komödienhelden Argan vom Apotheker in Rechnung gestellt. Tatsächlich hat Charles Bouvart, der Leibarzt des französischen Sonnenkönigs, auf den dieser Spott abzielte, seinem Patienten Ludwig XIV. innerhalb von einem Jahr 212 Klistiere verpaßt.

Das Lachen über die Verrücktheiten unserer Vorfahren blieb einem allerdings im Halse stecken, als englische Tageszeitungen veröffentlichten, was die schöne Prinzessin Diana im Jahre 1994 für Körper- und Gesundheitspflege ausgab. Die Märchenprinzessin hatte sage und schreibe 3500 Euro für Darmspülungen berappt. Rechnet man den Betrag nach den üblichen Honorarsätzen für diese Art von Dienstleistung um, ergibt sich, daß die englische Diana dem Franzosen Ludwig XIV. nur wenig nachstand und fast jede Woche ihren Darm spülen ließ. Sie bestritt übrigens nach der Veröffentlichung weder die Therapie noch die Kosten.

Darmspülungen sind also auch heute noch große Mode. Die zwangsweise Darmleerung gilt als »Entgiftung« und versteckt sich hinter der wissenschaftlich klingenden Bezeichnung »Colon-Hydro-Therapie«, zu deutsch: Wasserbehandlung des Darms. Tatsächlich kann man sich die Eingeweide mit einer Art Waschmaschine durchspülen lassen, die den gewünschten Wasserdruck, die Temperatur und die Wassermenge selbsttätig regelt. Immerhin ein Fortschritt nach den furchterregenden Klistierspritzen der Vergangenheit. Verkäufer dieser Dienstleistung versprechen, den Darm zu »sanieren«, was immer dies bedeuten mag. Heute wie vor 250 Jahren behaupten sie außerdem, nahezu jede Krankheit mit dem Ausspülen des Darms heilen zu können.

Man könnte darüber lachen, wenn die Therapien nicht riskant wären

Leider suchen vor allem chronisch Kranke mit schlechten Heilungsaussichten ihr Glück in der kostspieligen Behandlung. Ein Heilpraktiker, der sich in seinem Buch damit brüstet, bereits 6000 Darmspülungen vorgenommen zu haben, verspricht zum Beispiel Heilung oder nachhaltige Besserung nicht nur bei Darmerkrankungen, sondern auch bei Morbus Bechterew (einer Rheumaart), Multipler Sklerose (einer bis heute unheilbaren Nervenerkrankung), Gicht, Angsterkrankungen, Neurodermitis und unter anderem, man höre und staune, bei Glatzenbildung. Das Ganze wäre einfach nur grotesk, wenn der Darm nicht bei dieser Art von Behandlung zu Schaden kommen könnte. Die Spülungen stören das empfindliche Gleichgewicht der Darmflora und können Infektionen auslösen.

Würde unser Darm tatsächlich die Hilfe regelmäßiger Darmspülungen benötigen, um perfekt zu funktionieren, besäßen wir sicher eine biologische Waschanlage in unseren Eingeweiden, sonst wäre die Menschheit im Lauf ihrer Entwicklungsgeschichte längst ausgestorben. Der natürliche Weg, den die Natur vorgesehen hat, um den Darm »sauber« und aktiv zu halten, ist viel appetitlicher.

Er liegt in einer Ernährungsweise mit genügend groben, unverdaulichen Bestandteilen aus Gemüse, Getreide und Obst. Diese Ballaststoffe kehren den Darm wie mit einem Besen aus, massieren ihn dabei und stimulieren ganz nebenher auch noch die Produktion von natürlichen Reparaturstoffen, die nachweislich die Entstehung von Darmkrebs unterdrücken.

Ammenmärchen

Treffen ein paar kluge erwachsene Mädels aufeinander, sagen wir, am Wochenende in einem Café, kommt bald auch das Thema gesunde Ernährung ins Gespräch. Männer langweilen sich dabei schnell, Frauen nie. Es gehört entwicklungsgeschichtlich zu ihren tiefverwurzelten Aufgaben, die Familie mit Essen zu versorgen und dabei gesund zu halten. Und diese Gene scheinen noch in ihnen zu wirken, wenn die Kinder längst aus dem Haus sind und der Clan nur noch zu Besuch kommt.

Gesund essen – Ratschläge gibt es auch beim Friseur

Diesmal verzichtet eine der Freundinnen auf ihren gewohnten Milchkaffee, weil sie, wie sie sagt, endlich ihre Ernährung umgestellt hat. Wie, umgestellt? Sie verzichtet jetzt auf Milch und alle Milchprodukte. Warum? Es kommt heraus, daß ihr der Physiotherapeut dazu geraten hat, der sie nach ihrer Hüftoperation betreut. Er habe auch sicher recht, meint die Gesundheitsbewußte, denn bei einem erwachsenen Menschen verschleime Milch den Körper von innen. Milch sei nur etwas für Kinder, Erwachsene könnten sie nicht verdauen.

Die absurde Geschichte von der Milch und dem inneren Schleim gehört zu den uralten Ammenmärchen, die leider kaum auszurotten sind. Für eine Fünfzigjährige mit Knochenproblemen jedoch reicht der Rat, auf kalziumreiche Milchprodukte zu verzichten, an den Tatbestand der Körperverletzung heran.

Auf dem immer größer werdenden Markt rund um die Ernährung tummeln sich die wildesten Theorien und die abwegigsten Produkte. Mal sind es Fett-Blocker, mal Kohlenhydrat-Blocker, eiweißreiche Nährstoffpulver zum Abnehmen, Salz aus dem Himalaja, Krabbenschalen, Muschelextrakte, Kräutersäfte oder Mineralstoffmischungen. Ratschläge gibt es beim Frisör, im Fitness- oder Nagelstudio, bei der Arzthelferin, dem Heilpraktiker und beim Apotheker. Natürlich nicht gratis. Irgendeine Firma, die Pülverchen und Pillen herstellt, verdient immer daran.

Jeder Mensch ißt, jeder Mensch trinkt, und das ein Leben lang. Doch diese Alltagserfahrungen reichen nicht, um andere zu belehren. Kaum ein Gebiet ist so vielfältig wie das der Ernährungsberatung. Wer diesen Beruf ehrbar ausübt, muß sich mit Tausenden von Lebensmitteln und deren Herstellung in Landwirtschaft oder Industrie auskennen. Er muß wissen, welche Nährstoffe sie in welchen Mengen enthalten, welche Verunreinigungen und Rückstände vorkommen, welche Bakterien gern auf ihnen wachsen.

Brutale Verbote und exzentrische Ernährungsumstellungen, damit arbeiten Scharlatane

Empfehlenswerte Ernährungsberaterinnen – es sind fast immer Frauen mit einem langjährigen Studium – verstehen mehr von gutem Essen als viele Meisterköche in den Medien. Denn sie wissen, wie man kostbare Zutaten so perfekt gart, daß sie nicht nur wunderbar schmecken, sondern auch das Maximum an Vitalstoffen enthalten. Man kann sie fragen, was für Kinder, Schwangere, alte Menschen, Dicke und Dünne wichtig ist. Sie kennen alle Erkrankungen, auf die man mit Essen und Trinken Einfluß nehmen kann, und wissen, wo in den Tiefen des menschlichen Stoffwechsels der Defekt sitzt, der den Betroffenen krank macht. Das allerwichtigste aber ist: Ein Profi auf diesem Gebiet berät die Klienten so, daß sie selbst schon durch kleine Korrekturen im Einkaufs- und Eßverhalten gesundheitlich profitieren und diese Veränderungen langfristig in ihr Leben integrieren können. Brutale Verbote und exzentrische »Ernährungsumstellungen« deuten immer auf Scharlatane hin.

Der Begriff »Ernährungsberater oder -beraterin« ist rechtlich nicht geschützt. Doch wer sich genau nach der Ausbildung erkundigt, wird schnell die Spreu vom Weizen trennen. Selbst Ärzte mit einer in Wochenendkursen erworbenen Zusatzausbildung »Ernährungsmedizin« verstehen wenig von Lebensmitteln und noch weniger vom gesunden Kochen. Deshalb sind ihre Ratschläge selten alltagstauglich. Meist dient die Kurzausbildung dem Arzt ohnehin nur, um die Abrechnungsziffer für eine zehnminütige Ernährungsberatung bei der Krankenkasse in Rechnung zu stellen. Dagegen benötigt ein gut ausgebildeter Ernährungsberater beim ersten Termin mindestens eine Stunde, um zu erfahren, was dem Gegenüber fehlt, wie er sich bisher ernährt hat, welche Vorlieben er hat und was ihm gar nicht schmeckt.

Ernährungsberatung beim Arzt: selten alltagstauglich

Noch weitere Kreise zieht die Ernährungsquacksalberei, wenn sie als Buch vorliegt, denn der Glaube an das gedruckte Wort wurzelt tief. So können sich Außenseiter mit schädlichen Thesen, Drohungen und abstrusen Versprechungen ungestraft breitmachen. Sie verkaufen Bücher, in denen sie beispielsweise behaupten, daß ihre Heilkost »fast alle Krankheiten, oftmals selbst Taubheit, Blindheit, Geisteskrankheit, Nierenerkrankungen, Rheuma, Gicht, Stottern und Geschlechtskrankheiten« kurieren könne. Auch die Erfinder der sogenannten Blutgruppendiät beteuern, zahlreiche Zivilisationskrankheiten wie Übergewicht, Diabetes mellitus und Magengeschwüre heilen zu können, und den Gesundheitszustand von Krebs- und Aids-Patienten soll ihre verführerisch einfach klingende Mixtur aus Fakten und Verrücktheiten zumindest verbessern.

Niemand darf solche Publikationen verbieten. Aber das Gesundheitsministerium könnte dagegenhalten und schutzlosen Verbrauchern mit einem Gütesiegel der staatlich finanzierten Deutschen Gesellschaft für Ernährung helfen. An einem solchen Prüfsiegel wären dann verläßliche Ernährungsratgeber zu erkennen, die auf dem aktuellen Stand der Forschung vernünftige Hilfe geben.

Zwischen Heilkraft und Wellness-Getue

Ayurveda, eine 5000 Jahre alte indische Medizin, hat sich in der westlichen Welt zu einem Mega-Trend entwickelt. In Indien gehört Ayurveda zum Alltag und ist als medizinisches System neben der Schulmedizin geschätzt und offiziell anerkannt. Deshalb fördert und kontrolliert das indische Gesundheitsministerium die Ausbildung. An der Universität dauert das Studium mehrere Jahre, ist der schulmedizinischen Ausbildung gleichgestellt und endet mit dem Erwerb des Titels »Medical Doctor of Ayurveda«, also Ayurveda-Arzt. Es gibt mehrere Universitäten in Indien, die eine ayurvedische Fakultät unterhalten.

Ayurveda, die uralte indische Medizin, verkommt bei uns zur Wellness-Massage

Die Heilwirkung verdankt der Ayurveda-Patient vor allem der ausführlichen individuellen Diagnose eines gut ausgebildeten Arztes, der ihm handfeste Empfehlungen zum Lebensstil gibt und – falls nötig – eine für ihn allein akribisch zusammengestellte Kräutermischung verordnet. Vom eigentlichen Herzstück des Ayurveda, dem umfangreichen Kräuterwissen, hat in Deutschland jedoch kaum jemand einen blassen Schimmer. Was viele Anhänger nutzen, ist eher so etwas wie die Micky-Maus-Version der von der Weltgesundheitsorganisation anerkannten Lehre. Kaum ein Top-Hotel in Deutschland, das nicht eine Ayurveda-Massage im Angebot hat.

Doch was steckt dahinter, und was leisten die teuren Angebote? In Europa wie in den USA arbeiten nur selten akademisch ausgebildete Spezialisten; die Therapie liegt meist in den Händen angelernter Kräfte. Kein Wunder, daß die amerikanische Gesundheitsbehörde vor Fällen warnt, in denen die ayurvedische Fehlbehandlung zu lebensbedrohlichen Schäden geführt hat. Ayurveda findet bei uns meist nur als Wellness-Behandlung statt. Aber selbst wer sich lediglich massieren und kannenweise Öl über den Kopf gießen läßt, kann Schaden erleiden, wenn die Öle verunreinigt sind oder wenn wegen der laienhaften Behandlung eine notwendige medizinische Versorgung versäumt wird.

Auch deutsche Ärzte tummeln sich gern im lukrativen Geschäft mit Ayurveda. Sie verbinden einen Urlaub in Indien mit einem Schnellkurs und verweisen dann auf ihre Ausbildung im Ursprungsland. Neuerdings wird sogar ein Ayurveda-Fernstudium im Internet angeboten, das zum »Gesundheitsberater« qualifizieren soll und angeblich von »führenden internationalen Ayurveda-Instituten« anerkannt ist. Natürlich ist das alles Humbug, weil das vielfältige und umfangreiche Wissen des Ayurveda nicht aus der Ferne zu vermitteln ist, sondern nur im Kontakt mit Kranken und im Kräutergarten erworben wird.

Spurensuche auf dem Kopf

Haare: Für das Selbstbewußtsein spielen sie eine zentrale Rolle

Haare bedeuten dem Menschen viel, sie sind Ausdruck seiner Schönheit und Individualität. Egal, ob Lockenmähnen, glatte Strähnen, Wuschelköpfe oder Stoppeln – was auf dem Kopf sprießt, spielt für das Selbstbewußtsein eine zentrale Rolle, ist zugleich erotisches Symbol und kulturelles Statement. Obwohl ergrautes Haar so verbreitet ist wie das Alter selbst, weiß niemand genau, wie es dazu kommt. Eines Tages, meist geschieht es nach dem vierzigsten Lebensjahr, hören die dafür zuständigen Zellen an der Haarwurzel einfach auf, Pigmente herzustellen.

Die meisten Grauköpfe finden das nicht gerade schön, aber entweder greifen sie zur Tube, oder sie gewöhnen sich an den neuen Farbton. Dramatisch wird es, wenn die Hautzellen irgendwann aufhören, überhaupt Haare zu produzieren. Denn einen vollen Schopf zu besitzen heißt jung zu sein. Liegen Tag für Tag die Strähnen beim Aufwachen gleich büschelweise auf dem Kopfkissen, erfaßt auch gelassene Naturen echte Panik. Frauen befürchten, mit der Frisur auch einen Teil ihrer Weiblichkeit zu verlieren. Die Furcht vor einer Glatze begleitet sie seit Jahrhunderten – gewaltsames Scheren gehört zu den ältesten Strafen. Und keine andere Nebenwirkung einer Chemotherapie löst einen so großen Schock aus wie der Verlust der Haare.

Nur Promis wie André Agassi leisten sich unbekümmert eine Glatze

Auch Männer fürchten den Kahlschlag auf dem Kopf, obwohl Promis wie etwa André Agassi oder Bruce Willis mit kahlem Schädel durchaus als jugendlich und sexy gelten. Wer dagegen wenig Haar besitzt und nicht berühmt ist, wird mindestens vier, fünf Jahre älter geschätzt, als er ist. Ob es zur Glatze kommt, darauf hat niemand Einfluß. Denn Gene, männliche Sexualhormone und das Lebensalter spielen die entscheidende Rolle.

Zwar erfährt selten jemand davon, doch sind von Haarausfall fast so viele Frauen betroffen wie Männer. Bereits mit Ende Zwanzig leiden auch sie oft unter einem gelichteten Mittelscheitel und tragen deshalb ein Haarteil. Nach dem Klimakterium nimmt die Zahl zu. Jenseits des 60. Lebensjahrs klagt jede dritte über ausgedünntes Haar. Schuld sind auch hier oft die Gene.

Realistisch betrachtet, sind wenig Haare kein Problem. Die psychologischen Folgen können jedoch krank machen, und die Leidensgeschichten sind uralt. Als eines der ältesten Medikamente der Medizingeschichte gilt eine gegen die Glatzenbildung angewandte Tinktur aus dem Ägypten der Pharaonen. Haarwuchsmittel machen ihre Anbieter seit Jahrhunderten reich. Heute sind es vor allem Kräutertropfen, Algenextrakte, Pulver aus Mikrofasern und Kristalle, die helfen sollen. Jeder ihrer Anbieter verspricht, daß auf kahlen Stellen bald wieder Haare sprießen. Manche Mittel werben sogar damit, daß sie »erwiesenermaßen gegen vorzeitige Kahlheit« wirken. Aber was bitte ist vorzeitig? Und was heißt erwiesen?

Fallen die Haare aus, beginnt das Nach-vorne-Kämmen, der Kult mit Hüten und Mützen, aber auch das Ausprobieren von Vitaminkuren und Wundertinkturen. Das ist bitter. Das uralte Gewerbe der Quacksalberei bedient sich aller modernen Medien und Methoden. Ein gutes Beispiel bieten spezielle Institute für Haaranalysen. Ihr Trick: Beinahe jede Analyse ergibt einen Mangel an Nährstoffen. Selbstverständlich kann man das Problem durch eine überteuerte Behandlung beheben. Einige Apotheken steigen mit sogenannten »bilanzierten Diäten« in solche lukrativen Geschäfte ein. Doch Haaranalysen lassen kein einziges Haar zusätzlich sprießen. Sie führen nur zur Verunsicherung und verursachen unnötig Kosten. Wirklich helfen kann allein der Gang zu einem fachlich versierten Hautarzt, der feststellt, ob der Haarausfall die Folge einer Erkrankung ist und man ihn mit Medikamenten aufhalten kann.

Wenig Haare: eigentlich kein Problem. Wenn wir nicht so eitel wären

Mit dem Pendel gegen Allergene

Kribbeln in Mund und Nase, ein geschwollener Hals, Bläschen auf der Zunge, rote Quaddeln und juckende Augen, wen würde das nicht verrückt machen? Allergien quälen immer mehr Menschen. Heute sind rund 30 Prozent der Bevölkerung irgendwann von einer allergischen Krankheit betroffen.

Allergische Reaktionen bereiten den Experten großes Kopfzerbrechen. Vertrackt an dem Problem ist der enge Zusammenhang zwischen der Entstehung einer Allergie und unserem Immunsystem. Denn warum die lebensnotwendige Abwehr von eindringenden Krankheitserregern und Fremdstoffen manchmal in eine »hysterische« Überreaktion auf ganz normale Bestandteile unserer Umwelt umschlägt, gibt viele Rätsel auf. So können nicht einmal Spezialisten bei der Untersuchung des Erkrankten immer genau sagen, ob es sich überhaupt um eine Allergie handelt oder um eine meist etwas harmlosere Unverträglichkeitsreaktion (Pseudoallergie), die wieder verschwinden kann, wenn man dem reizenden Stoff eine

Zeitlang nicht ausgesetzt ist. Bis heute gibt es ohnehin nur eine Methode, mit einer Allergie fertig zu werden: suchen, welcher Stoff die Reaktion auslöst, und ihn dann konsequent meiden. Doch das ist noch keine Heilung.

Wissenschaftler arbeiten deshalb mit Hochdruck an der Aufklärung der geheimnisvollen Krankheit. Einige meinen inzwischen, daß unser Immunsystem so »zickig« reagiert, weil es einfach unterbeschäftigt ist. Die Theorie dazu: Durch übereifrige Hygiene bekommt unser Immunsystem zu selten einen Feind »vor die Flinte« und feuert deshalb sozusagen aus Mangel an echter Beschäftigung auf Freund und Feind gleichermaßen. Würde das Immunsystem in der Kindheit etwa durch Wurmerkrankungen oder ausgiebigen Kontakt mit bakterienreichem Dreck abgehärtet, käme es nicht auf die Idee, bei ganz gewöhnlichen Bestandteilen der Umwelt wie etwa Pollen auf die Barrikaden zu gehen. Daß an dieser recht einleuchtenden Theorie etwas dran ist, erweist sich zunehmend. Wahrscheinlich haben also unsere Großmütter recht gehabt mit Sprüchen wie »Dreck reinigt den Magen« und »Kinder, die auf dem Mist spielen, sind die gesündesten«.

Wir sind zu sauber, unser Immunsystem ist unterbeschäftigt

Solange es keine Heilung gibt, passen Allergiker wunderbar ins Beuteschema der Scharlatane. Vor allem mit unseriösen Diagnostikmethoden wird viel Geld verdient und reichlich Schaden angerichtet. Über die Versuche, Allergene mit einem Pendel zu bestimmen, kann man ja noch lachen. Aber vor teuren, nutzlosen Labortests warnen Allergieärzte. Sauer werden Fachleute auch über die sogenannte Bioresonanzdiagnostik, deren Ergebnisse vollkommen unsinnig sind. Die Vertreter dieser Methode geben an, Allergien anhand spezifischer Schwingungsmuster erkennen zu können, und behaupten, daß die Kranken unter Störungen elektromagnetischer Energiefelder des Körpers leiden. Meist gibt der Behandler vor, die krankhaften Schwingungen mit Hilfe eines Geräts in normale, »harmonische« Schwingungen umzuwandeln und so die Allergie zu heilen. Es handelt sich dabei um eine Scheintherapie ohne Wirksamkeitsnachweis. Das zeigte auch eine schweizerische Untersuchung an Kindern mit allergischem Ekzem. Zwischen denen, die mit einer »echten« Bioresonanztherapie behandelt wurden, und denen, die nur meinten, sie würden dieser Therapie unterzogen, war nicht der kleinste Unterschied festzustellen.

Solange es keine Heilung gibt, passen Allergiker gut ins Schema der Scharlatane

Häufig suchen Betroffene Rat beim Hausarzt oder beim Heilpraktiker und kommen mit einer ganzen Liste von Lebensmitteln nach Hause, die sie zukünftig meiden sollen. Darunter befinden sich oft mehrere Grundnahrungsmittel wie Milch, Fleisch, Eier und bestimmte Gemüse- oder Obstsorten. Ist die Auswahl an Lebensmitteln so stark eingeschränkt, läuft die Sache auf eine ungesunde Hungerdiät hinaus.

Falls eine solche Liste nicht gerade von einer renommierten allergologischen Fachklinik stammt, sollte man sie schleunigst in den Müll werfen, denn mindestens 50 Prozent aller angeblichen Allergien sind keine. Die Folge: Falschbehandlungen, die unter Umständen gefährlich werden, wenn man die wahren Ursachen der Beschwerden wie etwa Darmerkrankungen oder Stoffwechselstörungen ignoriert.

Wachsam bleiben

Immer mehr Menschen haben tiefe Vorbehalte gegen die Schulmedizin. Doch wer allen Ärzten, der gesamten Lebensmittelindustrie, allen Herstellern von Medikamenten, allen Behörden und allen Regierungsstellen mißtraut und sich ausschließlich auf »natürliche« oder alternative Behandlungsmethoden verläßt, wird leicht zum Opfer. Viele angebliche Heiler stellen sich selbst als Erneuerer oder gar Revolutionäre eines zutiefst korrupten Systems

Wer allen Ärzten mißtraut und nur Heiler gelten läßt, wird leicht zum Opfer

dar. Ihre Kritiker verunglimpfen sie als dumm, geldgierig, altmodisch, starrsinnig oder voreingenommen. Glaubt man ihnen, sind alle Fachleute unfähig – nur sie selbst nicht.

Tatsächlich verdrehen die Gauner damit die Tatsachen. Die eigentliche Frage lautet, ob ihre Methode wirkt und welche schädlichen Nebenwirkungen sie womöglich birgt. Überall auf der Welt entwickeln sich die Gesundheitswissenschaften rasant weiter, vor allem seit die Molekularbiologie fast täglich neue Erkenntnisse liefert. Die Methoden der Kurpfuscher dagegen existieren so lange unverändert, wie sie sich vermarkten lassen und immer neue Opfer auf die alten Tricks hereinfallen. Es kann manchmal einige hundert Jahre dauern, bis ihnen jemand das Handwerk legt.

PRÄVENTION – DAS TICKET ZUM ERFOLG

Könnten wir Jahrzehnte vorausblicken, was würden wir sehen? Die Invasion aus dem All, die große Liebe oder den Lotteriegewinn? Das bleibt ein Geheimnis. Niemand ahnt, wie die Karten am Spieltisch der Zukunft für ihn gemischt werden. Doch obwohl wir so wenig wissen, basteln wir in der Gegenwart immerzu an der Welt von morgen. Wir tun, was wir können, um die kommende Zeit zu gestalten. Wir lernen, schaffen, planen und wirtschaften, wir bauen Häuser, schicken die Kinder zur Schule und zahlen in Versicherungen ein. Jeder hofft, dem Schicksal so in die Speichen zu greifen. Es gelingt nicht immer, aber der Versuch lohnt – vor allem, wenn es um die Gesundheit geht. »Hätte ich gewußt, daß ich so lange leben werde, hätte ich besser auf mich aufgepaßt«, soll der unermüdlich trinkfeste Frank Sinatra gesagt haben. Der Mann, der sich als Entertainer verausgabte und für sein stürmisches Privatleben berüchtigt war, muß gute Gene gehabt haben, denn er wurde immerhin 82 Jahre alt. Aber vielleicht war sein schlimmer Lebenswandel einfach nur ein PR-Gag, und er lebte insgeheim recht vernünftig. Sein Freund Dean Martin jedenfalls verriet irgendwann, daß in den Whiskygläsern, die beide gern vor Publikum leertranken, oftmals schwarzer Tee war.

Vom Älterwerden stirbt man nicht

Auch wenn niemand genau weiß, was auf ihn zukommt, eines ist klar: Menschen sterben nicht an ihrem Alter, sondern an Erkrankungen. Jenseits der Dreißig steigt mit jedem Lebensjahr die

Anfälligkeit für alle Arten von Zipperlein, doch stehen die Chancen gut, das eigene Potential an Lebenszeit voll auszuschöpfen, wenn man es richtig anstellt. US-amerikanische Langzeitstudien zeigen, daß wir in vieler Hinsicht selbst bestimmen, ob wir mit sechzig, siebzig oder achtzig zufrieden und gesund sein werden oder krank und unglücklich. Die wirksamsten Mittel für ein langes Leben sind die banalsten: nicht rauchen, wenig Alkohol trinken, nicht zu dick oder zu bequem werden und sich bei Seelenstreß kompetente Hilfe holen. Wer mehr tun will, geht regelmäßig zur Krebsvorsorge, zum Zahn- und zum Augenarzt. Diese Ratschläge kennt jeder. Sie sind leicht gesagt, aber schwer getan. Wer raucht und bereits einmal vergeblich versucht hat aufzuhören, weiß, wie bitter eine Niederlage schmecken kann, wenn Sucht und Gewohnheit den Willen austricksen. Das eigene Verhalten zu verändern ist wirklich schwierig. Aber nicht unmöglich.

Warum nicht gleich so?

Die meisten Krankheiten kann kein Arzt heilen

Jeder hofft, daß ihn der Arzt – im Falle eines Falles – heilen wird. Häufig kann er es auch. Öfter noch repariert der Körper seine Defekte selbst. Die meisten Krankheiten sind jedoch vom Arzt nicht an der Wurzel zu packen und zu beheben, er kann nur Beschwerden lindern. Gerade den großen Volkskrankheiten, von denen Millionen betroffen sind, stehen Ärzte heute noch immer hilflos gegenüber. Trotz gigantischer Ausgaben warten wir auf effiziente Behandlungsmöglichkeiten für 20000 Krankheiten. Erst 10000 Leiden gelten als behandelbar. Nicht nur deshalb verabschiedet sich unsere Gesellschaft gerade von der Reparaturmentalität des heutigen Gesundheitssystems. Denn der Versuch, zerstörte Gesundheit nachträglich wieder instand zu setzen, kommt uns teuer zu stehen. Mit gezielter Prävention könnte ein Viertel, vielleicht sogar ein Drittel der Kosten im deutschen Gesundheitssystem eingespart werden. Schon 2001 schätzten Sachverständige der Bundesregierung, daß Vorsorge die gesetzlichen Krankenversicherungen mit rund 31 Milliarden Euro entlasten könnte – eine sensationelle Zahl.

Vorsorgen ist also die beste Medizin. Wir brauchen eine Langzeitstrategie, bei der jeder einzelne lernt, bewußt mit der Ressource Gesundheit umzugehen. Inzwischen sind auch Politiker darauf gekommen, die Prävention zu einer wichtigen Säule unseres Gesundheitswesens zu machen. Nachdem jahrzehntelang kein Pfennig dafür übrig war, soll Vorsorge in Zukunft so alltäglich werden wie der Wetterbericht. Nicht etwa weil Volkskrankheiten wie Diabetes, Herzerkrankungen oder Depressionen so viel persönliches Leid auslösen, sondern weil die maroden Sozialsysteme entlastet werden müssen.

Vorsorge soll in Zukunft so alltäglich werden wie der Wetterbericht

Strategien für die Energie von morgen

Um den Tod abzuwenden, muß man ihm erst einmal ins Auge sehen. Nur jeder sechste Mann und jede zweite Frau nutzen die Krebsvorsorge. Früh erkannt, sind Krebskrankheiten heilbar – warum nehmen dann so wenige die Vorsorgeuntersuchungen wahr? Weil allein der Gedanke, der Arzt könnte etwas entdecken, den festen Glauben an die eigene Unsterblichkeit erschüttert. Prävention ist also nichts für Feiglinge. Viele stecken lieber den Kopf in den Sand und reden sich ein, was auch immer kommen möge, sie träfe es nicht. Herzinfarkt, Diabetes, bröselige Knochen, Prostata- oder Brustkrebs, das kriegen immer nur die anderen. Mit diesem Phänomen plagen sich alle Vorsorgemediziner herum, sie nennen es den »optimistischen Fehlschluß«. Ein weiterer Grund, sich vor der Vorsorge zu drücken, sind ihre Risiken. Laborergebnisse machen nicht nur angst, wenn irgendein medizinischer Wert nicht ganz der »Norm« entspricht. Sie können auch falsche Ergebnisse bringen. Entweder falsch-positive, die einen Fehlalarm auslösen, oder falsch-negative, die einen in heimtückischer Sicherheit wiegen.

Wer für seine Gesundheit sorgt, wird leicht als Hypochonder belächelt

Wer sich jedoch der Realität tapfer stellt, alles tut, um seinen Körper lange fit zu halten, und auch anderen dazu rät, darf dafür nicht etwa mit Anerkennung rechnen. Im Gegenteil, seine Freunde werden ihn in Verdacht haben, ein Hypochonder zu sein. Meist klingt der Vorwurf zwar spaßig, doch gerade Männer fühlen sich davon unangenehm berührt. Welcher taffe Kerl läßt sich schon gern nachsagen, er litte unter grundlosen Ängsten? Mit Bewunderung können dagegen die feurigen Cowboys und -girls rechnen, die keine Wildwest-Zigarette scheuen, auf Teufel-komm-raus trinken und jedes Essen in der Maxiportion genießen. Allerdings gilt das nur, solange sie jung sind und man ihnen das rauhe Leben nicht ansieht. Später, wenn die Reserven an Jugend und Schönheit aufgebraucht sind, heißt es dann über die früh Gealterten: Die sind ja selbst schuld.

Lediglich strategisch denkenden, unerschütterlich disziplinierten Naturen fällt es leicht, für Jahrzehnte im voraus zu planen. Wir anderen sinnen nicht gern täglich darüber nach, wie wir Krankheiten verhindern können, von denen wir nicht wissen, ob sie in zwanzig oder dreißig Jahren auftreten werden. Einen gesunden Dreißigjährigen, dem es nichts ausmacht, nach einem stressigen Tag im Job die Nacht mit Freunden durchzumachen, treibt der Gedanke, ob er mit sechzig noch fit genug sein wird, eine Treppe hinaufzusteigen, kaum ernsthaft um. Und selbst wenn er schon frühzeitig auf sich achtgibt, kann er rückblickend nicht einmal sagen, ob seine Vorkehrungen gefruchtet haben oder ob der vielleicht befürchtete Herzknacks ohnehin niemals eingetreten wäre. Weil Vorsicht die Mutter der Porzellankiste ist, wird sich jeder mit dieser Unsicherheit abfinden müssen. Jedenfalls so lange, bis die noch junge, sogenannte prädiktive, also vorausschauende Medizin in der Lage ist, unseren Zellen anzusehen, wo der Stoffwechsel später einmal aus dem Ruder laufen könnte. Bis dahin bleibt uns nur übrig, die Risiken realistisch einzuschätzen und zu überlegen, in welchem Verhältnis Aufwand und Ertrag stehen. Es gilt, Vorsorgemaßnahmen zu finden, die viel bringen, aber mit wenig Aufwand, Kosten und Überwindung verbunden sind.

Kleiner Pieks mit großer Wirkung

Wie wäre es, wenn es eine Impfung gäbe, die den menschlichen Körper vor dem Alter schützte? Eine hinreißende Vorstellung, nicht wahr? Nur leider so realitätsfern wie der Besuch einer Galaxie am Ende der Milchstraße. Der Gedanke ist trotzdem nicht von der Hand zu weisen, denn keine andere Maßnahme der modernen Medizin hat mehr zur Lebensverlängerung beigetragen als das Impfen. Der frühzeitige Kontakt mit unschädlich gemachten Keimen gilt als die erfolgreichste Präventionsmaßnahme der Welt, keine andere hilft so zuverlässig, Menschen vor tödlichen Erkrankungen zu bewahren.

Schöne Utopie: Eine Impfung, die den Körper vor dem Altwerden schützt

Doch darüber redet heute kaum noch jemand. Nur Historiker erinnern an die Schrecken von Pockenepidemien, bei denen jeder dritte, der sich angesteckt hatte, dem sicheren Tod entgegensah und die Überlebenden für immer durch Narben gezeichnet wurden. Noch Anfang des letzten Jahrhunderts verloren bei uns Hunderte Eltern innerhalb von wenigen Tagen ihre Kinder durch Diphtherie. In den 90er Jahren gab es in den Staaten der ehemaligen Sowjetunion einen massiven Ausbruch dieser Krankheit, die mit Halsschmerzen und Schluckbeschwerden eher harmlos anfängt. Über 150000 Menschen erkrankten, Tausende starben. Dieses Szenario könnte jederzeit auch bei uns wieder auftauchen. Nur eine Impfung schützt vor schweren Infektionskrankheiten, gegen die es keine oder nur begrenzte Therapiemöglichkeiten gibt: vor Tetanus, Diphtherie, Keuchhusten, Polio, Tollwut, Lungen- und Hirnhautentzündung, Grippe und Hepatitis.

Eine Schutzimpfung: die billigste aller Lebensversicherungen

Einigen Freunden der alternativen Medizin fällt zum Thema Impfen trotz allem nur das Stichwort »gefährlich« ein und daß es »schwere Nebenwirkungen geben soll«. Nach heutigem Wissensstand führt jedoch keine der öffentlich empfohlenen Impfungen zu bleibenden Schäden beim Geimpften oder einer Kontaktperson. Gut, wer öffentlichen Autoritäten nicht glaubt, läßt sich so nicht überzeugen. Aber vielleicht wirkt das soziale Gewissen? Jeder Ungeimpfte kann andere Menschen anstecken und verhindert damit, daß eine Krankheit endgültig ausstirbt. Je weniger Menschen sich hierzulande immunisieren lassen, desto größer wird also das Risiko für alle. Doch sollen sich auch Erwachsene noch gegen Masern, Mumps und Röteln impfen lassen? Das sind doch Kinderkrankheiten! – Natürlich. Aber wer sie als Erwachsener bekommt, muß mit einem schweren Verlauf rechnen. Deshalb gibt es beispielsweise für die Masern-Mumps-Röteln-Impfung keine Altersgrenze. Die Schutzimpfung als billigste aller Lebensversicherungen ist jedenfalls beim nächsten Arztbesuch eine Frage wert. Wer unter entzündlich-rheumatischen Erkrankungen, schweren Ekzemen oder unter einem geschwächten Immunsystem leidet, holt sich Rat bei einem Facharzt, im Zweifelsfall hilft ein Anruf beim Gesundheitsamt.

Risiken und Nebenwirkungen

Ein weiteres langfristiges Gesundheitsrisiko, das man ausschalten kann, ohne gleich das ganze Leben auf den Kopf zu stellen, betrifft Medikamente und ihre richtige Einnahme. Viele Patienten lassen sich beim Arzt zwar gegen ihre Beschwerden Medikamente verschreiben, doch dann überkommt sie die Angst vor möglichen Nebenwirkungen. Deshalb schmeißen sie die teuren Präparate heimlich in den Müll oder lösen ihr Rezept gar nicht erst ein. Diese Verunsicherung kostet viel Geld und macht niemanden gesund.

Doch die Profis im Gesundheitswesen tun auch wenig, um uns zu beruhigen und Risiken auszuschließen. Pharmakologen testen die meisten Wirkstoffe ausschließlich an 70 Kilo schweren Männern. Ob eine 50 Kilo leichte Frau damit zurechtkommt, ist keineswegs sicher. Während Tierärzte die Medikamente für Hund und Katze pro Kilogramm Körpergewicht berechnen, soll beim Menschen für jede Gewichtsklasse dieselbe Dosis wirken. Und nur wenige Ärzte unterrichten die zuständigen Stellen, wenn ihnen Patienten über unangenehme Nachwirkungen eines Präparats berichten. Sie verschreiben einfach ein anderes Mittel und gucken, ob der Betroffene es besser verträgt. Ältere Menschen, die wegen mehrerer Erkrankungen eine Vielzahl von Medikamenten gleichzeitig nehmen sollen, tun gut daran, einmal zu einem Gerontologen zu gehen und die Wirkungen und Nebenwirkungen mit diesem Fachmann für Alterserkrankungen zu besprechen, denn in späten Jahren verträgt der Körper nicht mehr alles, was ein Junger noch wegsteckt.

Medikamente werden lange getestet. Aber fast nie an Frauen

Wer aber aus alldem herausgelesen hat, es sei wohl die beste Idee, die bunten Pillen mitsamt ihren schwer verständlichen Beipackzetteln zu verweigern, tut sich keinen Gefallen. Ernsthafte Erkrankungen erfordern wirksame Medikamente. Und die helfen nur, wenn man sie korrekt und regelmäßig einnimmt.

Was aber, wenn die verordneten Medikamente nicht wirken oder man sich davon krank fühlt?

»Das Mittel ist gut verträglich«, sagt der Hausarzt oft beruhigend zu einem Patienten, der von seinem Horror vor Tabletten erzählt. Dabei müßte er eigentlich sagen: Dieses Herzmittel, dieser Betablocker oder jenes Antibiotikum wird von einem Teil der Menschen, die es einnehmen, gut vertragen, bei einem weiteren Teil ist es harmlos, aber unwirksam, und die übrigen Patienten vertragen es nicht, sondern leiden am Ende mehr unter den Medikamentenfolgen als unter der ursprünglichen Erkrankung. Nach Einschätzung von Experten sind drei bis sechs Prozent aller stationären Krankenhausaufenthalte auf unerwünschte Arzneimittelwirkungen zurückzuführen. Andere Untersuchungen gehen davon aus, daß in Deutschland jährlich mehr als 16000 Todesfälle und 120000 schwere Zwischenfälle auf Medikamenten-Unverträglichkeit beruhen. Auf der Liste der häufigsten Todesursachen sind Arzneimittelunverträglichkeiten, nach Herz-Kreislauf-Erkrankungen und Krebs, unter den ersten fünf zu finden. Wie ist so etwas möglich, obwohl der Gesetzgeber für die Zulassung eines neuen Medikaments jahrzehntelange Forschung vorschreibt?

Über die Wirkung entscheiden Gene

Wer einen schnellen Stoffwechsel hat, braucht die doppelte Dosis

Der Grund liegt in unserer unverwechselbaren Individualität, im Erbgut, das jeden Menschen von seinem Nächsten unterscheidet. Pharmaproduzenten beginnen erst zögernd, sich darauf einzustellen und zu überprüfen, welche Gene beim Abbau eines Wirkstoffs mitspielen. So produziert ein Teil der Bevölkerung erheblich weniger Leberenzyme zur Entgiftung von Alkohol, Schadstoffen und Medikamenten als der Durchschnitt. Wer diese kleine genetische Abweichung geerbt hat, kann Beruhigungsmittel und andere Psychopharmaka schlecht verarbeiten. »Langsame Metabolisierer«, wie sie im Wissenschaftsjargon heißen, vertragen auch übliche Standarddosierungen von Herzmedikamenten, Rheuma- und Schmerzmitteln nicht. Für sie sind die im Beipackzettel angegebenen Mengen zuviel und verursachen schwere Nebenwirkungen. Das Spektrum reicht von Übelkeit und allergischen Reaktionen bis hin zu Herzproblemen und erhöhtem Krebsrisiko. Es gibt auch Menschen mit der gegenteiligen Veranlagung. Diese »schnellen Metabolisierer« brauchen für die gewünschte Wirkung eine doppelte Dosis. Substanzen, die der Organismus zu langsam verstoffwechselt, reichern sich an und wirken dann wie ein Gift. Werden die Medikamente dagegen zu schnell ausgeschieden, erreichen sie keinen wirksamen Spiegel, die Heilwirkung bleibt aus.

Inzwischen glauben Genetiker, daß mehrere hundert Gene die Wirkung von Arzneimitteln im Körper verändern können. Sie fordern deshalb, die individuelle Verträglichkeit zu testen. Wer also unter Nebenwirkungen leidet oder Wechselwirkungen zwischen den verordneten Medikamenten befürchtet, bittet seinen Arzt am besten, eine Liste der verordneten Medikamente zusammen mit einer Blutprobe an ein Fachlabor zu senden und dort überprüfen zu lassen, ob seine Gene sich mit den Wirkstoffen vertragen.

Früh wissen, wie die Chancen stehen

Zukunft der Biomedizin: Medikamente aus den körpereigenen Stoffen

Es ist augenfällig und keineswegs unmoralisch: An kranken Menschen verdient die Arzneimittelindustrie. Schließlich handelt es sich dabei nicht um soziale Einrichtungen, sondern um Wirtschaftsunternehmen. Das wesentliche Ziel der Hersteller ist die Entwicklung von sogenannten Blockbustern, also Mitteln mit hohem Umsatz wie etwa Cholesterinsenkern und Lifestyle-Medikamenten vom Typ Viagra, die den Forschungsaufwand rasch wieder einspielen. Ein einziger Blockbuster macht mehr Profit als zwei Dutzend weniger verkäufliche Präparate. Pillenhersteller konzentrieren sich deshalb auf Medikamente gegen die am häufigsten vorkommenden Krankheiten mit den besten Marktchancen. Nicht der Patient steht im Mittelpunkt ihres Interesses, sondern die Ergiebigkeit der Zielgruppe.

Doch bald wird damit Schluß sein. In naher Zukunft werden

maßgeschneiderte Medikamente für den einzelnen Patienten viele Massenmedikamente vom Markt fegen. Denn Blockbuster helfen nur einem kleinen Teil der Erkrankten wirklich gut. Wir stehen am Anfang einer Entwicklung, deren Ende noch gar nicht abzusehen ist. Noch vor wenigen Jahren war es Forschungslaboratorien an den Universitäten vorbehalten, genetische Empfindlichkeiten zu untersuchen. Heute gibt es bereits zahlreiche Fachlabors, die sich auf diese Untersuchungen spezialisiert haben. Die neuen Erkenntnisse sind für die Pharmaindustrie von großer wirtschaftlicher Bedeutung: Sie wird Medikamente zukünftig nicht mehr für alle, sondern gezielt für die Träger bestimmter Erbgutprofile entwickeln. So lassen sich die Risiken von Unwirksamkeit und unerwünschten Wirkungen von vornherein verringern.

Biologicals – der Beginn einer neuen Ära

Die moderne Biomedizin geht sogar noch einen Schritt weiter. Ihr Ziel ist, nicht mehr nur ein und dieselbe Therapie für eine Erkrankung oder eine Gruppe Erkrankter zu finden, sondern für jeden einzelnen die passende Therapie. Sie will nicht mehr nur Symptome lindern, sondern zielt auf die Ursache der Krankheiten. Aus den Zellen eines Patienten filtern Wissenschaftler inzwischen Stoffe heraus, die ihn – und nur ihn ganz persönlich – heilen können. Diese sogenannten Biologicals sind innovative Medikamente, die natürlich vorkommende Stoffe entweder imitieren oder, wenn nötig, deren Funktion blockieren.

Ein Beispiel: Bisher behandeln Ärzte bei einer Arthrose nur die Beschwerden mit Schmerzmitteln und Kortison, was beträchtliche Nebenwirkungen verursachen kann. Ist der Gelenkknorpel irgendwann vollständig abgenutzt, kann nur noch ein künstliches Gelenk die zermürbenden Schmerzen lindern. Das war gestern. Heute feiert die Behandlung mit körpereigenen Stoffen Erfolge. Entzündungs- und schmerzhemmende Proteine, Orthokine genannt, werden aus dem eigenen Blut gewonnen und in das betroffene Gelenk injiziert. Die Biomedikamente stoppen die schwelenden Entzündungen an

Gelenken und Nervenwurzeln und beschleunigen die Heilung. Läßt sich ein Arthrosekranker rechtzeitig damit behandeln, erspart er seiner Leber Berge von Medikamenten und wird vielleicht niemals ein künstliches Gelenk benötigen. Es ist abzusehen, daß viele Massenmedikamente bald durch solche biologischen Therapieansätze überflüssig werden. »Big Pharma« muß dann mit beträchtlichen Einbußen rechnen.

Selbst die Multis forschen kaum

Es steht fast täglich irgendwo zu lesen: Gesundes Essen ist die Grundlage für eine hohe Lebenserwartung. Klar, soviel weiß heute jeder. Die Ergebnisse großer Ernährungsstudien in verschiedenen Ländern der Welt lassen mittlerweile kaum noch Zweifel daran zu, daß eine ausgewogene Kost, die reich an Obst und Gemüse und damit an Vitaminen, Schutz- und Ballaststoffen ist, das Risiko für ein Dutzend Erkankungen senkt. Weil alle Medien stetig trommeln, sind wir inzwischen so ernährungsbewußt wie noch nie und werden doch immer dicker. Da nutzen weder mahnende Worte noch Beschönigungen – der bequeme Lebensstil läßt in allen Altersgruppen die Speckrollen anwachsen. Bei der Suche nach einem Schuldigen fällt einem schnell und pauschal »die Industrie« ein.

Ernährungsbewußt, aber dicker denn je

Früher durfte man sich im Supermarkt nicht erwischen lassen. Lagen bunte Päckchen mit Fixundfertigkost im Einkaufswagen, war der gute Ruf dahin. Heute gehören Schnellgerichte zum Alltag. Sogar Nobelrestaurants und erklärte Gourmets greifen zu Kochbeschleunigern. Bedenkenträger werden diesen Trend nicht aufhalten. Schließlich gehören die meisten von uns zur verlorenen Generation derer, die Vorgefertigtes bereits als Kind kennengelernt haben. Wer will die Tüten, Pakete und Dosen der Lebensmittelindustrie schon verteufeln – im Gegenteil, denn so ziemlich jeder Berufstätige probiert hin und wieder aus, was Hersteller bieten, um schnell etwas Eßbares auf den Tisch zu bringen.

Doch Feinschmecker, die gern kalorienarm und dabei gut essen möchten, kriegen kaum etwas Bequemes angeboten, das den Gaumen wirklich reizt. Wir basteln an Nanotechnologien und menschenähnlichen Robotern, aber Fertigprodukte, die aus guten Lebensmitteln geschmacklich das Beste herausholen, die Nährstoffe schützen und uns beim Kochen das Leben wirklich erleichtern, finden sich in den Supermarktregalen selten. Wäre die Computerindustrie so wenig innovativ wie die Anbieter von Lebensmitteln, hätten Rechner heute noch die Größe von Kleiderschränken. Kümmerliche zwei bis drei Prozent ihres Umsatzes geben Lebensmittelhersteller für Forschung und Entwicklung aus. Das ist nur ein Bruchteil vom Einsatz anderer Industriezweige. Gründlich und systematisch geforscht wird selbst bei den Multis kaum, von High-Tech keine Rede. Designer fertiger Lebensmittel sind leider fortschrittsfeindlich. Rund 90 Prozent aller Fertiggerichte stellen sie durch Trocknen, Eindosen und Einfrieren her, also mit Verfahren, die bereits vor dem Zweiten Weltkrieg oder spätestens in den 60er Jahren des vorigen Jahrhunderts entwickelt wurden. Für eilige Genießer heißt das: entweder schnell oder gut. Schnell, frisch, aromatisch und natürlich findet sich in den Regalen der Supermärkte wenig. Denn in einem sind sich Hersteller und Händler einig: nur nicht zu viel Mühe machen.

An Lebensmitteln wird viel gespart – vom Kunden und vom Hersteller

Trotzdem wäre es falsch, nur den Fabrikanten die Verantwortung für unsere Lust auf Fettes und Süßes zuzuschieben. Sie stellen her, was sich gut verkaufen läßt. Und wir haben die Wahl, diese Produkte zu kaufen oder nicht. In unserem Schlaraffenland findet sich alles, was das Herz begehrt: traditionsreiche mediterrane Köstlichkeiten, asiatische Spezialitäten, regionale Produkte aus bäuerlichen Hofläden, Supermarktware aller Preisklassen, Bioprodukte direkt ab Hof, aus Reformhäusern und grünen Läden. Wir müssen uns nur die Mühe machen, sachkundig auszuwählen und für Gutes etwas tiefer in die Tasche zu greifen.

Zurück zu den Wurzeln

Was wir brauchen, ist eine Ernährungsweise, die uns erlaubt, uns satt zu essen, die mäßig ist im Kaloriengehalt, aber trotzdem viele lebenswichtige Stoffe bietet. Hält man sich hauptsächlich an frisches Gemüse, Hülsenfrüchte, Obst, Milchprodukte, Vollkorngetreide und ißt öfter mal ein Stück Fisch, kommen automatisch genau diese Nahrungsbestandteile auf den Teller. Geht man darüber hinaus mit Wurst und Fleisch maßvoll um, so entlastet man den Körper von tierischem Fett, Cholesterin und gichtfördernden Purinen. Was hier wenige Zeilen umreißt, ist die Grundlage der sogenannten Vollwerternährung, die Anfang der achtziger Jahre von Claus Leitzmann, Professor für Ernährung an der Justus-Liebig-Universität in Gießen, eingeführt wurde. Sie leuchtete vielen Menschen ein und machte den bescheidenen Professor zum Medienstar. Aber sie bescherte Leitzmann auch jahrzehntelange heiße Kämpfe mit konservativen Ernährungsmedizinern und Industrielobbys, die sich bedroht fühlten, weil der Wissenschaftler naturbelassene Nahrung propagierte. Tatsächlich bildet die Vollwerternährung einen Rückgriff auf die ubliche einfache Kost des 18. und 19. Jahrhun derts. Weil Vollkorn und Ballaststoffreiches im Mittelpunkt stehen, entlastet diese Art zu essen den Blutzuckerspiegel und macht langfristig schlank. Damit degradiert die gute alte Vollwerternährung neue Mode-Diäten wie »Low carb«, »Low fat« oder »GLYX« zu kurzlebigen Trends.

Wer ein umtriebiges Leben führt, verträgt kalorienreiche Supermarktkost besser

Es macht keinen Sinn, die Ernährung getrennt vom Rest des Lebens zu betrachten. Wer sich zum Beispiel genug bewegt, kann auch mit der kalorienreicheren Supermarktkost gesund zurechtkommen, wenn er genügend Gemüse und Obst ißt. Manierliche Portionen Eiscreme, Kuchen, Pommes und Döner zeigen dann kaum Spuren. Königswege zu einer guten Figur sind Ausdauersport und eine rührige, vielseitige Lebensweise. Fast jeder, der zwei bis drei Stunden pro Woche für schweißtreibende Aktivitäten reserviert und auch sonst viel unterwegs ist, kann Figurprobleme auf Dauer vergessen. Egal, wofür man sich entscheidet, eines ist sicher: Gesundes Essen gehört zu den Ultra-Langzeitprojekten der Prävention. Erst nach Jahrzehnten erweist sich der Nutzen. Doch wer früh ein Qualitätsbewußtsein für Nahrungsmittel entwickelt, gewöhnt sich daran und kann irgendwann gar nicht mehr anders. Also heißt die Devise: Beim Einkaufen statt der Maxiportion die maximale Qualität wählen.

Vitaminmangel reißt Lücken ins Erbmolekül

Ein langes Leben durch Vitamine

Wie steht es mit Vitaminen? Lebt man länger oder wenigstens gesünder, wenn man sie zusätzlich als Tablette nimmt? Oder sind Mikronährstoffe nur gut, wenn sie aus natürlichen Lebensmitteln stammen? Darüber streiten Laien und Experten seit vielen Jahren. Die Debatte wird so erbittert geführt, weil Scharlatane Vitamine und Spurenelemente hochdosiert als Krebsallheilmittel verkaufen und sich auf Kosten der Kranken eine goldene Nase verdienen. Das macht einige Ernährungsexperten so wütend, daß sie Nahrungsergänzungsmittel pauschal ablehnen. Aber in der Biologie geht es selten um ganz oder gar nicht, sondern um eine Balance. Wer schwer körperlich arbeitet oder reichlich anstrengenden Sport betreibt, kann beim Essen zwei- oder dreimal so stark zulangen wie ein Stubenhocker. Und wer viel ißt, bekommt auch reichlich Vitamine. Muß man jedoch, um die Figur zu halten, mit jeder Kalorie knausern, werden auch die Nährstoffe knapp. Dann macht es Sinn, sie zusätzlich einzunehmen.

Ultrahohe Dosierungen sind aber genauso gefährlich wie Mangel. Der pragmatische Altersforscher Bruce Ames plädiert dafür, jeden Tag eine einfache Multivitamintablette vom Discounter zu nehmen, weil sie nicht viel kostet und die Gesundheitssysteme damit auf Dauer eine Menge Geld sparen könnten. Natürlich wäre es besser, fünfmal täglich Obst und Gemüse zu essen. Doch das tut kaum jemand. Zwanzig Jahre Predigten, sich gesund zu ernähren, so Ames, haben bei Amerikanern bisher wenig bewirkt. Auch in Deutschland nützten Mahnungen wenig. Bei uns sind es die ohnehin Gesundheitsbewußten, die sich mit einem Multivitaminpräparat zusätzlich absichern. Wer auf gesundes Essen keinen Wert legt, kauft auch selten Nahrungsergänzungsmittel.

Multivitaminpräparate? Die schlucken meist Menschen, die ohnehin gesund essen

Vielleicht würde sich mancher überzeugen lassen, wenn klar wäre, was Vitamine wirklich tun. Schaut man sich an, was eine Unterversorgung im Erbgut auslöst, kommt etwas mehr Licht in die Sache. Bruce Ames und sein Forschungsteam fanden heraus, daß ein Mangel am B-Vitamin Folsäure wie radioaktive Strahlung auf die kettenförmigen Erbmoleküle im Inneren der Zellen wirkt. Ist nicht genug von dem Vitamin vorhanden, brechen die Ketten. Dann kommen die Reparaturtrupps der Zelle und verschließen die entstandenen Lücken provisorisch mit einem chemischen »Pflaster« aus dem Stoff Uracil. Je mehr Brüche entstehen, desto mehr Stellen werden geflickt und desto schlechter läßt sich die Botschaft der Gene entziffern. So gerät der Stoffwechsel immer mehr ins Trudeln. Und: Was einmal falsch zusammengeklebt wurde, kann selbst durch die beste Nährstoffversorgung nicht wieder repariert werden, betroffene Zellen gehen früh zugrunde oder entarten schlimmstenfalls zu Krebs.

Die Wirkung der Nährstoffe liegt also nicht in der maximalen Menge, sondern darin, langfristig immer genau dann zur Verfügung zu stehen, wenn sie vom Stoffwechsel für einen reibungslosen Ablauf gebraucht werden. Wer bei Vitamin- und Mineralstoffpillen auf schnelle Wirkungen hofft, wird also enttäuscht. Es dauert Jahre oder gar Jahrzehnte, bis ihr Nutzen sichtbar wird. Mit Hilfe der Nurses' Health Study, einer Langzeitstudie an mehr als 120 000 Krankenschwestern, suchten US-Forscher 14 Jahre vergeblich nach den Vorteilen von folsäurehaltigen Präparaten. Erst nach 15 Jahren zeigte sich ein Unterschied: Die Frauen, die die Vitamine bis dahin regelmäßig genommen hatten, entwickelten 75 Prozent weniger Darmkrebs.

Nach 15 Jahren zeigt sich der Effekt der Vitamine

Reicht ein simples Multivitaminpräparat als Schutzschild gegen Alterserkrankungen? Und wieviel an Vitaminen, Mineralstoffen und Spurenelementen braucht man denn, wenn man möglichst lange gesund bleiben will? Das sind gute Fragen, auf die es noch keine schlüssige Antwort gibt. Um den Stoffwechsel in der Spur zu halten und die vitale Lebenszeit zu verlängern, müssen Mikronährstoffe nicht nur so dosiert sein, daß sie schwere Mangelerscheinungen wie Scorbut verhindern, sondern hoch genug, um chronische Krankheiten und schleichenden Verschleiß zu stoppen. Glaubt man Genforschern, benötigt dafür wohl jeder Mensch seine ganz eigene Dosis.

Die Dosis macht das Gift

Wie unterschiedlich die Bedürfnisse von Mensch zu Mensch sein können, sieht der Arzt und Forscher Peter Nielsen täglich in der Eisenstoffwechselambulanz im Hamburger Universitätskrankenhaus Eppendorf. Zu ihm kommen junge Frauen, Kinder und Heranwachsende, die sich matt und müde fühlen. Sie können sich kaum konzentrieren, weil ihnen Eisen fehlt. Nur wenn das Spurenelement in ausreichender Menge zur Verfügung steht, versorgt das

Blut jede Zelle mit Sauerstoff. Dann funktionieren auch Gehirn und Immunsystem so, wie sie sollten. Das Metall ist also absolut unentbehrlich. Aber weil es so leicht rostet oder, wie Mediziner sagen, weil es hochoxidativ ist, wirkt jedes Milligramm zuviel im Körper wie ein Gift. Die Natur sorgt deshalb mit hohem Aufwand dafür, nur genau so viel Eisen in den Körper hineinzulassen, wie gerade gebraucht wird.

Klagt ein 50jähriger über Schwäche und Müdigkeit, tippt der Eppendorfer Stoffwechselspezialist nicht auf Mangel, sondern auf das Gegenteil, die Eisenspeicherkrankheit. Ärzte nennen sie Hämochromatose. Es ist eine der häufigsten erblichen Stoffwechselstörungen – jeder zehnte Nordeuropäer hat die Anlage von einem Elternteil geerbt, jeder hundertste bekam sie von beiden. Die Betroffenen nehmen bis zu dreimal soviel Eisen aus der Nahrung auf wie üblich. Und weil der Körper den Überschuß heutzutage nicht mehr benötigt, um Blutverluste durch Kämpfe, Jagdunfälle und viele Geburten auszugleichen und er den riskanten Stoff anders nicht los wird, lagert er ihn in einzelnen Organen, vor allem in der Leber, ab. Herzprobleme und Arthritis, Impotenz und eine Zerstörung der Bauchspeicheldrüse können langfristig die Folge sein. Bei Männern beginnen Zellschäden bereits ab dem 20. Lebensjahr, Frauen sind besser dran: Sie werden durch die Menstruation so viel von dem Eisen los, daß sich die Vergiftung bei ihnen erst nach den Wechseljahren zeigt.

Chronische Müdigkeit? Statt Eisenmangel kann auch Eisenüberschuß dahinterstecken

Peter Nielsen warnt deshalb vor einer unkontrollierten Eisentherapie ohne nachgewiesenen Mangel. Denn auch die Hämochromatose äußert sich anfangs durch Müdigkeit und Unkonzentriertheit, also ganz ähnlich wie der Eisenmangel. Der erste Weg führt also besser zum Arzt. Stellt er wirklich einen Mangel fest, verschreibt er Eisen. Ist der Spiegel, wie oft bei älteren Menschen, recht hoch, lohnt eine weitere Laboruntersuchung auf Hämochromatose. Je früher der Gendefekt gefunden wird, desto besser.

Regelmäßige Aderlässe können das erhöhte Eisen ohne großen Aufwand und ohne Medikamente auf normal zurückfahren. Wie so oft in der Biologie, ist hier zuviel des Guten genauso schädlich wie zuwenig: Mangel und Überfluß, beides zerstört die lebenserhaltenden Mitochondrien im Inneren der Zellen.

Unsere Gene entscheiden, von welchen Nährstoffen wir besonders viel brauchen

Eisen ist nicht der einzige Nährstoff, von dem der eine viel und der andere wenig braucht. Experten kennen rund 50 Krankheiten, die aufgrund eines Fehlers in der Erbsubstanz einen besonders hohen Bedarf an B-Vitaminen erzeugen. Noch weiß kaum jemand von sich selbst, ob er einen solchen genetischen Webfehler mit sich herumträgt. Doch das Problem ist längst in Arbeit. Ernährungsratschläge, die für jeden gelten, wird es wohl in zehn Jahren kaum noch geben. So reagiert nur jeder fünfte auf zuviel Kochsalz mit erhöhtem Blutdruck und Nierenschäden. Die hochgelobten Biostoffe aus dem grünen Tee bringen nur einem Teil der Teetrinker Vorteile. Erbanlagen entscheiden auch, ob bei einem hohen Cholesterinspiegel eine sehr fettarme Diät nützt. Die meisten profitieren zwar, wenn sie mit Fett geizen und dafür viele Kohlenhydrate essen, aber etwa jeder Zehnte erlebt bei dieser Diät eine Verschlechterung. Sein Körper erzeugt dann eine besonders schädliche Cholesterinvariante.

FAHRPLAN FÜR DIE NÄCHSTEN FÜNFZIG JAHRE

Das Älterwerden fängt leider schon früh an. Deshalb wirkt Prävention am besten, wenn man sie eigentlich noch gar nicht nötig hat. Einsteigen lohnt für jeden zu jeder Zeit.

Mit dreißig – die Jungen

»Trau keinem über dreißig« hieß es Anfang der 70er Jahre. Damals trennte diese Zahl die Progressiven vom Establishment, also die Jugend von den Alten. Und irgendwie stimmt es. Mit dreißig ist die Jugend endgültig vorbei, auch biologisch gesehen, denn Alterung beginnt spätestens mit dem Abschluß der Wachstumsphase. Nur wenige Menschen wachsen noch jenseits ihres 20. Lebensjahrs. Gut, geben wir noch ein paar Jahre zu. Aber dann ist es endgültig vorbei mit den Privilegien der Jugend.

Der dreißigste Geburtstag gerät vielen zur ersten realen Erfahrung des Alterns. Oft bekommt man von Freunden aus der Clique witzige Geschenke wie etwa ein geriatrisches Skateboard mit Haltegriff und Klingel, ein altmodisches Stärkungsmittel aus der Apotheke oder eine selbstgebastelte Viagra-Packung mit Smarties. Die strahlend jungen, energiegeladenen Geburtstagskinder lachen darüber schallend mit ihren Gästen. Doch heimlich stellen sie sich die Frage, wie viele Falten sich in den nächsten zehn oder zwanzig Jahren in ihr Gesicht graben werden, wann der Bizeps schwindet, der Busen absackt und wie viele Haare wohl in ein paar Jahren noch auf ihrem Kopf sprießen. Dann schauen sie ihre Eltern an, und nicht wenige erkennen in diesem Anblick ungewollt ihr eigenes Schicksal.

Erkannt, gebannt: Vorsorge hilft auch bei geerbten Krankheiten

Falls der Geburtstag mit einem Familienfest gefeiert wird, könnte man die traute Runde am späteren Abend nutzen, um einmal nach den Krankheiten zu fragen, die in der Familie liegen. Höllisches Thema, sicherlich, aber äußerst nützlich! Also gießen wir die Gläser nach und fragen, womit sich die Verwandten so herumplagen. Wir spitzen die Ohren, wenn gesagt wird: »Bei uns klagen doch alle über ihr schwaches Herz« oder: »Tante Gisela hat wieder Thrombose.« Wir hören am besten noch genauer hin, wenn Krankheiten wie Krebs innerhalb des Clans frühzeitiger auftauchen als anderswo, und fragen gezielt nach den Umständen, wenn Schwangerschaften immer wieder schiefgehen. Wozu das Ganze? Informationen über die Erkrankungen der Großeltern, Eltern, Geschwister und der Geschwister der Eltern sind aufschlußreich, weil Erbanlagen bei vielen verbreiteten Krankheiten eine Rolle spielen. Oft erfährt die Familie erst durch ein Gespräch in größerer Runde, wie viele Mitglieder an einer Embolie gestorben, an Darmkrebs erkrankt sind oder schon mit vierzig durch Osteoporose gebrechlich wurden.

Freigegeben ab 21

Die Welt ist ungerecht, die Biologie erst recht! Natürlich steigern schlechte Angewohnheiten wie etwa Rauchen oder eine Abneigung gegen körperliche Anstrengung die Möglichkeit, einen Herzinfarkt zu erleiden. Doch betreffen sie die Mitmenschen stärker, deren Verletzbarkeit in der Familiengeschichte wurzelt. Oft sind es ein paar Dutzend Gene, manchmal ist es aber nur ein einziger kleiner Webfehler im Erbgut, der einen Menschen empfindlich macht gegen fettes Essen, Alkohol und Rauchen. Leiden in einer Familie bereits mehrere an einer Verengung der Herzkranzgefäße, bedeutet dies natürlich nicht, daß auch alle übrigen erkranken werden. Doch etwas Vorsicht kann nicht schaden. Wissenschaftler untersuchten 400 betroffene Familien und fanden heraus: Ausgerechnet bei der Gesundheit der großen Herzkranzgefäße sind Gene im Spiel. Humangenetiker gehen davon aus, daß jeder fünfzigste Bundesbürger einen ererbten Defekt im Fettstoffwechsel hat, der irgendwann zu Herz-Kreislauf-Beschwerden führen kann.

Humangenetik – eine neue Wissenschaft der Vorsorge

Es lohnt sich, die Krankengeschichte seiner Angehörigen im Blick zu behalten. Beschleicht einen ein ungutes Gefühl, weil in der Familie mehrmals jemand in jungen Jahren von einer Krankheit befallen wurde, an der sonst nur ältere Menschen leiden, läßt man sich eine Überweisung zum Humangenetiker geben. Das ist kein Anlaß, in Furcht und Schrecken zu verfallen, sondern eine moderne Art, die Vorsorge zu optimieren. Man lebt entspannter, wenn man frühzeitig weiß, auf welche Schwächen des Körpers Rücksicht zu nehmen ist. Denn mit zwanzig oder dreißig lassen sich Schäden noch ohne großen Aufwand abwenden. Der Mediziner Holger Höhn, Leiter des humangenetischen Instituts der Universität Würzburg, rät deshalb gerade den Jungen, sich beraten zu lassen. Seiner langjährigen Erfahrung nach sind ab einem Alter von 21 Jahren die meisten reif genug, sich um ihre Zukunft zu kümmern.

Eine Denkpause vor der Untersuchung

Die für manchen völlig undurchsichtige neue Wissenschaft der Genetik löst Argwohn und Abwehr aus. Viele befürchten, durch molekulare Untersuchungen entstünde eine neue Eugenik, und Träger ungünstiger Erbanlagen müßten mit beruflichen Nachteilen oder erhöhten Versicherungsbeiträgen rechnen. Tatsächlich versuchen Versicherungen aus dieser medizinischen Wissenschaft Kapital zu schlagen. Und der Gesetzgeber hat noch längst nicht alle möglichen Folgen bedacht.

Kleine Webfehler im Erbgut – Forscher nennen sie SNPs

Doch für Horrorszenarien ist die Humangenetik nicht geeignet. Schon deshalb nicht, weil jeder Mensch unzählige genetische Eigenheiten in sich trägt, von denen niemand genau weiß, wie sie sich im Dialog mit der Umwelt und seinem ganz persönlichen Lebensstil einmal auswirken werden. Was aber jeder von uns zigfach in sich trägt, ist kaum zur Ausgrenzung einzelner geeignet. Die häufigsten Abweichungen sind die sogenannten SNPs, im Insiderjargon »Snips« ausgesprochen, die »Single nucleotide polymorphisms«, bei denen nur ein Buchstabe der genetischen Abfolge verändert ist. Topforscher schätzen, daß in unser aller Erbgut im Schnitt von tausend »Buchstaben« jeweils einer vertauscht ist. Das macht etwa drei Millionen SNPs pro Person. Veränderungen im Erbgut sind also so verbreitet wie die Menschheit selbst.

Meist sind mehrere kleine »Buchstabendreher« an verschiedenen Stellen des Genoms schuld, wenn weitverbreitete Krankheiten in einer Familie gehäuft vorkommen. Mehr Sorgen erzeugen die glücklicherweise sehr seltenen Krankheiten, die von einem komplett zerstörten oder fehlenden Gen ausgelöst werden und nicht zu behandeln sind. Kaum jemand will mit dem Wissen um eine solche Bedrohung umgehen müssen, die bittere Wahrheit würde das Leben unerträglich machen. Eine genetische Beratung führt deshalb auch nie direkt zu einer Untersuchung der Gene. Humangenetiker sollen und wollen niemanden bevormunden oder beeinflussen. In der Regel überlegen Ratsuchende und Berater gemeinsam, was zu tun ist. Oft raten die Experten ohne Genanalyse, einfach aufgrund der Familiengeschichte, zu engmaschiger Vorsorge, kleinen Veränderungen im Lebensstil oder zu vorbeugenden Medikamenten. Nur wer sich nach mehreren Gesprächen und einigen Denkpausen bewußt dafür entscheidet, erfährt, ob er ein krank machendes Gen trägt. Ist mehr als eine direkte Verwandte wie etwa Großmutter, Mutter oder Schwester an Brust- oder Eierstockkrebs erkrankt, sollte man die Chance für eine genetische Beratung unbedingt wahrnehmen. Besser, als sich deswegen mit ungewissen Ängsten herumzuschlagen, ist es, sich in die Obhut von Experten zu begeben. Zwölf universitäre Zentren für familiären Brust- und Eierstockkrebs betreuen bereits an die 10000 Frauen, die mit der Bedrohung leben müssen. Stellt sich wirklich eine Gefährdung heraus, werden die Betroffenen, dazu gehören beim Brustkrebs auch Männer, in ein umfangreiches Früherkennungsprogramm einbezogen und vorsorglich betreut. Natürlich macht jede drei Kreuze, wenn in der Familie keine Krebsfälle vorkommen. Doch tun trotzdem alle Frauen gut daran, schon ab zwanzig einmal im Jahr zur Vorsorge zu gehen. Schließlich beruhen nur etwa fünf bis zehn Prozent der Tumoren auf einem Gendefekt.

Geerbte Bedrohung: Früherkennungsprogramme helfen

Wenig belastend sind erbliche Veranlagungen, die, wenn sie früh erkannt werden, gut zu behandeln sind. Dann erhöht eine Untersuchung die Chance auf ein langes, gesundes Leben. Das gilt zum Beispiel für die familiäre Veranlagung zur Thrombose. Dahinter steckt eine Genvariante, die das Blut schlechter fließen läßt. Als Folge bilden sich oft Gerinnsel, die vom Blutstrom in andere Blutgefäße geschwemmt werden und sich dort festsetzen. Bleibt ein Gerinnsel in einer Lungenarterie stecken, kommt es zur Lungenembolie, an der in Deutschland jährlich 30000 bis 40000 Menschen sterben. Die Thromboseneigung ist deshalb nach Herzinfarkt und Schlaganfall die dritthäufigste lebensbedrohende Herz-Kreislauf-Erkrankung. Früher erwischte sie die Betroffenen unvermutet. Heute gibt ein einfacher Gentest Aufschluß. Dazu ist nur eine Blutentnahme erforderlich, deren Ergebnis innerhalb einer Woche vorliegt. Die frühzeitige Diagnose rettet Leben und Gesundheit, weil Medikamente den Defekt problemlos ausgleichen.

Mit vierzig – endlich erwachsen

Statt Midlife crisis die Weichen in Richtung Gesundheit stellen

Droht das Ende der Dreißiger, überfällt manchen eine gewisse Hektik. Die ersten Veränderungen im Äußeren zeigen sich. Man ist nicht mehr so jung, daß man es sich leisten könnte, den unerbittlichen Lauf der Zeit außer acht zu lassen. Gelingt es einem, dem eigenen Spiegel aus dem Weg zu gehen, sieht man die Spuren der Alterung im Gesicht seiner Weggenossen. Das Ende der Jugend mit dem Übergang ins mittlere Lebensalter fällt selten ganz leicht. Obwohl nur wenige eine ausgeprägte Midlife crisis erleben, ist der Anpassungsprozeß oft mühsam. Jetzt, mit vierzig, kommt es darauf an, endlich erwachsen zu werden und die Weichen in Richtung Gesundheit zu stellen. Wer noch raucht, überwindet sich vielleicht und schmeißt die Glimmstengel ein für allemal weg. Freunde feucht-fröhlicher Vergnügungen überprüfen ihren Alkoholkonsum etwas strenger als vorher. Und die, die einen deutlich sichtbaren Bauch vor sich hertragen und aus einer Familie stammen, in der Diabetes und Herzkrankheiten vorkommen, kriegen vielleicht jetzt die Kurve und werden sportlich aktiv. Doch man kann noch mehr tun.

Vitamine gegen Gift im Blut

Gesetzliche Krankenkassen zahlen zwar nicht dafür, doch für alle, die in ein »gesundes« Langzeitprojekt investieren wollen, lohnt es sich, im Blut nach einem Stoff namens Homocystein zu schauen. Die Substanz gilt als das »neue Cholesterin«: Ist der Wert im Blut erhöht, steigt das Risiko für Herz-Kreislauf-Erkrankungen, Bluthochdruck, Schlaganfall, Nervenerkrankungen und Gedächtnisstörungen sowie für Depressionen. Erhöhte Konzentrationen des giftigen Schlackenstoffs werden bei fünf bis zehn Prozent der Allgemeinbevölkerung und bei bis zu 40 Prozent der Gefäßkranken gemessen. So grauslich das alles klingt: Ein erhöhter Homocysteinspiegel ist wunderbar einfach zu behandeln! Man braucht nur täglich eine Vitamintablette einzunehmen, die den Bedarf der Vitamine B_6, B_{12} und Folsäure deckt. Auch wer Pillen haßt, sollte hier zugreifen, denn allein mit gesunder Ernährung sind die benötigten Mengen nicht hinzukriegen. Der Grund: Ein kleiner, aber weitverbreiteter genetischer Webfehler vergrößert den Bedarf des Körpers an diesen Entgifter-Vitaminen so sehr, daß er durch Lebensmittel allein nicht zu decken ist. Hat man den Defekt nur von einem Elternteil geerbt, ist der Homocystein-Spiegel nur milde erhöht. Brachten beide Eltern den Fehler ein, steigt der Spiegel drastisch.

Zu wenig B-Vitamine, dann steigt der Homocystein-Spiegel

Schaden können B-Vitamine in üblichen Dosierungen jedenfalls nicht. Wahrscheinlich nützen sie sogar mehr, als wir bisher wußten. Nach einer holländischen Studie verjüngt zusätzliche Folsäure das Gedächtnis älterer Menschen um Jahre. Die Untersuchung an 818 Männern und Frauen im Alter von 50 bis 75 Jahren ergab, daß nach dreijähriger Einnahme von täglich 800 Mikrogramm Folsäure außer dem Gedächtnis auch die Geistesgegenwart und die Reaktionsgeschwindigkeit zunahmen. Die Probanden reagierten so schnell und so gut wie andere Teilnehmer, die zwei Jahre jünger waren. Dieser Effekt war bei Kontrollpersonen, die zum Vergleich lediglich wirkungslose Placebo-Pillen erhalten hatten, nicht zu verzeichnen.

Ausgerechnet die in der Studie verwendete nervenstärkende Folsäure kommt aber beim alltäglichen Essen oft zu kurz. Das Vitamin, das am reichlichsten in grünen Blättern steckt, ist so empfindlich gegen Wärme, Licht und Sauerstoff, daß man Lebensmittel bei Lagerung, Transport und Zubereitung quasi mit Samthandschuhen anfassen muß. Bei Restaurant- und Kantinenmahlzeiten muß man schlimmstenfalls damit rechnen, daß 90 Prozent der ursprünglich enthaltenen Folsäure verschwunden sind, bevor das Essen auf dem

Im Essen meist zu knapp: die nervenstärkende Folsäure

Tisch steht. Selbst für Menschen, die sich mit frisch Gekochtem gezielt und vernünftig ernähren, bleibt das Vitamin knapp. Amerikanische Behörden ordneten deshalb schon vor Jahren an, Getreideprodukte wie etwa Frühstücksflocken damit anzureichern.

Mit fünfzig – Zeit für Veränderungen

Jetzt erreichen wir die unbekannten Zonen der zweiten Lebenshälfte. Fünfzig ist die Mitte, wenn man davon ausgeht, hundert zu werden. Diese Zahl bildet eine Art Zollgrenze, denn der Körper fordert seinen ersten Tribut für die vergangenen Jahre und macht nicht mehr alles mit, was von ihm verlangt wird. Männer, die sich noch nie um das eigene Alter gekümmert haben, sind über das langsame Nachlassen ihrer Körperkräfte beunruhigt. Frauen, deren sozialer Status stärker mit körperlicher Attraktivität verbunden wird, trauern über Falten und graue Haare. Wechseljahrsbeschwerden plagen einige heftig und verschonen andere. Viele geraten in die Klemme zwischen den Ansprüchen der eigenen Familie oder des Berufs und den Bedürfnissen ihrer pflegebedürftigen Eltern. Familien- und Jobkrisen stressen beide Geschlechter jetzt mehr als früher. Die Seele wird empfindsamer.

Gegen das Grau im Kopf

Irgendwann machen schwere Glieder und Grauschleier im Kopf den Kick-Start am Morgen schwierig. Das ist beileibe kein Zeichen unvermeidlicher Alterung, sondern eine Zivilisationsfolge, die jenseits der Fünfzig mehr in den Vordergrund tritt.

Chronobiologen beschäftigen sich mit den natürlichen Rhythmen im Leben von Mensch und Tier. Sie geben dem modernen Lebensstil die Schuld für versickernde Kräfte. Viele Zeitgenossen, so erklären sie, bewegen sich heutzutage nur noch selten im Freien. Angestellte gehen morgens vom Auto an den Schreibtisch, verbringen die Mittagspause beim Shoppen im Kunstlicht eines Kaufhauses und sehen auch für den Rest des Tages keinen Sonnenstrahl, weil sie sich in geschlossenen Räumen aufhalten. So gerät unsere innere Uhr aus dem Takt. Die Bürobeleuchtung allein genügt nicht, nur helles Tageslicht kann die winzigen Zeitgeber im Inneren jeder Zelle täglich wieder neu einstellen und damit den Stoffwechsel justieren. Fehlt es, schaltet der Körper auf Winterschlaf.

Wichtig im Winter: Spaziergang ohne Lichtschutzcreme und Sonnenbrille

Wer gegensteuern möchte, muß sich trotz aller Pflichten und Sorgen vom Schreibtisch losreißen und regelmäßig ins Freie gehen. Schon eine Viertelstunde im Mittagslicht reicht aus, um den schlappen Stoffwechsel aufzuscheuchen, die Atmung zu aktivieren und die Produktion von Vitamin D anzukurbeln. Nordeuropäer mummeln sich in der dunklen Jahreszeit nicht zu dick ein, tragen keinen Sonnenschutz und möglichst auch keine Sonnenbrille, damit Augen und Haut vom Licht profitieren. Am rosigen Teint und der charmanten kleinen Dosis Euphorie, die sie mitbringen, wenn sie sich nach einem Rundgang wieder an den Schreibtisch setzen, erkennt man die Frischluftfans.

Streß-Verstärker: Kaffee und Zucker

Jeder kennt sie, die graugesichtigen, angestrengten Büromenschen mittleren Alters, die ihren Kaffeebecher wieder und wieder auffüllen, nicht selten 10- bis 15mal pro Tag. Wer sich unkonzentriert und müde fühlt, der greift zum Kaffee. Sicher kommt das Phänomen manchem bekannt vor, auch wenn er eher schwarzen Tee oder Cola trinkt. Das Koffein dieser Getränke soll die Müdigkeit bezwingen und Streß mildern. Doch tatsächlich bewirkt die übergroße tägliche Portion genau das Gegenteil. Sie verstärkt und verlängert die Wirkung der Streßhormone, macht Bewegungen fahrig und Gedankengänge wirr. Die Getränke verhindern die notwendige Regeneration, weil Koffein das Schlafbedürfnis reduziert, den Schlaf unruhiger und weniger erholsam macht. Dabei hat der Organismus nur im Schlaf die Möglichkeit, »Verschleißteile« zu reparieren. Wir fahren also, was unsere inneren Kräfte angeht, dauernd auf dem »Reservetank«, statt durch tiefen Schlaf die Vorräte wieder aufzufüllen.

Ein Wochenende ohne Koffein und Zucker: so gut wie ein Erholungsurlaub

Häufig kommt zur »Kaffeesucht« die nach Süßem hinzu. Die zittrige Unruhe, die ein Übermaß von Koffein verursacht, löst den Wunsch nach der beruhigenden Wirkung der Kohlenhydrate durch das Serotonin aus. Die Kombination von Zucker und Koffein wirkt wie ein Doping, das den Körper veranlaßt, die letzten Kraftreserven zu mobilisieren. Was er jedoch eigentlich benötigt, sind Ruhe und »langsame« Kohlenhydrate, wie sie von Vollkornbrot, einem Nudel- oder einem Hülsenfruchtgericht geliefert werden. Diese sorgen dafür, daß über einen langen Zeitraum genügend Serotonin produziert wird, um das Orchester der Nervenbotenstoffe auf eine angenehme Melodie zu stimmen.

Naturheilkliniken, die sich an ayurvedischer oder chinesischer Medizin orientieren, können bei erschöpften Arbeitstieren häufig überzeugende Heilerfolge vorweisen. Das gute Ergebnis beruht sicher unter anderem auf dem konsequenten Verbot von Koffein und Zucker, kombiniert mit einem verordneten Rückzug von der Reizflut des Alltags. Wer kein Geld für solche luxuriösen Erholungsmaßnahmen hat, kann sich die notwendigen Bedingungen für Erholung und Genesung glücklicherweise selbst herstellen, indem er sich für einige Tage, zum Beispiel für ein langes Wochenende, zu Hause einen streßfreien Freiraum schafft, Telefon, Fernseher, Radio und Computer abschaltet und konsequent auf Koffein und Zucker verzichtet. Falls den Gestreßten daraufhin eine abgrundtiefe Müdigkeit befällt, kann man dies getrost als Beginn einer tiefgreifenden Erholung werten. Helfen solche Regenerationsphasen nicht oder fühlt man sich dadurch nur noch schlechter, wird es Zeit, mit einem Arzt zu reden und dabei laut und deutlich das Wort »Depression« auszusprechen.

Aus dem Bauch heraus

Von allen Präventionsmaßnahmen gilt die Darmkrebs-Vorsorge als die unbeliebteste. Trotz ästhetisch einwandfreier Fernsehwerbung rafft sich längst nicht jeder dazu auf. Dabei könnte man die Sache ja behutsam angehen und ab dem fünfzigsten Geburtstag erst einmal den unkomplizierten Test auf verborgenes Blut im Stuhl machen. Wer ihn regelmäßig jedes Jahr wieder durchführt, hat die Chance, etwa ein Viertel der Darmpolypen, die als frühes Stadium von Darmkrebs angesehen werden, rechtzeitig zu finden. Ab 55 heißt es dann: Faß dir ein Herz, und besorg dir einen Termin für eine Darmspiegelung. Alle, die es getan haben, sagen, es ist nur halb so schlimm. Und eigentlich hat man auch keine große Wahl. Nur wenn Ärzte in den Darm hineinsehen können, finden sie bösartige Wucherungen frühzeitig genug, um sie folgenlos zu beseitigen.

Darmspiegelung: Halb so schlimm, sagt jeder, der sie gemacht hat

Kommen Darmkrebs und andere Erkrankungen des Verdauungstrakts in der Familie vor, wird man vielleicht zur humangenetischen Beratung gehen und sich beim Essen frühzeitig vorsehen. Den Verdauungsapparat fit zu halten macht aber natürlich für jeden in jedem Alter Sinn. Während der letzten fünfzig Jahre sind viele sättigende, gesunde Gerichte für immer vom Speisezettel verschwunden. Eintöpfe aus Hülsenfrüchten, Kohl, Kartoffeln, Graupen, Buchweizen oder Grünkern werden nur noch in wenigen Haushalten regelmäßig gekocht. Dicke, deftige Brotscheiben sind

Moderne Eßgewohnheiten machen den Darm krank

den allgegenwärtigen frischen Brötchen gewichen. Außerdem essen wir heute rund doppelt soviel Süßigkeiten, Fleisch, Käse und fette Imbißgerichte wie die Generationen vor uns. So wird beispielsweise die Hälfte der in der Europäischen Union verkauften Sahne in Deutschland gegessen. Deutsche und Briten teilen sich außerdem den Spitzenplatz im Verbrauch von Süßigkeiten.

Leider »sagt« der Verdauungstrakt nicht sofort, was ihm Probleme macht, sondern präsentiert die Rechnung erst nach Jahrzehnten in Form von Krebs, Übergewicht, Gallensteinen, Divertikulose, Hämorrhoiden und Fettstoffwechselstörungen.

Alle diese Erkrankungen stehen mit einem langjährigen Mangel an Ballaststoffen in Verbindung. Unsere Verdauungsorgane sind zwar enorm flexibel und verarbeiten die unterschiedlichsten Nahrungsmittel. Doch eins vertragen sie nicht: die fast völlige Abwesenheit von unverdaulichen Nahrungsbestandteilen. Sie bereitet dem Darm wahre Folter und macht ihn krank. Weil von Currywurst, Baguettebrötchen, Pommes, Pizza, Eiscreme, Schoko-Mousse und Tiramisu kaum Masse übrigbleibt, müssen die Muskeln im Verdauungstrakt sich entsetzlich quälen, um ihre Arbeit zu machen und den Speisebrei voranzuschieben. Wird die Belastung übermächtig, treibt der Druck der Muskeln die Schleimhaut vom Inneren des Darms durch die natürlichen Lücken in der Muskelschicht nach außen. Flaschenförmige Aussackungen, die sogenannten Divertikel, erzählen von dem Kraftaufwand, mit dem das empfindliche Organ schuftet, und führen im Laufe der Jahre zu quälenden schleichenden Entzündungen. Auch der zarte, mit raffinierten Schließmechanismen ausgestattete After nimmt den Druck auf Dauer äußerst übel: Hämorrhoiden und Inkontinenz entstehen so.

Unsere Freunde, die Bakterien

Doch die Leiden des Organs sind damit noch längst nicht beendet. Ballaststoffarme Ernährung torpediert auf Dauer sogar die ausgeklügeltsten Schutzsysteme. Die Darmflora mit ihren Trillionen von Bakterien sorgt im Dickdarm für eine gesunde, krebsresistente Schleimhaut. Sie macht aus den letzten vom Dünndarm bereits ausgelaugten Nahrungsresten energiereiche Stoffe wie etwa Butyrat, von denen sich die Schleimhäute ernähren und die dem Darm helfen, beweglich und gesund zu bleiben. Gelangen zu wenig Ballaststoffe in den Darm, hungern die »freundlichen« Bakterien der Darmflora und produzieren zu wenig Schutzstoffe. Damit gerät auch die für das Immunsystem so wichtige Schleimhaut in Not. Ohne ausreichende Versorgung mit Nahrung verkümmert sie, wird immer dünner und durchlässiger. Am Schluß dieser Entwicklung kann sie sich gegen die Krebsauslöser im Darminhalt nicht mehr zur Wehr setzen. Sie gibt ihre Barrierefunktionen Stück für Stück auf.

Täglich Fleisch und Wurst verdoppelt das Darmkrebsrisiko

Genehmigt man sich täglich Steaks, Braten, Schinken und Wurst, steigt das Darmkrebsrisiko um mindestens 50 Prozent, während täglicher Fischgenuß das Risiko halbiert. Das sagt eine internationale Studie an rund 500000 Freiwilligen. US-Forscher hatten das rote Fleisch schon lange in Verdacht, an der Entstehung von Darmkrebs beteiligt zu sein. Um die Zusammenhänge genauer zu untersuchen, beobachten die Wissenschaftler seit 1992 Ernährungsgewohnheiten und Auftreten von Krebserkrankungen in zehn europäischen Ländern. Die Forscher fanden einen eindeutigen statistischen Zusammenhang zwischen Krebsrisiko und der täglich verzehrten Menge an Fleisch, Fleischprodukten und Fisch: Mit jeden 100 Gramm Rind, Schwein oder Lamm, die täglich auf dem Teller landen, steigt das Krebsrisiko um 50 Prozent. Wurst, Räucherspeck, Fleischkonserven oder Schinken erhöhen es sogar um 70 Prozent. Fischfans können ihr Risiko dagegen senken. Geflügel hat nach dieser Studie keinen Einfluß auf das Risiko, an Darmkrebs zu erkranken.

Fisch- und Geflügel-Esser haben seltener Tumoren

Auf welche Weise Fleisch zur Entstehung von Tumoren beiträgt, wissen die Forscher bislang noch nicht. Es könnte das Eisen sein, das im roten Blutfarbstoff des Fleisches in großen Mengen vorhanden ist und die Bildung von Darmgiften verstärkt. Auch Substanzen, die beim scharfen Braten, Grillen und Räuchern von Fleisch entstehen, könnten eine Rolle spielen. Fisch dagegen enthält gesunde, mehrfach ungesättigte Omega-3-Fettsäuren, die den Darm nach Ansicht der Forscher schützen.

Mit sechzig – die jugendlichen Alten

Einige stehen noch im hektischen Berufsleben, andere sind bereits ausgeschieden und mit einem vollkommen neuen Lebensabschnitt konfrontiert. Die notorisch Unabkömmlichen entdecken plötzlich, wie leicht sie zu ersetzen sind. Ob sie wollen oder nicht, sie müssen den Wandel akzeptieren und lernen loszulassen. Die meisten Sechzigjährigen erfreuen sich einer robusten Gesundheit, verfügen über ausreichende finanzielle Ressourcen, haben weniger Familienpflichten als früher und wollen eine Menge erleben. Das »junge« Alter, das von Gerontologen oft als das »dritte« Lebensalter bezeichnet wird, gilt vielen deshalb als die schönste Zeit ihres Lebens. So soll es bleiben – möglichst für immer.

Damit das Schicksal einem keinen Strich durch die Rechnung macht, gilt es, zusätzliche Dämme gegen die Flut der denkbaren Verluste zu bauen. Vielleicht fangen wir mit einer Kleinigkeit an. Wir lassen uns ab sofort jedes Jahr im Herbst gegen Grippe impfen. Nicht weil wir die Influenza plötzlich mehr fürchten als vorher, sondern weil die Immunisierung weitreichende Vorzüge mitbringt. Das Grippevirus schädigt nicht nur die Atemwege, es mindert ganz allgemein die Abwehrkräfte und macht den Körper anfällig für weitere Infektionen. Vor Erkältungen schützt die Impfung nicht, denn für Husten und Schnupfen sind andere Viren verantwortlich. Die Grippeimpfung verhindert aber einer großen US-Studie zufolge 20 Prozent der Herz- und Hirninfarkte. Geimpfte erkranken auch um fast ein Drittel seltener an schweren Atemwegskomplikationen. In der Gruppe der Geimpften starben 48 Prozent weniger, obwohl überdurchschnittlich viele betagte und kranke Menschen zur Stichprobe gehörten. Damit ist die Grippeschutzimpfung wahrscheinlich die mit Abstand einfachste und kosteneffektivste Prävention gegen Herz- und Kreislauf-Erkrankungen, die es bis heute gibt.

Harmlose Keime gegen lebensgefährliche Infektionen

Eine weitere Schutzimpfung wird erst für Kleinkinder und dann wieder ab sechzig empfohlen. Sie schützt vor Ansteckung durch gefährliche, aber allgegenwärtige Bakterien mit dem kniffligen Namen Pneumokokken. Wer sich in höherem Alter dagegen impfen läßt, verhindert bakterielle Lungenentzündungen, Infektionen am Herzen, am Bauchfell und an den Gelenken. Jeder zweite von uns trägt Pneumokokken im Nasen-Rachen-Raum, auch die Gesunden. Wie Grippeviren werden sie über die Luft beim Sprechen, Husten oder Niesen übertragen. Schlägt das Bakterium zu, verläuft die Erkrankung oft so fulminant, daß jede Behandlung zu spät kommt. Jeder zweite stirbt innerhalb von 48 Stunden trotz Antibiotikatherapie. Deshalb: unbedingt impfen! Und den schützenden Pieks alle fünf Jahre auffrischen lassen.

Schmecken ist Erfahrungssache

Beim ersten Hineinschnuppern ins Glas kam nur die animalische Witterung von Leder in die Nase – und jetzt diese Fülle. Brombeeren und Johannisbeeren! Der Wein, der rubinrot im Glas steht, duftet eindeutig nach reifen Beeren. Aber da ist auch noch ein Hauch Aprikose. Wunderbar fruchtige Aromen! Das samtige Gefühl, das die Gerbsäure auf der Zunge hinterläßt, rundet alles ab. Ohne diese Säure wäre das Aroma zu lieblich.

Sinneszellen gehen verloren, aber man schmeckt noch alles

Kenner, die sich so begeistert mit dem funkelnden Bouquet eines Rotweins auseinandersetzen, erzittern bei dem Gedanken, ihre Genußfähigkeit könnte mit den Jahren verlorengehen. Doch keine Sorge. Je älter man wird, desto häufiger muß man sich mit Verlusten herumschlagen, die es gar nicht gibt oder die hauptsächlich auf Vorurteilen beruhen. So ist es auch beim Riechen und Schmecken. Jahrzehntelang galt es als ausgemacht, daß sich die Freude an kulinarischen Genüssen unweigerlich mit den Jahren verliert, weil irgendwann so viele Sinneszellen absterben, daß Zunge und Nase nichts mehr erleben. Glücklicherweise ist das ein Märchen.

Schon von Jugend an riecht und schmeckt der eine viel und der andere wenig. Die Unterschiede von Mensch zu Mensch sind erheblich größer als der Verlust an Sinneszellen, den die Zeit fordert. Zwar gehen mit jedem Jahr im Durchschnitt ein, zwei Prozent der ursprünglichen Anzahl verloren, doch sind die Folgen kaum wahrnehmbar. Als Forscher bei einem Geschmackstest die Fähigkeiten von Alten und Jungen verglichen, fanden sie kaum Unterschiede, denn unser Gehirn gleicht die Einbußen weitgehend aus. Der Darmstädter Lebensmittelspezialist Klaus Paulus beschäftigt sich seit vielen Jahren mit der Wahrnehmung von Geruch, Textur und Geschmack. Als Sensorikfachmann erklärt er den Vorgang so: »Wer beim Essen und Trinken genau hinschmeckt, erzeugt im Kopf mit den Jahren eine Bibliothek mit Tausenden von Geruchs- und Geschmackserlebnissen, die in vielschichtigen Bildern abgespeichert werden. Wollten wir sie beschreiben, uns fehlten die Worte dafür. Läßt die Empfindlichkeit unserer Sinneszellen etwas nach, gleicht eine im Gehirn gespeicherte ›Abbildung des Geschmacks‹ die Intensität meist vollkommen aus.«

Aber es kommt noch besser, denn die Wahrnehmung ist trainierbar. Wer sich über viele Jahre hinweg immer wieder neuen Geschmackserlebnissen aussetzt und dabei seine Sinneseindrücke mit dem vergleicht, was er schon kennt, der schmeckt im Alter mehr als ein junger Mensch, der sich nie darauf konzentriert hat, was ihm gerade in die Nase steigt oder über die Zunge rollt. Ein erfahrener Genießer erkennt schon an wenigen Duftpartikeln das ganze Bukett. Funken Nase und Zunge im höheren Alter ein etwas weniger detailreiches Bild ans Gehirn, reichen schon wenige Moleküle, um Duft- und Geschmacksbilder komplett auferstehen zu lassen. Das geht so weit, daß schon das Drüberreden ein Bild des Geruchs im Kopf heraufbeschwört. Vielleicht wird also die »Hardware« der Sinneszellen ab sechzig oder siebzig ein kleines bißchen schlechter, aber das Programm oben im Kopf, die Software, wird besser. Das bedeutet also Entwarnung: Hat man seinen Lieblingswein oft genug getrunken, erkennt man ihn selbst in hohem Alter sofort wieder. Für Lieblingsgerichte gilt das gleiche. Meist läuft einem das Wasser schon im Mund zusammen, bevor die ersten Moleküle in die Nase steigen.

Schmeckt das Essen nicht wie früher: neue kulinarische Herausforderungen suchen

Ist der Appetit nicht mehr so wie früher, langweilt sich der Kopf und sucht neue Herausforderungen. Helfen könnte da ein Ausflug in neue Genußzonen: Ein Essen im Thairestaurant regt die Sinneszellen genauso an wie das Ausprobieren exotischer Gewürze und Zutaten beim Kochen. Wer bis ins hohe Alter genießen möchte, tut also gut daran, seine ganz persönliche Bibliothek der Düfte und Geschmacksnoten ein Leben lang mit Novitäten zu füllen und alte Erlebnisse öfter mal aufzufrischen. Man kann nicht früh genug damit anfangen, denn schließlich stehen uns circa 350 verschiedene Riechrezeptor-Eiweiße zur Verfügung, die uns in die Lage versetzen, Millionen unterschiedlicher Düfte wahrzunehmen.

Mit siebzig – selbstbewußt und unabhängig

Noch nie Sport gemacht? Dann wird es höchste Zeit. Das ist kein Witz! Wer Leistungskraft und Autonomie für die nächsten zwei, drei Jahrzehnte erhalten will, muß seine Muskeln, Koordination und Reflexe trainieren. Welche Art von Training man sich aussucht, ist ziemlich egal, Hauptsache, man beginnt so schnell wie möglich. Denn spätestens seitdem man Roboter baut, die auf zwei Beinen gehen, weiß man: Das Gehirn eines Zweibeiners vollbringt Meisterleistungen, um die Balance immer neu auszutarieren. Soll es seine Aufgabe gut erfüllen, braucht es Input vom Gleichgewichtsorgan im Ohr, von den Augen und von sensiblen Nerven im Körper. Fällt nur eine Information aus, entstehen Schwindelgefühle. Nimmt dazu noch die Rechnerkapazität im Kopf etwas ab und kommen Kreislaufprobleme dazu, steigt das Risiko, hinzufallen und sich dabei zu verletzen. 30 Prozent der über 65jährigen stürzen, so sagt jedenfalls die Statistik, mindestens einmal im Jahr.

Balance halten: eine Meisterleistung des Gehirns

Kindern macht es Spaß, mit dem Gleichgewicht zu spielen, sie schaukeln gern und balancieren vergnügt über Mauern und Geländer. Erwachsene halten auch auf schwankendem Grund meist mühelos das Gleichgewicht, aber mit dem Alter nimmt diese Fähigkeit ab, wenn man sie nicht regelmäßig trainiert. Ab etwa siebzig wird das Gleichgewichthalten zur vorrangigen Aufgabe, die einen beträchtlichen Teil der geistigen Kräfte absorbiert. Steuert das Gehirn beim Gehen die Unebenheiten des Untergrunds aus, muß es sich auf die Reflexe und die Elastizität der Muskeln und Gelenke verlassen können. Trainiert man seine Körperkräfte nicht, kann aus einem Schwindelgefühl von einer einzigen Sekunde ein ernsthafter Unfall entstehen. Wer einmal schwer gestürzt ist, verliert an Selbstvertrauen und bewegt sich nicht mehr so unbefangen wie vorher. Oft sind die Folgen so schwerwiegend, daß man von einem Tag auf den anderen fremde Hilfe braucht.

Auch Medikamente können schwere Schwindelgefühle auslösen und den Gleichgewichtssinn beeinträchtigen. Insbesondere Antibiotika und harntreibende Mittel reagieren »ototoxisch«, das heißt, sie schädigen die Nerven des Innenohrs. Je höher die Menge und länger die Anwendung, desto giftiger wirken die Stoffe. Häufig bemerkt das aber erst einmal niemand. Falls Schwerhörigkeit und Schwindel doch auffallen, schiebt man es meist einfach auf »das Alter«. Ohrenärzte empfehlen, sich während oder nach einer Behandlung mit ototoxischen Medikamenten regelmäßig einer Gehörprüfung zu unterziehen. Im Falle von Einschränkungen muß das Präparat abgesetzt werden. Besser wäre natürlich, gerade wenn man schon etwas schlechter hört, den Arzt oder Apotheker vor Einnahme eines neuen Medikaments zu fragen, ob es den Ohren schaden kann.

Mitunter sind Medikamente schuld, wenn man das Gleichgewicht verliert

Mit achtzig – lebenserfahren und weise

Wer mit achtzig noch seine fünf Sinne beisammen hat, ist nicht mehr in Gefahr, Alzheimer zu bekommen, selbst wenn das Gedächtnis nicht mehr ganz das ist, was es einmal war. Verglichen mit 50jährigen, sinkt die Wahrscheinlichkeit für eine Menge von Krankheiten, von denen die meisten durch eine Kombination von Genen und Lebensstil bestimmt werden. Wer jetzt noch gut in Form ist, kann sich über eine günstige genetische Ausstattung freuen, sein vernünftiger Lebensstil hat ihn vor vielen Erkrankungen geschützt.

Wer mit achtzig noch keinen Alzheimer hat, bekommt ihn nimmermehr

Jetzt ist es auch an der Zeit, alle Hungerkuren zu vergessen, selbst wenn man ein paar Pfunde zuviel mit sich herumträgt. Denn im höheren Lebensalter liegt kein zusätzlicher Risikofaktor mehr im Übergewicht. Es wäre zwar nicht ideal, so draufloszuschlemmen, daß man total aus dem Leim geht, aber noch ungünstiger wäre es, zu dünn zu werden.

Wer, ohne es zu wollen, Gewicht verliert, geht zum Arzt und läßt nicht locker, bis eine Erkrankung gefunden wurde, die den Gewichtsverlust auslöst. Denn es steckt immer ein konkretes Leiden dahinter, der Hinweis auf das fortgeschrittene Alter reicht allein als Diagnose nicht aus. Gehen Pfunde verloren, weil man keinen Spaß mehr am Essen hat, braucht man vielleicht mehr Gesellschaft oder die Hilfe eines Psychologen.

Stecken häufige Durchfälle hinter dem Gewichtsverlust, könnte es sich um eine bakterielle Überwucherung des Dünndarms handeln. Sie tritt bei älteren Menschen häufig auf, wenn das Immunsystem schwächelt und entzündete Darmdivertikel das System so durcheinanderbringen, daß die Darmflora, die ausschließlich in den Dickdarm gehört, bis hinauf in den Dünndarm wuchert. Dort besiedeln Bakterien die Schleimhaut in dicken Schichten. Sie nehmen den Nährstoffen die Chance, auf dem gewohnten Weg in den Körper zu gelangen. Dafür wandert der unverdaute Speisebrei bis in den Dickdarm, wo er in Gärung übergeht und den Leib mit Gasen auftreibt. Hausärzte kennen diese Erkrankung häufig noch nicht, aber Fachärzte können sie mit einem Atemtest feststellen und ohne großen Aufwand mit Medikamenten behandeln.

Während in jungen Jahren oft der Überfluß zum Problem wird, bedroht im Alter der Mangel an Nährstoffen die Lebensqualität. Nur wenige Ärzte können zwischen den Symptomen chronischer Erkrankungen und einer Unterernährung unterscheiden. Dabei wäre das sehr wichtig. Denn Lücken in der Versorgung mit Nahrungseiweiß lösen Muskelschwund, Herzbeschwerden, Kreislaufstörungen und Gewebswassereinlagerungen (Ödeme) aus. Reichen die B-Vitamine nicht, verstärken sich Nervenstörungen, Ängstlichkeit und Depressionen. Wer nicht genug ißt, bekommt auch zu wenig Kochsalz und trocknet deshalb aus. Auf Außenstehende wirkt ein Mensch mit solchen Mangelerscheinungen, als wäre er senil. Schon ein paar Vitamin-B-Spritzen und ein Multivitamin-

Wer zu wenig ißt, wirkt manchmal senil

präparat wirken bei alten Menschen oft Wunder. Wenn sie dann noch ein paar Wochen lang mit Appetit essen, klärt sich auch der Kopf wieder.

Älter wird man in jedem Alter

Vorsorge und Gesundheitsförderung waren schon seit jeher wichtig, aber durch die Veränderungen in der Altersstruktur werden sie immer brisanter. Prävention betrifft alle und jeden. Sie beginnt bereits im Mutterleib, nein, sogar noch früher, bei der Planung einer Schwangerschaft, und sie reicht bis ins hohe Alter. Ein Großteil unserer vorhandenen Vorsorgeangebote wird jedoch von Experten als stark verbesserungswürdig, die Beteiligung durchgehend als zu gering bewertet. Deutschland ist in puncto Prävention ein Entwicklungsland, und seine Bürger handeln nach der Devise: Stellt euch vor, es gibt Prävention – und keiner geht hin. Nachhaltige Veränderungen können nur von uns selbst ausgelöst werden. Als mündige, gut informierte Bürger müssen wir zusätzlich zum bestehenden »Reparatur-Angebot« unseren Anteil an präventiver Medizin einfordern. Das heißt, beim Arzt, bei der Krankenkasse und beim Gesundheitsamt selbst nach Vorsorgeangeboten fragen und regelmäßig hingehen.

HILFREICHE ADRESSEN

Internetportal mit geprüfter Qualität

www.patienten-information.de
patienteninformation@azq.de

Das Ärztliche Zentrum für Qualität in der Medizin (AZQ) ist eine Gesellschaft bürgerlichen Rechts (GbR). Es ist eine gemeinsame Einrichtung der Bundesärztekammer (BÄK) und der Kassenärztlichen Bundesvereinigung (KBV). Das Ärztliche Zentrum für Qualität in der Medizin berät und unterstützt die BÄK und die KBV bei ihren gesetzlichen und satzungsgemäßen gemeinsamen Aufgaben der Qualitätssicherung in der ärztlichen Berufsausübung.

Auf der sehr übersichtlichen, gut strukturierten Seite finden auch Internet-Ungeübte gute Adressen für Patientenschulungsprogramme, Selbsthilfeorganisationen und -gruppen. Außerdem kommentierte Links zu Quellen englischsprachiger qualitätsgeprüfter Informationen. Spezielle Fragen können per Mail geschickt werden. Die Mitarbeiter recherchieren die entsprechenden Informationen und prüfen diese auf ihre Verläßlichkeit und Qualität.

Gesundheits-Internetportale

http://www.onmeda.de

Hier werden Erkrankungen allgemein verständlich erklärt, Tips zur gesunden Lebensführung gegeben und Themen wie Medizintechniken, Pharmakologie und Sexualität erläutert. Individuelle Fragen können Sie in ärztlich betreuten Diskussionsforen stellen, und unter Services finden Sie eine Arztsuche, TV- und Buchtips oder eine Jobbörse für medizinische Berufe.

www.netdoktor.de

Über 50 Ärzte, Fachärzte und Experten bieten auf diesem Gesundheitsportal Entscheidungshilfen und Vergleichsmöglichkeiten von Leistungen im Gesundheitswesen. Was zeigt ein Blutbild? Welche Untersuchungsmethoden gibt es? Hier beantworten Mediziner oft gestellte Fragen, vermitteln Fachwissen in verständlicher Sprache und informieren über Neuigkeiten aus der Medizin. In Foren können sich Betroffene über Themen wie z. B. »Hören« oder »Diabetes« austauschen. Der Adreßteil weist den Weg zu Selbsthilfegruppen, Spezialisten oder Krankenhäusern.

www.lifeline.de

Informationen rund um die Themen Medizin, Gesundheit und Wellness erhalten Gesundheitsbewußte auf den Seiten dieses Portals. Von Augenheilkunde bis Zahnmedizin erteilen Experten Auskunft zu speziellen Fragen. Neben aktuellen Meldungen und Fachinformationen zu Erkrankungen, Symptomen und Therapien kann man sich

Tips für den Alltag holen und über neue Forschungsergebnisse informieren. In der Arzneimitteldatenbank erkundigen Sie sich nach Medikamenten, im »Healthfinder« nach Ärzten, Kliniken, Physiotherapeuten oder Selbsthilfegruppen.

www.uebergewicht.ch

Die Website des schweizerischen Osteoporose- und Stoffwechselzentrums bietet gut verständliche, wissenschaftlich fundierte Informationen zum Thema Übergewicht und Osteoporose.

www.praevention.de

Ein Forum über das Thema Prävention und Gesundheitsförderung, das von einem Bündnis von derzeit 71 auf diesem Gebiet tätigen Verbänden und Institutionen getragen wird. Neben den kontinuierlichen Berichten über die Arbeit des Forums finden sich auf der Website Informationen und Tips für ein gesundes Leben und den verantwortungsvollen Umgang mit der Gesundheit und der Familie.

www.qualimedic.de

Qualimedic beantwortet Fragen rund um die Gesundheit. Über 40 Ärzte bemühen sich hier um Patienten- und Kollegenwünsche. Das Gesundheitsportal wurde von Medizinern ins Leben gerufen. Die ansprechenden, übersichtlichen und gerade auch für Laien geeigneten Seiten bieten eine Online-Sprechstunde, Chats, Foren und Wissenswertes zu Schwerpunktthemen. Datenbanken ermöglichen die Suche nach Kliniken und Ärzten.

Wie finde ich den richtigen Arzt, die richtige Selbsthilfegruppe oder die richtige Therapie?

http://www.patientenleitlinien.de/

Die Patientenleitlinien dieser Website der Universität Witten/Herdecke werden von einem Team von Ärzten und Gesundheitsfachleuten erstellt. Die Inhalte sind evidenzbasiert – das heißt anhand von wissenschaftlichen Studien entwickelt – und werden regelmäßig aktualisiert. Wer nach der Ursache seiner Beschwerden forscht, wird auf den Internetseiten des Wissensnetzwerkes evidence.de der Universität fündig.

Deutsche Arbeitsgemeinschaft Selbsthilfegruppen e.V.

Friedrichstraße 28 • 35392 Gießen
Tel.: 0641/9945612 • Fax: 0641/9945619
E-Mail: dagshg@gmx.de
Internet: www.dag-selbsthilfegruppen.de

Das zentrale Ziel der Deutschen Arbeitsgemeinschaft Selbsthilfegruppen e.V. ist es, Menschen zur freiwilligen, gleichberechtigten und selbstbestimmten Mitarbeit in Selbsthilfegruppen anzuregen, deren Aktivitäten sich auf die gemeinsame Bewältigung von Krankheiten, psychischen oder sozialen Problemen richten.

Der Verein ist Träger vieler Kontaktstellen, vermittelt Interessierte in Selbsthilfegruppen, hilft bei der Raumsuche oder der Gründung neuer Gruppen. Bei Bedarf finden auch persönliche Gespräche statt.

Die Deutsche Arbeitsgemeinschaft Selbsthilfegruppen e.V. ist nach der Patientenbeteiligungsverordnung seit dem 1. Januar 2004 als Beraterorganisation im Gemeinsamen Bundesausschuß beteiligt.

NAKOS

Nationale Kontakt- und Informationsstelle zur Anregung und Unterstützung von Selbsthilfegruppen
Wilmersdorfer Straße 39 • 10627 Berlin
Tel.: 030/31018960 • Fax: 030/31018970
E-Mail: selbsthilfe@nakos.de
Internet: www.nakos.de

Die NAKOS vermittelt Interessierte an eine der 280 Kontaktstellen Deutschlands für Selbsthilfegruppen. Die Beratung erfolgt telefonisch oder per E-Mail. Auf Wunsch wird auch Info-Material in Form von Flyern, Broschüren etc. verschickt.

Auf der Website haben Sie Zugriff auf die Datenbanken der NAKOS. Die insgesamt mehr als 1000 Einträge werden von NAKOS kontinuierlich sorgfältig recherchiert und gepflegt. Neben Adressen erhalten Sie Informationen über das besondere Angebot für Selbsthilfe-Interessierte.

Institut zur wissenschaftlichen Evaluation naturheilkundlicher Verfahren

Robert-Koch-Straße 10 • Gebäude 51 B • 50931 Köln
Anmeldung: Tel.: 0221/478-6414
Internet: www.naturheilverfahren-koeln.org

Das Institut gehört zur Universität Köln. Hier können Ratsuchende auf eine sachgerechte und unabhängige Beurteilung von Diagnostik- und Therapieverfahren zählen. Fachleute unterstützen Patientinnen und Patienten bei der Orientierung in der Vielzahl angebotener Diagnostik- und Heilverfahren. Das Institut untersucht die Unbedenklichkeit und Wirksamkeit naturheilkundlicher Therapien – vor allem im Bereich der komplementären Krebstherapie. Die gemeinnützige Trägergesellschaft des Institutes ist nicht auf Profitmaximierung ausgerichtet.

Modellprojekte für kostenlose und unabhängige Patientenberatung

Bundesarbeitsgemeinschaft der PatientInnenstellen (BAGP)

c/o Gesundheitsladen München e.V.
Auenstraße 31 • 80469 München
Mo–Do 13–14 Uhr
Tel.: 089/76755131 • Fax: 089/7250474
E-Mail: mail@patientenstellen.de
Internet: www.patientenstellen.de

Der Dachverband der PatientInnenstellen vermittelt an die betreffende PatientInnenstelle vor Ort, welche dann Orientierungshilfe im Gesundheitswesen sowie Aufklärung über Patientenrechte und Patientenschutz bietet. Die PatientInnenstellen sollen die Verbrauchersouveränität stärken.

Deutsche Forschungsinitiative Eßstörungen e.V. (DFE)

Beratungs- und Informationsserver zu Eßstörungen
Zu erreichen unter:
www.anorexia.de
www.bulimie.de
www.ab-server.de

Die an diesem Projekt beteiligten, aktiven Mitglieder der DFE sind Mitarbeiter des Klinikums der Universität Leipzig (Ärzte, Psychologen), die im Bereich der Erforschung und Therapie von Eßstörungen langjährige Erfahrungen besitzen.

Alle drei Adressen führen auf die gleiche Seite: www.ab-server.de. Auf der übersichtlichen Website finden Betroffene und Angehörige online Beratung, Foren und Tips, an welche weiteren Stellen man sich wenden kann.

Patientenberatung für Erkrankungen der Haut (PBEH)

Seewartenstraße 10 • 20459 Hamburg
Tel.: 040/223399-0 • Fax: 040/22339922
Telefonberatung: 040/223399-0
Sprechzeiten:
Mo–Fr 9–13 Uhr • Di+Do 9–13/15–18 Uhr
E-Mail: info@hauterkrankungen.org
Internet: www.hauterkrankungen.org

Anlaufstelle für Menschen mit Hauterkrankungen. Seit dem Jahr 2002 finden hautkranke Menschen und ihre Angehörigen Hilfe, wenn es um Fragen zur Krankheitsbewältigung, zu rehabilitativen Möglichkeiten oder zu Therapieangeboten geht. Damit soll die ärztliche Beratung, Therapie und Nachsorge nicht ersetzt, sondern unterstützt werden.

Telefonische sowie persönliche Beratung erfolgt während der o. a. Sprechzeiten; dabei ist es hilfreich, schon eine Diagnose zu haben. Fragen, die nicht geklärt werden können, werden ggf. an ein Team aus Wissenschaftlern und Ärzten weitergereicht.

Gesundheit Berlin e.V.

Patienteninformationsprojekt
Friedrichstraße 231 • 10969 Berlin
Tel.: 030/44319060 • Fax: 030/44319063
E-Mail: post@patienteninfo-berlin.de
Internet: www.patienteninfo-berlin.de

Ziel der Patienteninformationsstelle ist es, bei der Suche nach qualitativ gesicherten Gesundheitsinformationen zu unterstützen und die Orientierung im Gesundheitswesen und den dazugehörenden komplementären Angeboten zu erleichtern. Das Projekt richtet sich an akut erkrankte Menschen und ihre Angehörigen, die hier auch bei Problemen mit Ärzten oder Krankenkassen Hilfe finden. Die Beratung erfolgt meist telefonisch oder per E-Mail. Es können aber auch vor Ort Termine vereinbart werden.

In dem offenen Arbeitskreis »Altern und Gesundheit« können sich interessierte Menschen und Fachleute austauschen (trommer@gesundheitberlin.de).

Arbeitsgemeinschaft Zahngesundheit

Verbraucher- und Patientenberatung
Gesundheitsamt des Rhein-Neckar-Kreises, Heidelberg
Kurfürstenanlage 38–40 • 69115 Heidelberg
Tel.: 06221/5221849 • Fax: 06221/5221850
E-Mail: info@agz-rnk.de
Internet: www.agz-rnk.de

Zahnmedizinische Verbraucher- und Patientenberatung zur Prophylaxe, Behandlung und zu Heil- und Kostenplänen telefonisch, per E-Mail oder vor Ort.

Unabhängige Arzneimittelberatung für Patienten

Institut für Klinische Pharmakologie
Medizinische Fakultät der TU Dresden
Technische Universität Dresden
Fiedlerstraße 27 • 01307 Dresden
Tel.: 0351/4585049 • Fax: 0351/4584341
E-mail: info@arzneimittelberatungsdienst.de
Internet: www.arzneimittelberatungsdienst.de

Beratungsstelle für Medikamente. Hier finden Betroffene Hilfe, wenn sie Fragen zu Neben- oder Wechselwirkungen oder Rezeptkosten haben. Die Beratung erfolgt telefonisch.

Patientenberatung im Saarland

Dudweilerstraße 24 • 66111 Saarbrücken
Servicetelefon: 01805-835722
Sprechzeiten: Mo und Fr 9–12 Uhr, Di und Do 14–17 Uhr
Offene Sprechstunde: Mi 10–12 und Do 17–19 Uhr
Fax: 0681/9273682
E-Mail: info@patientenberatung-saarland.de
Internet: http://www.patientenberatung-saarland.de

Beratung zu Krankheitsbildern, Therapiemöglichkeiten und Prävention, zu Medikamenten, Heil- und Hilfsmitteln, Unterstützung bei der Suche nach geeigneten Leistungserbringern, Selbsthilfegruppen und sozialen Einrichtungen, Hilfe im Umgang mit Ärzten und Institutionen sowie juristische Beratungsangebote.

Der Schwerpunkt liegt auf der telefonischen Beratung, doch kann man die offene Sprechstunde auch ohne Termin aufsuchen.

GID – Bürgerservice Gesundheit Baden-Württemberg

Sozial- und Arbeitsmedizinische Akademie Baden-Württemberg e.V.
Adalbert-Stifter-Straße 105 • 70437 Stuttgart
Tel.: 0711/84888415 (Hans-Peter Ruff) • Fax: 0711/84888420
E-Mail: hans-peter.ruff@internet-gid.de
Internet: www.gesundheitsportal-bw.de

Der GID-Bürgerservice Baden-Württemberg will den Verbraucher als mündigen Nachfrager von Gesundheitsdienstleistungen informieren und ihm eine Orientierung in der Vielfalt von Angeboten, z.B. bei der Suche nach dem richtigen Ansprechpartner oder eines geeigneten Pflegeheims, geben. Er versteht sich als ein kundenorientiertes Dienstleistungsangebot, das den Bürger durch ein auf seine spezifischen Belange zugeschnittenes Informationsangebot unterstützt. Erste Anlaufstelle ist die Website. Bei speziellen Fragen kann man sich aber auch telefonisch oder per E-Mail an Herrn Ruff wenden.

www.dimdi.de/de/arztpatient/index.htm

DIMDI – das Deutsche Institut für Medizinische Dokumentation und Information ist eine wissenschaftliche Einrichtung des Bundesministeriums für Gesundheit und hat u. a. den Auftrag, Informationen aus dem gesamten Gebiet der Biowissenschaften über Datenbanken zugänglich zu machen. Das Webangebot enthält rund 100 Infosysteme zu Arzneimitteln, Medizinprodukten, Klassifikationen und zur Bewertung medizinischer Verfahren und Technologien, Informationen hinsichtlich der Codeaufschlüsselung für Arbeitsunfähigkeitsbescheinigungen oder medizinisches Bildmaterial zur Veranschaulichung. Für Laien wie Spezialisten nutzbar – größtenteils kostenpflichtig.

Verbreitete Erkrankungen

Diabetes

www.diabetesgate.de/

Beim Diabetes-Portal des Deutschen Diabetiker Bundes e.V. bekommen an Diabetes Erkrankte und ihre Angehörigen Informationen. Der DDB ist Deutschlands größte Selbsthilfeorganisation für Zuckerkranke. Hier läßt sich nachlesen, was zum Krankheitsbild gehört, welche Therapieformen es gibt und was an aktuellen Forschungsergebnissen für Zuckerkranke interessant ist. Sie erhalten die Adressen von Selbsthilfegruppen bundesweit, und wer mag, kann im Chat Erfahrungen austauschen.

Deutsche Diabetes-Stiftung

Am Klopferspitz 19 • 82152 Martinsried
Tel.: 089/579579-0 • Fax: 089/579579-19
info@diabetesstiftung.de
http://www.diabetesstiftung.de
http://www.diabetes-risiko.de

Die Stiftung will die Bevölkerung über Entstehung und Bedeutung des Diabetes aufklären; Menschen, die Diabetes haben, sollen weitergebildet werden, damit sie mit ihrer Erkrankung besser zurechtkommen und die Stoffwechsel-Selbstkontrolle beherrschen.

Deutscher Diabetiker-Bund e.V. (Bundesverband)

Bundesgeschäftsstelle
Goethestraße 27 • 34119 Kassel
Tel.: 0561/703477-0 • Fax: 0561/703477-1
info@diabetikerbund.de
Internet: http://www.diabetikerbund.de

Der DDB hat 16 Landesverbände und 4 Mitgliedsorganisationen; es gibt im Bundesgebiet ca. 700 Bezirksverbände oder Selbsthilfegruppen.

Krebs

Deutsche Krebsgesellschaft e.V.

Geschäftsstelle
Steinlestraße 6 • 60596 Frankfurt am Main
Tel.: 069/630096-0 • Fax: 069/630096-66
E-Mail: service@krebsgesellschaft.de
Internet: www.krebsgesellschaft.de

Auf der Website der Deutschen Krebsgesellschaft finden Sie aktuelle, sachlich fundierte und verständliche Informationen zum breiten Themenspektrum Krebs sowie Kliniken mit Qualitätsstandards für viele Krebsarten. Die Deutsche Krebsgesellschaft möchte außerdem dabei unterstützen, mit gesunder Lebensführung und dem Wissen um die Risikofaktoren der Entstehung einer Krebserkrankung möglichst entgegenzuwirken. Betroffene finden laienverständliche Texte zu den wichtigsten Krebsarten. Darüber hinaus werden News mit dem Wichtigsten aus Medizin und Forschung geboten.

Unter der angegebenen Telefonnummer und E-Mail-Adresse erfahren Betroffene keine direkte Beratung, sondern werden an die entsprechende Stelle in ihrem Bundesland weitervermittelt.

www.darmkrebs.de

Die Darmkrebs-Website der Felix Burda Stiftung klärt über rechtzeitige Vorsorge auf und bietet Ärztelisten. Sie ist speziell für Patienten und deren Angehörige konzipiert und soll auf dem langen Weg durch die Krankheit begleiten und Fragen beantworten.

Deutsche Rheuma-Liga Bundesverband e.V.

Rheuma

Maximilianstraße 14 • 53111 Bonn
Tel.: 0228/766060 • Fax: 0228/7660620
Email: bv@rheuma-liga.de
Internet: www.rheuma-liga.de

Die Deutsche Rheuma-Liga ist eine der größten Selbsthilfeorganisationen im Gesundheitsbereich. Bundesweit engagieren sich hier rheumakranke Menschen, Angehörige, Therapeuten, Ärzte sowie haupt- und ehrenamtliche Helfer. Vorrangige Aufgaben der Organisation sind Angebote der Hilfe und Selbsthilfe für die Betroffenen, die Aufklärung der Öffentlichkeit und die Vertretung der Interessen Rheumakranker gegenüber Politik, Gesundheitswesen und Öffentlichkeit sowie die Förderung von Forschung. Die Liga bietet auch telefonische Beratung.

Therapie- und Beratungszentrum (TBZ)

Seelische Erkrankungen

Poliklinische Institutsambulanz
Georg-Elias-Müller-Institut für Psychologie
Goßlerstraße 14 • 37073 Göttingen
Tel.: 0551/392081
Internet: www.psych.uni-goettingen.de/abt/7

Das Therapie- und Beratungszentrum (TBZ) ist als poliklinische Institutsambulanz am Georg-Elias-Müller-Institut für Psychologie der Universität Göttingen von der Kassenärztlichen Vereinigung ermächtigt. Die Behandlungen werden von Diplom-Psychologinnen und Diplom-Psychologen durchgeführt.

Das TBZ führt Einzelbehandlungen und bei ausgewählten

Störungsbildern auch Gruppenbehandlungen für Patienten aller Krankenkassen durch. Das vor allem verhaltenstherapeutisch ausgerichtete Angebot bezieht sich auf psychische Störungen wie Depressionen, Angst- und Zwangsstörungen, Eßstörungen, Reaktionen auf schwere Belastungen, Sexualstörungen, körperliche Erkrankungen mit psychosozialen Folgen wie etwa Tinnitus und chronische Schmerzen.

Zunächst wird mit den Patienten ein Termin für ein Erstgespräch vereinbart, in dem eine erste diagnostische Abklärung erfolgt und Informationen über Therapiemöglichkeiten und Zielsetzungen der Therapie gegeben werden.

Das Telefon ist Dienstag bis Donnerstag in der Zeit von 10 Uhr bis 12 Uhr durch MitarbeiterInnen des TBZ besetzt. Außerhalb dieser Zeiten ist ein Anrufbeantworter angeschlossen. Persönliche Termine können vor Ort vereinbart werden.

Übergewicht

M.O.B.I.L.I.S.

Sportmedizinisches Schulungsprogramm
Universitätsklinikum Freiburg, Medizinische Universitätsklinik
Abt. Rehabilitative u. Präventive Sportmedizin
Hugstetter Straße 55 • 79106 Freiburg
Tel.: 0761/50391-0 (Zentrale) • Fax: 0761/50391-17 (Zentrale)
E-Mail: info@mobilis-programm.de
Internet: www.mobilis-programm.de

M.O.B.I.L.I.S. steht für »Multizentrisch organisierte bewegungsorientierte Initiative zur Lebensstiländerung in Selbstverantwortung«. Die Teilnehmer lernen im Laufe eines Jahres, ihre Lebensweise dauerhaft umzustellen. Voraussetzungen sind die Vollendung des 18. Lebensjahres, starkes Übergewicht (Body-Mass-Index zwischen 30 und 40), mindestens ein begleitender Risikofaktor (z. B. Diabetes Typ II, Fettstoffwechselstörungen, Bluthochdruck, psychische Probleme, orthopädische Beschwerden) sowie eine ärztliche Notwendigkeitsbescheinigung. Die Barmer Ersatzkasse erstattet ihren Versicherten einen Großteil der Schulungskosten.

Institut für Sexualwissenschaft und Sexualmedizin

Sexualprobleme

Universitätsklinikum Charité Campus Mitte
Freie Und Humboldt-Universität Zu Berlin
Luisenstraße 57 • 10117 Berlin-Mitte
Tel.: 030/450529302 (Anmeldung für einen Termin in der Sprechstunde)
E-Mail: madelaine.dimitrowa@charite.de
Internet: www.sexualmedizin-charite.de

Das Universitätsinstitut bietet gegen Kostenerstattung die sogenannte syndyastische Sexualtherapie an.

Institut für Sexualwissenschaft

Klinikum der J.-W.-Goethe-Universität
Theodor-Stern-Kai 7 • 60590 Frankfurt am Main
Internet: www.kgu.de/zpg/sexualwissenschaft/03beratung/angebote.html

Die Ambulanz des Instituts bietet Diagnostik, Behandlungsempfehlungen und Beratung sowie in begrenztem Umfang auch Psychotherapie für Patientinnen und Patienten mit sexuellen Funktionsstörungen an. Termine für Erstgespräche (nur für Patientinnen und

Patienten aus dem Rhein-Main-Gebiet) können unter der Tel.-Nr. 069/6301-7613 jeweils am letzten Montag im Monat zwischen 9 Uhr und 13.30 Uhr vereinbart werden. Fragen zu Beratung und Behandlung können nicht per E-Mail gestellt werden.

Gedächtnisstörungen

www.hirnliga.de

Die Hirnliga e.V. ist ein gemeinnütziger Verein, der 1987 von Alzheimer-Forschern und Ärzten in Heidelberg gegründet wurde. Seitdem hat der Verein mit mehr als 1,6 Mio. Euro 62 Forschungsprojekte erfolgreich gefördert und viel zur Verbesserung der Situation der Alzheimer-Kranken und der sie betreuenden Angehörigen beigetragen. Auf der Website findet man nach Postleitzahlen geordnete Zentren, die eine sogenannte Gedächtnissprechstunde anbieten.

Eisenstoffwechsel

www.eiseninfo.de

Die Website bietet Informationen rund um den Eisenstoffwechsel des Menschen. Sie informiert über Eisenmangel und das Gegenteil, die Eisenspeicherkrankheit. Die Informationen beruhen auf der langjährigen Arbeit und Erfahrung in der Eisenstoffwechselambulanz des Universitätsklinikums Hamburg-Eppendorf.

Gehör

www.forumbesserhoeren.de/

Hier findet sich ein kostenloser Online-Hörtest. Dabei werden Töne eingespielt, wie sie auch der Hörgeräte-Akustiker oder HNO-Arzt einsetzt. Am Ende des Tests erhält der Nutzer eine individuelle Hörkurve und eine Beschreibung des eigenen Hörvermögens. Darüber hinaus bieten Service-Seiten rund ums Hören z. B. Hilfe bei der Suche nach einem geeigneten HNO-Arzt sowie Informationen zu Schwerhörigkeit bei Babys und Kleinkindern.

http://www.haarerkrankungen.de/

Haarerkrankungen

Dies ist eine medizinische Informationsseite mit aktuellen Beiträgen rund um die Entstehung und die Behandlung von Haarausfall, Kopfhauterkrankungen und unerwünschter Körperbehaarung.

Spezialsprechstunde »Haare«

Klinik und Poliklinik für Dermatologie und Venerologie
der Universität zu Köln
Joseph-Stelzmann-Straße 9 • 50931 Köln
Tel.: 0221/478-4512 • Fax: 0221/478-4095

Schwerpunktthemen der Spezialsprechstunde sind Diagnostik und Therapie von Haarerkrankungen, insbesondere der androgenetischen Alopezie, der Alopecia areata und erblicher Haarerkrankungen.

www.hairberlin.com

Das Kompetenzzentrum für Haare und Haarerkrankungen ist in der Klinik für Dermatologie an der Charité Universitätsmedizin Berlin, Charité Campus Mitte, angesiedelt. Die Fachleute beschäftigen sich mit schwierigen Haarerkrankungen und erforschen wissenschaftliche Hintergründe. Auf der Website erhält man, nach

Bundesland geordnet, die Kontaktadressen von Fachärzten, die angegeben haben, Erfahrungen auf dem Gebiet der Diagnostik und Therapie von Haarerkrankungen zu haben.

Kompetenznetze

Zu den Kompetenznetzen in der Medizin haben sich die deutschlandweit wichtigsten, qualitativ besten und innovativsten Forschungseinrichtungen zusammengeschlossen. Ihr Ziel ist, für Krankheiten mit großer sozio-ökonomischer Bedeutung schnell und effektiv neue medizinische Problemlösungen zu entwickeln.

Das Bundesministerium für Bildung und Forschung (BMBF) fördert die Einrichtung von Kompetenznetzen in der Medizin seit 1999. Es sind bereits überregionale medizinische Netzwerke zu etlichen besonders schwerwiegenden Krankheitsbildern entstanden. Erreicht wird die multidisziplinäre Arbeit durch den Transfer von Forschungsergebnissen in die Praxis und von praxisrelevanten Fragen in die Forschung. Die Zusammenarbeit von Ärzten, Wissenschaftlern, Patientenorganisationen und Regulierungsbehörden trägt maßgeblich dazu bei, das innovative Potential auszuschöpfen und die Ergebnisorientiertheit in der Wissenschaft zu fördern.

Weitere Informationen über die Kompetenznetze in der Medizin bietet eine Broschüre, die man telefonisch oder per Fax anfordern kann:
Tel.: 030/31011956 • Fax: 030/31011999

Alle Kompetenznetze in der Medizin auf einen Blick finden sich im Internet unter:
www.kompetenznetze-medizin.de

www.rheumanet.org

Rheuma

Alle Beiträge dieser Site, die unter dem Stichwort Patienteninfo zu finden sind, wurden von den Forschern des Kompetenznetzes Rheuma für Betroffene aufbereitet. Unter dem Stichwort Krankheitsbilder finden sich zuverlässige Informationen über viele unterschiedliche Rheumaerkrankungen. Häufig gestellte Fragen und Antworten findet man auf der FAQ-Seite. In den Diskussionsforen tauschen sich Patienten und Angehörige aus.

Herzinsuffizienz

Herzinsuffizienz ist der medizinische Ausdruck für Herzschwäche. Sie ist eine Volkskrankheit, an der in Deutschland etwa 2 bis 3 Mio. Menschen erkrankt sind. Sie wird als dominierende Herz-Kreislauf-Erkrankung des 21. Jahrhunderts angesehen. Das Kompetenznetz Herzinsuffizienz ist ein interdisziplinäres Kooperationsvorhaben mit Zentrale an der Charité in Berlin. Führende Wissenschaftler auf dem Gebiet der Herzinsuffizienz aus 30 Universitätskliniken, 5 Forschungsinstituten, 7 Herzzentren, 17 Herz-Kreislauf-Kliniken, über 200 Arztpraxen, 4 Rehakliniken sowie Organisationen und Verbände sind an diesem Kooperationsnetz beteiligt.

Kompetenznetz Herzinsuffizienz

Augustenburger Platz 1 • 13353 Berlin
E-Mail: info@knhi.de
Internet: www.knhi.de

Demenzen

Diese Erkrankungen treten hauptsächlich im fortgeschritteneren Alter auf und gehen mit einem Abbau der geistigen Fähigkeiten einher. Symptome sind z. B. Gedächtnisdefizite, Einschränkungen in der Orientierung, Aufmerksamkeitsstörungen und Defizite bei Alltagsaktivitäten wie der Körperpflege. Die Ausprägung der Symptome und der zeitliche Verlauf der Erkrankung können individuell sehr unterschiedlich sein.

Medikamente sind nur begrenzt wirksam und verzögern allenfalls den Verlauf der Erkrankung um durchschnittlich 6 bis 12 Monate. Durch den frühzeitigeren Einsatz von therapeutischen Maßnahmen kann der Krankheitsverlauf möglicherweise besser beeinflußt werden. Damit gewinnt die Frühdiagnostik – beispielsweise auch durch Hausärzte – an besonderer Bedeutung.

Kompetenznetz Demenzen

Zentralinstitut für Seelische Gesundheit
J 5, 68159 Mannheim
Tel.: 0621/17032983 • Fax: 0621/17032005
E-Mail: demenz@zi-mannheim.de
Internet: www.kompetenznetz-demenzen.de

Schlaganfall

Das Kompetenznetz Schlaganfall ist ein bundesweites Netzwerk von Ärzten, Selbsthilfeverbänden, Wissenschaftlern und anderen Organisationen. Es bietet eine Plattform zum Schlaganfall und will durch enge Zusammenarbeit und Vernetzung auf allen Ebenen der Versorgung und Forschung weitere Fortschritte bei der Bekämpfung des Schlaganfalls erzielen.

Patienten und Angehörige finden Informationen zum Schlaganfall, zu Symptomen, Risikofaktoren, zu Möglichkeiten der Behandlung und der Vorbeugung, Erfahrungsberichte von Patienten sowie nützliche Links zu Selbsthilfeorganisationen.

Kompetenznetz Schlaganfall

Charité, Campus Mitte
Klinik und Poliklinik für Neurologie
Sekretariat Prof. Arno Villringer
Schumannstraße 20/21 • 10117 Berlin
E-Mail: info@schlaganfallnetz.de
Internet: www.kompetenznetz-schlaganfall.de

Depression

Vier Millionen Menschen leiden in Deutschland unter Depressionen. Die Krankheit – obwohl weitverbreitet – wird in der Öffentlichkeit häufig unterschätzt, und die Leiden der Betroffenen werden verharmlost. Depressionen gehören zu den lebensbedrohlichen Erkrankungen, da der Leidensdruck für die Betroffenen so groß ist, daß sie oft zu Suizidhandlungen neigen.

Gefördert vom Bundesministerium für Bildung und Forschung (BMBF), will das Großforschungsprojekt Kompetenznetz »Depression, Suizidalität« diagnostische und therapeutische Defizite beheben und die Krankheit, ihre Symptome und Behandlungsmethoden bei den Betroffenen und in der Öffentlichkeit bekannter machen.

Internet: www.kompetenznetz-depression.de

Parkinsonsche Krankheit

Die Parkinsonsche Krankheit ist eine der häufigsten neurodegenerativen Erkrankungen des Menschen, unter der in Deutschland etwa 150000 bis 200000 Menschen leiden. Das medizinische Kompetenznetz Parkinson ist ein vom Bundesministerium für Bildung und Forschung (BMBF) für vorerst drei Jahre gefördertes Projekt.

Eine Hauptaufgabe ist es, medizinische Forschung zu koordinieren und Infrastrukturen für ein Forschungsnetz zu schaffen, das es erlaubt, Forschungen standardisiert an unterschiedlichen, räumlich getrennten Einrichtungen durchzuführen. Zum anderen soll, u. a. durch einen schnellen Transfer von Ergebnissen aus dem Forschungsnetz in die versorgenden Einrichtungen, eine Verbesserung der Behandlung von Parkinson-Patienten erreicht werden.

Internet: www.kompetenznetz-parkinson.de

Fachgesellschaften

Deutsche Gesellschaft für Wundheilung und Wundbehandlung e.V.

c/o Brigitte Nink-Grebe
Glaubrechtstraße 7 • 35392 Gießen
Tel.: 0641/6868518 • Fax: 0641/6868517
E-Mail: dgfw@dgfw.de
Internet: www.dgfw@dgfw.de

Patienten oder Angehörige mit Fragen zur Wundheilung und Wundbehandlung finden auf der Homepage relevante Behandlungszentren und Pflegedienste in ihrer Nähe. Darüber hinaus gibt es Beratung am Telefon oder per E-Mail.

Zentralinstitut für Seelische Gesundheit

Hausanschrift: J 5, 68159 Mannheim
Postanschrift: Postfach 12 21 20 • 68072 Mannheim
Tel.: 0621/1703-0 (Zentrale) • Fax: 0621/1703-1205
www.zi-mannheim.de

Bei Fragen, Anregungen und Kritik können Sie sich an das Referat Öffentlichkeitsarbeit wenden, das auch Informationsmaterial übersendet.

Das Zentralinstitut für Seelische Gesundheit in Mannheim wurde als Landesstiftung des öffentlichen Rechts mit Mitteln des Bundes, des Landes Baden-Württemberg und der Stiftung Volkswagenwerk errichtet. Die Struktur des Zentralinstituts, bestehend aus einer Krankenversorgungseinrichtung mit vier Kliniken und einem Forschungsinstitut mit acht Abteilungen, bildet eine überaus effiziente und modellhafte Verknüpfung von Krankenversorgung, Forschung und Lehre.

www.psychotherapie-netzwerk.de

Münstereifeler Straße 16 • 50937 Köln-Sülz
Tel.: 0221/4201384
Fax: 0221/43082010
E-Mail: informationsbuero@vesuv-ev.info

Hinter dem Webauftritt verbirgt sich eine reale Einrichtung, die nach Absprache auch persönliche Termine ermöglicht.

Wer eine E-Mail-Anfrage an das Informationsbüro richtet, sollte nach Möglichkeit das Anfrageformular benutzen, mit dem bereits im Vorwege einige Informationen abgefragt werden.

Deutsche Gesellschaft für Humangenetik e.V.

www.gfhev.de/de/beratungsstellen

Die Website der Deutschen Gesellschaft für Humangenetik e.V. bietet ein Adreßverzeichnis für Ärzte und Naturwissenschaftler, die in Deutschland, Österreich und der Schweiz aufgrund ihrer beruflichen Qualifikation als Fachärzte für Humangenetik, als Ärzte mit der Zusatzbezeichnung »Medizinische Genetik« oder als Fachhumangenetiker genetische Beratung anbieten. Anrufe und Briefe können nicht beantwortet werden. Nur persönliche Beratung bei den genannten Fachleuten möglich.

Lebensstil-Beratung

Deutscher Sportbund

Geschäftsbereich Breitensport
Otto-Fleck-Schneise 12 • 60528 Frankfurt am Main
Tel.: 069/67000 • Fax: 069/67001295
E-Mail: blessing-kapelke@dsb.de
Internet: www.richtigfit-ab50.de

Auf der Homepage finden Interessierte Informationen über die Arbeit des Sportbunds. Dort sowie auch telefonisch oder per E-Mail erhält man Auskunft darüber, wer in den einzelnen Bundesländern Ansprechpartner ist.

www.althilftjung.de

Großen Nutzwert bieten diese Internetseiten jungen Leuten mit Ambition. Hier haben sich pensionierte Fachleute aus allen Bereichen der Wirtschaft zusammengeschlossen, um ihr Fachwissen an die jüngere Generation weiterzugeben. Wer Rat sucht, kann Fragen per E-Mail stellen oder direkt mit den Experten in Kontakt treten. Je nach Branche und Region sind verschiedene Ansprechpartner mit Telefonnummern und Adressen aufgeführt.

Ernährungsberatung

Wer Ernährungsberatung sucht, kann sich an die Fachverbände wenden, die auf ihren Internetseiten Berateradressen anbieten.

Weitere Informationen:
www.vdd.de
www.vdoe.de
www.bdem.de

REGISTER

PIPER

Rita Levi-Montalcini

Die Vorzüge des Alters

Das Alter als Chance. Aus dem Italienischen von Christel Till-Galliani. 174 Seiten mit 12 Abbildungen. Serie Piper

Als sie schon weit über siebzig Jahre alt war, wurde sie für ihre neurologischen Forschungen mit dem Medizin-Nobelpreis ausgezeichnet. Mit neunundachtzig Jahren hat sie ein Buch geschrieben, das sich mit dem Alter und seinen Chancen auseinandersetzt. Sie erklärt, wie unser Gehirn auch im hohen Alter noch bestens funktionieren kann. Das Gehirn gleicht den natürlichen Verlust der Zellen durch bessere Nutzung der verbliebenen Zellen aus: Wenn wir im Alter intensiv leben, unseren Kopf trainieren und das tun, was uns Spaß macht, entstehen im Gehirn mehr Verästelungen und alternative Schaltkreise. Rita Levi Montalcini erzählt außerdem von berühmten Menschen, die diese These stützen, weil sie bis ins hohe Alter aktiv waren: Michelangelo, Galileo Galilei, David Ben Gurion, Bertrand Russell und Pablo Picasso.

01/1515/01/L